成人(网络)教育系列规划教材

CHENGREN（WANGLUO）JIAOYU XILIE GUIHUA JIAOCAI

组织行为学

ZUZHI XINGWEIXUE

主　编　唐代盛

副主编　钟慧　蒋华　胡洁

西南财经大学出版社

Southwestern University of Finance & Economics Press

总 序

随着全民终身学习型社会的不断建立和完善，业余成人（网络）学历教育学生对教材的质量要求越来越高。为了进一步提高成人（网络）教育的人才培养质量，帮助学生更好地学习，依据西南财经大学成人（网络）教育人才培养目标、成人学习的特点及规律，西南财经大学成人（网络）教育学院和西南财经大学出版社共同规划，依托学校各专业学院的骨干教师资源，致力于开发适合成人（网络）学历教育学生的高质量优秀系列规划教材。

西南财经大学成人（网络）教育学院和西南财经大学出版社按照成人（网络）教育人才培养方案，编写了专科及专升本公共基础课、专业基础课、专业主干课和部分选修课教材，以完善成人（网络）教育教材体系。

由于本系列教材的读者是在职人员，他们具有一定的社会实践经验和理论知识，个性化学习诉求突出，学习针对性强，学习目的明确。因此，本系列教材的编写突出了基础性、职业性、实践性及综合性。教材体系和内容结构具有新颖、实用、简明、易懂等特点；对重点、难点问题的阐述深入浅出、形象直观，对定理和概念的论述简明扼要。

为了编好本套系列规划教材，在学校领导、出版社和其他学院的大力支持下，首先，成立了由学校副校长、博士生导师丁任重教授任主任，成人（网络）教育学院院长唐旭辉研究员和出版社社长、博士生导师冯建教授任副主任，其他部分学院领导参加的编审委员会。在编审委员会的协调、组织下，经过广泛深入的调查研究，制定了我校成人（网络）教育教材建设规划，明确了建设目标，计划用两年时间分期分批建设。其次，为了保证教材的编写质量，在编审委员会的协调下，组织各学院具有丰富成人（网络）教学经验并有教授或副教授职称的教师担任主编，由各书主编组织成立教材编写团队，确定教材编写大纲、实施计划及人员分工等，经编审委员会审核每门教材的编写大纲后再编写。

经过多方的努力，本系列规划教材终于与读者见面了。在此之际，我们对各学院领导的大力支持、各位作者的辛勤劳动以及西南财经大学出版社的鼎力相助表示衷心的感谢！在今后教材的使用过程中，我们将听取各方面的意见，不断修订、完善教材，使之发挥更大的作用。

西南财经大学成人（网络）教育学院

2009 年 6 月

前 言

组织是一个古老的概念，但真正把组织行为纳入科学研究却只是过去近一个世纪的事情。也恰恰是这一个世纪，世界经济迅猛发展，我们可以这样做出一个判断：组织行为学是这一繁荣景象的有效贡献者之一。

人不仅仅是追求金钱，更重要的是追求幸福。有一则故事“牵着蜗牛去散步”，由此感触人生其实最重要的是享受过程，在过程中实现社会的繁荣和人性的绚美。但回首看组织及组织中形形色色的人，看到人的行为的复杂以及由此衍生的组织行为的复杂性问题，其实，所有问题的根本还是人的问题。人的行为并不是绝对理性的，这导致人们对工作中的所有与人相关的问题产生一系列困惑：

◆ 人们工作时为什么会有各种各样的行为？

◆ 当公司变革、戏剧性的机构重组和裁员，以及不断升格的国际竞争日益加剧时，个体、群体以及整个组织怎样才能在一起更有效率地工作？

◆ 管理者应该怎样来激励员工以提高生产效率？

◆ 对于确保员工的满足感，管理者负有怎样的责任？

◆ 为了将来成为一个成功的管理者，你能从理论、研究以及其他管理者的工作经验者学到什么？

为了解决这样的疑问，众多学者在解读这些复杂性的时候，区分了林林总总的研究领域，形成了各种组织行为理论。经过近一个世纪的发展，组织行为学已成为一门相当成熟的学科。因其卓越的贡献，组织行为学已成为培养各类管理人才的基础性学科。

作为管理专业必修的一门课程，在长期的教学实践中，我们深切体会到组织行为学这一门课程给师生带来的挑战：其一，组织行为学具有极强的理论性，其根本任务是探索组织行为学的内在运行机制和发展规律，在教学过程中需要解决学生对抽象理论的理解和掌握问题；其二，组织行为具有极强的实践性，在教学过程中又必须考虑各种原理的可操作性，需要做到理论联系实际；其三，组织行为学显著的跨学科性质与学生知识储备的有限性。诸多挑战使得我们重新审视现有组织行为学教材和教学规律，这也成为我们选择出版新的组织行为学教材的缘由。

为更好使用学生的知识结构和对这一门课程的认知规律，我们在本书建立了一个逻辑严密的编写框架，在编写过程中注意把握了以下几个原则和特点：一是基础性。生动、易懂、全面，难度适中，不需要特别的心理学基础，既有专业的理论分析，又有丰富的实践内涵，避免了生硬与晦涩的专业术语，生动活泼的教材更容易让学生接受，增加了可读性。二是前沿性。学生在掌握基础知识的同时，也需要了解最新的前沿知识，这本教材就较好地体现了知识的创新性，在每一章都力图反映出该领域的最新研究成果。三是实用性。学生由于普遍缺乏对实践性环节的深度认识，因此对教辅材料、案例有了更高的要求。本教材教辅材料非常丰富，对教师而言，PPT 演示稿、习题库等一应俱全，对学生而言，这本教材强调“干中学”，重要培养学生个人能力，帮助学生在案例中学会分析问题、解决问题的方法。

全书结构分为 4 篇 10 章，分别从导论、个体行为、群体行为和组织行为等四个方向探讨组织管理中的心理与行为规律。本书由唐代盛主编，钟慧（西南财经大学）、蒋华（四川省社会科学院）、胡洁（云南民族大学）担任副主编。具体分工如下：唐代盛：第 1 章；胡洁：第 2 章、第 3 章；蒋华：第 4 章；钟慧、刘滔：第 5 章、第 6 章、第 7 章；唐代盛、李静：第 8 章；唐代盛、周志达：第 9 章；唐代盛、许芳芳：第 10 章。唐代盛、钟慧、蒋华对全书进行了统稿和编撰。

《中庸》曰：“诚者，天道也；诚之者，天之道也。”我想，生活中有一个我们不应该缺少的词，有一种诚恳、友善的表达，这就是感谢。感谢西南财经大学网络教育学院提供了这次机会，感谢本书全体编委的悉心指导，感谢西南财经大学出版社的全体编校人员，他们为本书的顺利出版提供了有益的帮助。在本书的编写过程中，我们借鉴和吸收了国内外许多学者的研究成果，谨此表达衷心的感谢。

唐代盛

2010 年 1 月

目 录

第1章　组织行为学导论 …… (1)
1.1　组织行为与组织行为学 …… (2)
1.1.1　组织行为 …… (2)
1.1.2　组织行为学 …… (4)
1.2　组织行为学的产生和发展 …… (5)
1.2.1　组织行为学的产生 …… (5)
1.2.2　组织行为学的发展 …… (6)
1.2.3　组织行为学的新趋势 …… (9)
1.3　组织行为学的性质特点及其理论基础 …… (12)
1.3.1　组织行为学的性质 …… (12)
1.3.2　组织行为学的理论基础 …… (13)
1.4　组织行为学的研究方法 …… (14)
1.4.1　组织行为学研究的前提假设 …… (14)
1.4.2　组织行为学研究方法的主要类型 …… (15)
1.4.3　组织行为学研究的过程和步骤 …… (17)

第2章　个体差异及行为 …… (24)
2.1　个体行为规律 …… (26)
2.1.1　个体行为的一般规律 …… (26)
2.1.2　个体差异 …… (27)
2.1.3　个体差异的解释 …… (29)
2.1.4　个体差异的运用 …… (31)
2.2　个体差异与管理 …… (32)
2.2.1　人格概述 …… (33)
2.2.2　人格组成 …… (37)
2.3　社会知觉与归因理论 …… (44)
2.3.1　知觉概述 …… (44)
2.3.2　社会知觉 …… (44)
2.3.3　归因理论 …… (47)
2.3.4　归因偏差 …… (50)

第 3 章　动机与激励 …………………………………………………… (57)
3.1　动机 ……………………………………………………………… (58)
3.1.1　需要的概述 ………………………………………………… (58)
3.1.2　动机的概述 ………………………………………………… (60)
3.1.3　动机与行为 ………………………………………………… (64)
3.1.4　动机理论 …………………………………………………… (66)
3.2　激励理论 ………………………………………………………… (70)
3.2.1　激励理论概述 ……………………………………………… (70)
3.2.2　激励内容理论 ……………………………………………… (71)
3.2.3　激励过程理论 ……………………………………………… (75)
3.2.4　行为改造理论 ……………………………………………… (77)
3.2.5　激励综合理论 ……………………………………………… (78)
3.2.6　激励理论的应用 …………………………………………… (79)

第 4 章　价值观、态度与工作满意度 ……………………………… (84)
4.1　价值观 …………………………………………………………… (85)
4.1.1　价值观概述 ………………………………………………… (85)
4.1.2　价值观的类型 ……………………………………………… (87)
4.1.3　价值观的测量 ……………………………………………… (90)
4.1.4　工作价值观的相关研究 …………………………………… (91)
4.2　态度 ……………………………………………………………… (92)
4.2.1　态度的概述 ………………………………………………… (92)
4.2.2　态度的形成 ………………………………………………… (97)
4.2.3　态度的改变 ………………………………………………… (100)
4.2.4　态度的测量 ………………………………………………… (105)
4.3　工作满意度与组织承诺 ………………………………………… (109)
4.3.1　工作满意度 ………………………………………………… (109)
4.3.2　组织承诺 …………………………………………………… (113)

第 5 章　群体行为的基础 ………………………………………… (122)
5.1　群体的定义及划分 ……………………………………………… (123)
5.1.1　群体的相关概念 …………………………………………… (123)

5.1.2 群体的分类 …………………………………………… (125)
5.1.3 群体的形成过程 ……………………………………… (126)
5.2 群体特征 ………………………………………………… (127)
5.2.1 角色 …………………………………………………… (127)
5.2.2 规范 …………………………………………………… (128)
5.2.3 地位 …………………………………………………… (130)
5.2.4 群体规模 ……………………………………………… (130)
5.2.5 群体凝聚力 …………………………………………… (131)
5.2.6 群体士气 ……………………………………………… (132)
5.3 群体冲突与沟通 ………………………………………… (133)
5.3.1 群体冲突 ……………………………………………… (133)
5.3.2 沟通 …………………………………………………… (136)

第6章 工作团队 ………………………………………………… (142)
6.1 团队与群体 ……………………………………………… (143)
6.1.1 团队 …………………………………………………… (143)
6.1.2 团队与群体的差异 …………………………………… (144)
6.2 团队的类型 ……………………………………………… (145)
6.3 团队绩效 ………………………………………………… (146)
6.3.1 团队绩效 ……………………………………………… (146)
6.3.2 卡特森伯奇与史密斯的团队行为曲线 ……………… (150)

第7章 领导行为 ………………………………………………… (157)
7.1 领导和领导者 …………………………………………… (158)
7.1.1 领导的定义及内涵 …………………………………… (158)
7.1.2 领导者的权力 ………………………………………… (160)
7.2 领导者的类型 …………………………………………… (161)
7.2.1 按制度权力集中度划分 ……………………………… (161)
7.2.2 按创新程度划分 ……………………………………… (162)
7.3 领导理论 ………………………………………………… (163)
7.3.1 特质理论 ……………………………………………… (163)
7.3.2 行为理论 ……………………………………………… (164)
7.3.3 权变理论 ……………………………………………… (165)

7.4 领导艺术 …… (167)
7.4.1 领导艺术概述 …… (167)
7.4.2 用人艺术 …… (168)
7.4.3 授权艺术 …… (169)
7.4.4 人际交往艺术 …… (169)

第8章 组织结构的基础 …… (174)
8.1 组织结构 …… (175)
8.1.1 组织结构内涵与特征 …… (175)
8.1.2 影响组织结构的因素 …… (178)
8.1.3 选择组织结构的方法 …… (179)
8.2 基本的组织结构 …… (180)
8.2.1 U型组织结构 …… (180)
8.2.2 H型组织结构 …… (182)
8.2.3 M型组织结构 …… (183)
8.2.4 模拟分权制结构 …… (184)
8.2.5 矩阵制结构 …… (184)
8.2.6 多维立体结构 …… (185)
8.3 新型组织形态类型 …… (186)
8.3.1 团队组织 …… (186)
8.3.2 无边界组织 …… (187)
8.3.3 虚拟组织 …… (188)
8.3.4 基于流程的组织 …… (188)
8.3.5 其他新型组织形态 …… (189)
8.4 组织结构与员工行为 …… (191)

第9章 组织文化 …… (196)
9.1 组织文化内涵与类型 …… (197)
9.1.1 组织文化的定义 …… (198)
9.1.2 组织文化的结构 …… (198)
9.1.3 组织文化的类型 …… (200)
9.2 组织文化的形成与创立 …… (203)
9.2.1 组织文化的形成 …… (203)

9.2.2 组织文化的创立 …… (203)
9.2.3 组织文化的维系 …… (206)
9.3 组织文化的变革 …… (207)
9.3.1 组织文化变革的时机 …… (207)
9.3.2 组织文化变革的模式 …… (208)
9.3.3 组织文化变革的方法 …… (209)
9.3.4 组织文化的冲突与整合 …… (209)
9.4 组织文化与员工行为 …… (213)
9.4.1 组织文化对员工行为的影响 …… (213)
9.4.2 组织文化对工作绩效的影响 …… (215)

第10章 组织变革与组织发展 …… (220)
10.1 组织变革的内涵与模式 …… (221)
10.1.1 组织变革的定义 …… (221)
10.1.2 组织变革的分类 …… (222)
10.1.3 组织变革的模式 …… (223)
10.1.4 组织变革的方法 …… (226)
10.2 组织变革的动因和阻力 …… (227)
10.2.1 组织变革的动因 …… (227)
10.2.2 组织变革的阻力 …… (229)
10.2.3 变革阻力的化解 …… (232)
10.3 组织发展 …… (233)
10.3.1 组织发展的内涵 …… (233)
10.3.2 组织发展的影响因素 …… (235)
10.3.3 组织发展的方法 …… (236)

第 1 章　组织行为学导论

【本章结构图】

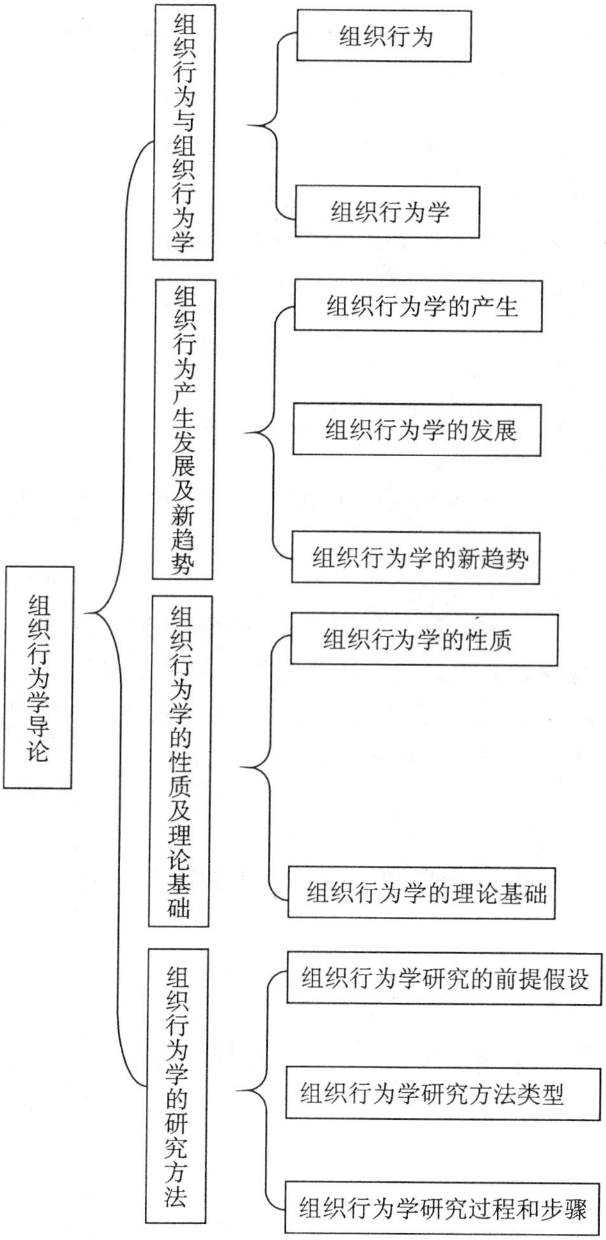

【本章学习目标】

通过对本章的学习，主要了解和掌握三个方面的内容：一是组织行为和组织行为学的相关概念、研究对象、研究目标；二是组织行为学产生和发展趋势；三是组织行为学的研究方法、过程和步骤，让学生形成对组织行为学这门学科的基本认识。

【引导案例】

兔子写论文的寓言

有一天兔子在山洞前写东西，一只狼走过来问："兔子你在写些什么？"

兔子回答说："我在写论文。"

狼又问："什么题目？"

兔子答："我在写兔子是怎样把狼吃掉的。"

狼听后哈哈大笑，不相信。

兔子说："你跟我来。"然后把它带进了山洞以后，又继续在山洞前写着。这时又来了一只狐狸，问："兔子你在写些什么？"

兔子回答说："我在写论文。"

狐狸问："什么题目？"

兔子答："我在写兔子是如何把一只狐狸吃掉的。"

狐狸听后哈哈大笑，也不相信。

兔子说："你跟我来。"然后把它带进了山洞，过了一会儿兔子又独自一个人走出了山洞。继续写着它的论文。

此时在山洞里面一只狮子正坐在一堆白骨上剔着牙，一边看着兔子的论文：一个动物的能力大小，不是看它的力量有多大，而是看它的幕后老板是谁！

也就是说："在当今社会，你是谁并不重要，关键要看你属于哪个组织，老板是谁。"事实上，当今社会各类组织行为对个人、群体、社会的影响越来越大，掌握组织行为学的基本理论和知识具有十分重要的意义。

1.1 组织行为与组织行为学

1.1.1 组织行为

当今社会，组织的活动越来越广泛而深刻地影响着人们的生活，每一个人都离不开组织，组织给每个人的生活、工作等带来了巨大变化，现代组织中的人们也正迎接着前所未有的挑战。

1. 组织行为的定义

组织越来越广泛地存在着，它是人们生活的普遍形式和存在方式。我们每个人都生活在组织中。在管理学史上，关于组织的定义颇多，管理学家们从各个角度对组织下定义，其中影响最深远的是美国管理学家巴纳德给出的简单而明确的定义："组织是由两个或两个以上的人自觉协作的活动或力量所组成的系统。"它包括三个基本要素：信息的联系、协作的意愿和共同的目标。组织行为则是指人们在作为组织成员所表现出来的行为。但并非组织成员的所有行为都属于组织行为，如娱乐、购物等就不是组织行为。因而，准确来讲，组织行为必须是组织成员在工作过程中所表现出来的行为，它关注的是与组织绩效相关的行为。

一般而言，组织行为包括个体、群体和组织三个层次，每个层次都表现出独特的观念并对组织本质和功能具有不同的见解。

（1）个体行为。个体是构成组织最基本的细胞，也是研究组织行为的基本出发点。个体行为指的是组织环境中个人的心理和行为，通过人性、需要、动机和激励等理论来解释员工在组织中的行为及其绩效。

（2）群体行为。为完成组织目标，组织中的成员常常联合起来，以小组、部门和委员会等形式出现。分析这个工作群体的结构、功能、发展过程和内聚力是研究组织行为一个相对有效的方法，这就构成了组织行为的第二个重要研究对象。

（3）组织行为。当把整体组织成员作为研究目标时，他们表现出来的行为就称为组织行为。这需要去理解组织结构和组织设计是如何影响组织的效率，如何有效传递信息，组织如何变革和创新，以提高组织绩效。

三个组织行为的层次中，个体行为和群体行为的研究，是组织行为学的微观理论，而组织行为的研究则是组织行为学的宏观理论，这两个层次的研究是相互补充的。对组织的实质及组织效率决定因素全面而充分的理解要求综合这两个大层次的知识。

2. 组织行为的特征

不同组织的员工具有不同的行为特征，但就其共性而言，主要体现在以下三个方面：

（1）目标性。每个组织都有其自身特定的目标，组织的行为正是围绕着这个目标而进行的。其实，一个组织就是一个利益共同体，组织成员首先要认同这个组织，进而认同组织目标，从而为组织目标的实现努力。因而，组织行为具有明确且具体的目标。

（2）秩序性。任何组织都有其特定的秩序，而且是围绕特定目标设计的秩序。组织的正式结构保证了组织内部分工有序、职责分明，群体和个体按照一定的秩序行动。因此组织行为也具有显著的秩序特征。当然，组织秩序并不是一成不变的，在必要的时候要调整组织秩序以提高组织效率。

（3）高效性。组织是人们为了追求高效率而创造的。组织成员的行为以组织整体功能的合理高效为基础。对组织成员可以通过内在和外在激励等来提高其工作效率，进而提高组织的效率。因此，组织行为从根本上来说是理性的，具有高效率的。

除这三个主要特征外，组织行为还具有差异性、可预测性、因果性等特征。

了解组织行为的研究层次和特征，有助于我们更好地认清个体、群体行为产生的原因及其规律性，这是学好组织行为学的基础。

1.1.2 组织行为学

1. 组织行为学的定义

关于组织行为学的定义，不同的学者赋予它不同的定义。综合学者的观点，可以概括为以下两个方面：

（1）关注组织中个体、群体和组织的行为问题，代表性的研究有：美国学者威廉·迪尔（William Dear）"组织行为学是一门应用社会科学，研究工作组织中的个人、群体和组织的行为问题的学科。"美国学者杜布林（A. J. Dubrin）在《组织行为学原理》中写到："组织行为学是系统研究组织环境中所有成员的行为，以成员个人、群体、整个组织及其外部环境的相互作用所形成的行为作为研究对象的一门科学。"

（2）着眼于组织有效性的提高。美国管理学家罗宾斯（S. P. Robbins）指出：组织行为学是一个研究领域，它探讨个体、群体以及结构对组织内部行为的影响，以便应用这些知识来改善组织的有效性。① 中国学者张德认为，组织行为学是研究组织中人的心理和行为表现及其规律，提高管理人员预测、引导和控制人的行为的能力，以实现组织既定目标的科学（2004）。

在本教材中，我们采用的是张德给出的定义。

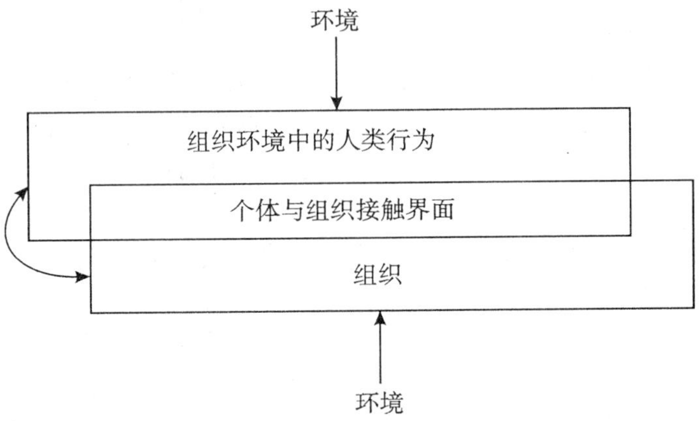

图 1.1　组织行为学的本质②

图 1.1 反映了组织和个体之间的相互影响。研究组织行为的时候必须把组织和个体结合在一起，它们是统一的整体，需要用系统的观点来研究。

2. 组织行为学的研究对象

对于个体和群体而言，其心理和行为是密不可分的。心理活动是行为活动的内在基础，行为活动则是心理活动的外在表现，二者是统一的整体。组织行为学则是综合运用各种与人有关的知识，研究特定组织中员工的心理和行为规律。需要强调的是组织行为学的研究对象并不是研究一切人类的心理和行为规律，而是特定组织内工作过

① 斯蒂芬·P. 罗宾斯. 组织行为学［M］. 孙健敏，黄卫伟，等，译. 北京：中国人民大学出版社，2008.

② 里基·W. 格里芬，格利高里·摩海德. 组织行为学[M]. 刘伟，译. 北京：中国市场出版社，2008：4－5.

程中员工的心理和行为规律，包括个体、群体以及整个组织心理和行为。

3. 组织行为学的研究目标及作用

研究组织行为学的基本目标是在掌握组织中员工的心理和行为规律的基础上，提高对员工行为的解释、预测、引导、控制和激励能力，采取有针对性的措施和方法，提高组织中各类员工的工作积极性、主动性和创造性，最终提高组织绩效。

研究组织行为学的作用主要体现在以下三个方面：其一，组织行为学有助于加强以人为中心的管理，能够增强组织中员工的主动性、积极性和创造性。根据组织行为学的研究成果，组织可以有效运用各种激励措施，提高员工的素质，挖掘他们的潜力。其二，有助于提高工作效率。在实际工作中，掌握个人及群体的行为规律，可以制定出管理个体、群体及组织的科学管理方法，进而提高效率。其三，组织行为学有助于现代化管理水平的提高。组织行为学所研究的管理和领导过程中的心理和行为，以及各种激励措施，有助于提高领导水平、领导艺术和领导者的素质，从而使管理者和领导者的工作更富有预见性和针对性，提高现代管理水平；其四，有助于改善人际关系，增强群体的合理凝聚力和向心力。

1.2 组织行为学的产生和发展

任何一门学科的形成都经历了漫长的萌芽、产生与发展的历史过程。组织行为学的产生最初源于对劳动生产率和劳资关系的关注，它是在管理学特别是组织管理学和人事管理学的基础上产生和发展而来的，是管理科学的新发展。作为一门科学，组织行为学经历了古典组织管理研究、行为科学研究、现代组织管理理论和知识经济时代的组织管理理论四个阶段。在这一理论发展演绎过程中，其概念、内涵和外延都处在不断深化之中。

1.2.1 组织行为学的产生

在萌芽时期，以亚当·斯密（Adam Smith）、查尔斯·巴比奇（Charles Babbage）等为代表的学者推动了组织行为学的出现。1776年，亚当·斯密（1729—1790）在《国富论》中指出了劳动的重要性，尤其强调个人劳动分工引起生产增长这一事实。这是个人在组织中劳动行为方式的最早描述。1832年，英国数学家查尔斯·巴比奇（1792—1871）进一步发展了亚当·斯密关于劳动分工的思想，他强调劳动协作，强调工人要认识到工厂制度对他们有利的方面，还提出了一种固定工资加利润分享的制度，以谋求劳资之间的调和。英国企业家、空想社会主义代表人物罗伯特·欧文（Robert Owen）（1771—1858）认为“人是环境的产物”。他着力改善工人的工作环境，鼓励竞赛精神，以此来代替残酷的惩罚，开创了层级管理的先河，有利于劳资双方的平等沟通和矛盾化解。欧文的理论因此也被称为“人事管理论”。这些思想，为后来的组织行为学提供了经典的素材，奠定了组织行为学产生和发展的思想基础。

1.2.2 组织行为学的发展

工业革命及其社会化大生产的出现，逐渐使人们在一个小的“利益共同体”中进行生产劳动，而组织正是这些“利益共同体”随着时间推移不断稳定化、巨型化演绎的结果，并不断向外“自然扩展”而在空间上广泛存在于社会各个领域。[①] 在这一过程中，逐渐形成了古典组织管理理论学派、行为科学理论学派等四个主要的流派。

1. 古典组织管理理论学派

古典组织管理理论学派的主要代表人物有泰勒、亨利·法约尔、马克斯·韦伯、巴纳德等，其基本思想强调“理性”和“效率”。古典管理学家、“科学管理之父”弗雷德里克·泰勒（Frederick Taylor）（1856—1915）提出了科学管理理论。他把人看作“经济人”，指出组织中员工的工作要按照一定科学标准来进行，但他忽视了人在组织的能动作用。泰勒的追随者有亨利·甘特（Henry Gantt）（1861—1919）、弗兰克（Frank）和莉莲·吉尔布雷斯（Lilian Gilbreth）（1868—1924）。亨利·法约尔（Henri Fayol）（1841—1925）被誉为管理过程学派的开山鼻祖，其主要贡献在于他提出了管理的五大职能：计划、组织、指挥、协调和控制，以及管理的内容：技术活动、商业活动、财务活动、安全活动、会计活动和经营活动，他的理论系统性和理论性地提出了一套科学的理论构架，强调如何更有效地管理一个组织，并使其员工感到满意并愿意为实现组织的目标而努力。马克斯·韦伯（Max Weber）（1864—1920）是德国著名的社会学家、政治经济学家，被后世尊称为“组织理论之父”。韦伯以其非人格化、效率取向、程序优先的官僚制理论著称，他更加明确地指出了组织中最有效的组织结构是官僚制组织结构。该论点一直备受争议，然而这并不能否认其思想对现代组织行为的现实指导意义。巴纳德（Chester I. Barnard）（1886—1961）是近代管理理论奠基人之一，被称为“现代管理理论之父”，其开创的组织管理理论，对当代管理学体系产生了重要影响。他强调组织是一个协作的系统，一个组织最重要的就是目标，而且这个目标要为组织成员理解和接受，并为之努力，进而实现更好的协作。

古典组织管理理论在提高劳动效率方面取得了显著的成绩，但是古典组织理论学家尤其是泰勒认为工人最基本的激励来自其经济目的，而忽略了人的社会需求、员工的不同意见和糟糕的人际关系，这些激起了工人、特别是工会的反抗，不能提高生产率和利润，必须有新的管理理论来缓和矛盾，促进生产率的提高，在这种情况下，行为科学理论应运而生。

2. 行为科学理论学派

20 世纪 40 年代末 50 年代初，行为科学作为一门学科正式诞生。1953 年，美国福特基金会召集一些大学的科学家开会，正式将研究人的行为规律的综合性学科定名为“行为科学”。1956 年美国出版第一本行为科学杂志。从此，行为科学的研究及应用得以发展。行为科学以人的行为及其产生的原因作为研究对象，主要是从人的需要、欲望、动机、目的等心理因素的角度研究人的行为规律，并借助于这种规律性的认识来

① 李宝元. 组织行为学通论［M］. 北京：清华大学出版社和北京交通大学出版社，2008.

预测和控制人的行为，以提高工作效率，达成组织的目标。按照行为科学的发展阶段，可以把行为科学学派分为人际关系学派（或人群关系学说）和行为科学。

人际关系学派始于20世纪20年代末30年代初梅奥（George Elton Mayo）（1880—1949）进行的霍桑试验，霍桑试验的研究结果否定了古典管理理论对人的基本假设，其试验表明影响生产效率最重要的因素不是待遇和工作条件，而是工作中的人与人之间的相互关系。基于此，梅奥提出了三个主要观点：工人是“社会人”而不是“经济人”；企业中存在着非正式组织；新的领导能力在于提高工人的满意度。梅奥的这一理论在当时被称为人际关系理论，也就是早期的行为科学理论。人际关系学派相对于科学管理学派来讲，有了很大的进步，但它缺乏对人的心理因素进行全面、深入的研究，过多地强调非正式群体的作用，忽视了群体间的复杂关系。

20世纪50年代后期，美国经济出现衰退，理论界对动机、需要、组织动力等研究趋于深化，加上科技突飞猛进，员工的需要和期望发生深刻的变化，这些客观因素促使行为科学家重新探讨激励员工积极性的途径，于是从人际关系学派中发展出一个新的学派，即行为科学学派。

行为科学学派主要以阿吉里斯和麦格雷戈为代表，其基本观点是：企业中发生种种问题的根源在于未能发挥员工的潜力。阿吉里斯（Chris Argyris）（1923— ）在1957年发表的《个性与组织》全面阐述了在管理学界影响深远的“不成熟—成熟”理论。在西方管理学界，阿吉里斯的理论观点被称为“管理的人力资源学说”。该理论认为正式组织的专业化分工、等级层次结构等原则要求员工一直处于依赖、被动、从属的地位，而组织中员工是从不成熟到成熟发展的，其进取心、迎接挑战的能力及自我实现的程度会逐渐提高，因此正式组织同人性发展背道而驰。他呼吁管理者从组织上改革，鼓励员工多承担责任，争取有更多成长和成熟的机会。另一重要代表人物是道格拉斯·麦格雷戈（Douglas M. Mc Gregor）教授（1906—1964），他在《企业的人性面》一文中首次提出了著名的“X理论－Y理论”（1957）：X理论认为人天生厌恶劳动，只要有可能他们就会逃避工作，因此管理者必须采取强制措施或惩罚办法，迫使员工实现组织目标；而Y理论则认为一般人本性不是厌恶工作，如果给予适当机会，人们喜欢工作，并渴望发挥才能。后来有学者提出“超Y理论”（约翰·莫尔斯、杰伊·洛希，1974）是在对X理论和Y理论进行实验分析比较后，提出的一种结合X理论和Y理论，又不同于X理论和Y理论的一种主张权宜应变的经营管理理论。

行为科学理论学派强调满足人的需要并尊重人的个性，以及采用激励等方式调动人的积极性和创造性，充分发挥人的潜力。这对组织行为学的启示是，要注重探讨激励员工积极性的途径，侧重于组织内部的管理。而第二次世界大战结束后，随着西方社会战后复兴和生产力的高速发展，管理研究蓬勃发展，不仅关注组织内部发展，也关注组织与外部环境的协调发展。这个时期众多学者对管理学产生浓厚的兴趣，他们为了各种目的而标新立异，最终形成了多种管理理论流派，也就是现代管理理论流派。

3. 现代管理理论学派

一般认为，现代管理理论是从二次世界大战以来一直到20世纪80年代初的整个历史阶段中西方的管理理论。著名管理学家哈罗德·孔茨（Harold Koontz）教授最早提出了管理丛林的概念，他把各种管理理论和学说归纳为 11 个学派。在这些管理学派中，系统管理学派和权变学派最为著名。

系统管理学派侧重以系统观点考察组织结构及管理基本职能，它源于一般系统理论和控制论，代表人物是美国的卡斯特（Fremont E. Kast）和罗森茨韦克（James E. Rosenzweig）。他们的主要观点是：①组织是一个由相互联系的若干要素所组成的人造系统；②组织是一个为环境所影响，并反过来影响环境的开放系统。它在与环境的相互影响中取得动态平衡（1976）。系统管理学派把管理组织视作一个开放系统，对组织的运行进行了系统分析。权变理论学派与系统学派观点有相似之处，也把组织看成一个既受外界环境影响，又对外界环境施加影响的“开放系统”，不过它强调权宜应变的管理。代表人物有英国的伍德沃德（Joan Woodward）（1916—1971）和美国的费德勒（Fred E. Fiedler）。权变理论要求组织内部结构的设计，必须与组织任务的要求、外在环境要求以及组织成员的需要等互相一致，这样组织才能有效运行。

系统管理理论和权变管理理论突破了原有的框框，标志着管理理论的研究已不再局限于组织内部，而是更多地把组织作为一个开放系统，注重内外部环境的互动关系。

4. 知识经济时代的组织管理理论

全球化浪潮及知识经济时代的到来，使现代企业不仅要应对信息及知识迅速更新的挑战，还要迎接经济转轨带来的变革。因此在管理学界愈发强调组织文化建设、学习型组织、组织再造等方面的研究。

组织文化理论产生于 20 世纪 80 年代初，主要代表人物是美国学者威廉·大内（William Ouchi）和沙因（Edgar H. Schein）。1981 年，威廉·大内在其著作《Z 理论——美国企业界怎样迎接日本的挑战》中提出 Z 理论，并最早提出组织文化概念，研究人与企业、人与工作的关系。沙因在前人研究组织文化的基础上最早提出文化本质的概念，他最主要的贡献在于提出组织文化的三层次和五维度。组织文化理论认为企业不仅要创造利润，更要谋求人的全面发展，谋求人与生产活动的统一，实现社会与企业的统一。组织文化的研究是组织理论由个体研究向组织整体化研究的发展。

20 世纪 90 年代初，美国管理学家彼得·圣吉（Peter M. Senge）提出以“五项修炼”（自我超越、改善心智模式、建立共同愿景、倡导团队学习、进行系统思考）为基础的学习型组织理念。他认为在新经济背景下，未来真正出色的企业是能够使组织各员工全身心投入并有能力不断学习的组织。学习型组织理念不仅有助于企业适应现在及未来的变革，更有助于充分发挥组织中员工的潜能，在真正的学习中悟出工作的意义，从而与工作融合。然而，该理论尚有需要加以改进的地方，如它以系统动力学作为理论的基石，但对“动力”解释不足：人们为什么要追求自我超越？为什么要建立共同愿景？正因为如此，更多的管理学者又提出新的观点，深化人们对组织理论的不断探索。

组织再造是 1993 年美国迈克·哈默（M. Hammer）和詹姆斯·钱皮（J. Champy）教授在《企业再造》（Reengineering the Corporation）一书首次提出的一种新的企业经营管理方式。按照其定义，是指“为了飞越性地改善成本、质量、服务、速度等重大的现代企业的运营基准，对工作流程进行根本性重新思考并彻底改革。”该理论强调：以工作流程为中心，重新设计企业的经营、管理及运作方式。它以一种再生的思想重新审视企业，并对传统管理学赖以存在的基础——分工理论提出质疑，是组织管理学发展史上一次巨大变革。

经历以上几个阶段的发展，组织行为学已趋于成熟。然而，任何一门学科都是随着外界环境的变化而发展着的，组织行为学也正朝着新的趋势发展。

1.2.3 组织行为学的新趋势

当今管理环境的变化对组织中个体、群体和组织行为产生了深刻的影响，组织行为学必须加强对新时代、新问题、新趋势的探讨和研究，不断创新理论和方法，才能适应时代发展的要求。本书将从组织外部环境新特点、组织自身新形态和组织中个体和群体新特征三个方面做主要阐释。

1. 组织外部环境特点

（1）全球化。20世纪90年代以来，随着全球化进程的加快，人们对全球化的认识不断深化。全球化的大背景下，企业组织的经营视野已经由本国扩展到全球，在更广更大的全球地域范围内经营，其员工来自不同的国度，拥有不同的文化背景，不同的文化有不同的规范和期望，但每种文化都有自身优势。因此，企业必须进行全球化的思考，对组织文化加以整合，以适应世界发展的趋势。当然，全球化是一把双刃剑，组织要善于抓住机遇，敢于迎接挑战。

在经济全球化的时代，组织行为学面临的一大挑战是如何处理文化冲突并对其进行整合。不同形态的文化间必定存在相互对立、相互排斥的情况，如何对组织内的不同文化进行有效整理与衔接，使之相互渗透交互，并将其结合为一个有机整体，是组织行为学必须思考的问题。

（2）技术创新。新型技术的出现以及技术革新速度的加快使组织变革显得比以往更为重要。企业实行技术改造，引进新的设备要求技术服务部门的加强以及生产、营销等部门不断调整。它也将不断改变着人力资源的知识结构，质量与流动性将不断提高，价值观也将发生变化，因此各种组织只有进行变革才能适应科学技术不断变化的潮流与发展趋势。

本书第十章将详细阐述组织变革的相关内容，包括其内涵及模式，并探讨组织变革的动力与阻力，以及如何化解阻力，最终形成健康发展的组织。

2. 组织自身出现的若干新的形态

随着全球化、信息化进程的不断加快，科学技术的飞速发展，市场环境的瞬息万变，企业的组织形态也随之不断发生变化。企业的生存基础由以物资设备为基础转变为以信息网络为基础；企业的管理方式由以实物管理为核心的生产管理转变为以知识管理为核心的人本管理。这些变化使企业与外界的联系及企业内部资源配置和权力分配等发生了变化，现有的企业层级制组织形态受到了挑战，已经不能适应时代发展的需要。

人们逐渐认识到旧的组织形态已经不能适应时代发展的需要，而新型的、扁平化的、具有较大灵活性的组织结构模式逐渐成为现代组织的选择。此种组织结构压缩了管理层级，扩大了管理幅度，使组织员工具有更多的自主性，对外部环境的反应也更加快速灵活。

现代组织形态创新的形式有虚拟组织、无边界组织、团队组织、基于流程的组织、学习型组织、创新型组织以及女性化组织等。这些新型的组织形态我们会在以后的章节中详细介绍。在这里，先简单了解以下几种组织形态。

（1）虚拟组织。这种组织形式主要是依靠别人的力量来赚钱，没有自身的生产设备和生产经营过程。例如，香港“鳄鱼”牌服装，其代理商只带设计图、品牌和质量检测标准三样东西，就可以与内地合作生产。

（2）无边界组织。它寻求减少公司内部的垂直和水平界限，消除客户与供应商之间的外部障碍，并取消各种职能部门，代之以授权的团队。目的是使组织结构趋于扁平化。这样，组织看上去更像是一个粮仓筒而不是过去的金字塔。

（3）团队组织。这种结构的主要特点是打破部门界限，把决策权下放到工作团队。比如三星公司、摩托罗拉公司、施乐等有名企业都广泛采用自我管理的团队结构。

（4）基于流程的组织。这种组织形式主要是指组织结构建立在企业多种核心流程上，它更强调横向的关系，无壁垒，更灵活。不过，组织要改变这种结构有较大的困难，需要相当长的时间和更多的资源。

3. 组织中个体和群体的新特征

当前的组织，不仅面临着世界大环境的变化和自身组织形态发生的变化，也面临组织内个体与群体的新特征。其中，最明显的是劳动力多元化和员工忠诚度减弱。

（1）劳动力多元化。经济全球化带来组织中成员在性别、种族、国籍等方面的多样化，人的自我价值日益凸显。劳动力多元化是社会发展的结果，然而给组织带来不少挑战，组织既要尊重员工各种不同形式的文化价值观、生活方式、工作方式等，又要让组织自身适应这些不同的个体或群体，令组织员工与组织切实融合在一起，二者共同努力实现目标。劳动力多元化给组织带来挑战的同时，也带来了机遇。它能提高组织的创造性和革新精神，提出不同的观点来改善决策质量，更加促进社会的包容和进步。

尤其值得一提的是在我国企业员工多元化的问题，特别是80后、90后出生年代的差异问题。他们的价值观、生活方式、对待事物的态度有很大的差异，是当今社会十分关注的群体，在组织中如何对待他们是现代人力资源管理所面临的新问题，如何采取有效的管理方法也是组织管理者必须深思熟虑的问题。

70、80、90的经典区别

1. 70后：工作狂基本上都是70后的。
   80后：而我们，拒绝加班！
   90后：拒绝上班！
2. 70后：他们的话题除了工作就是股票。
   80后：我们的话题更多，有英超、魔兽……
   90后 ：QQ等级、QQ秀……

3. 70 后：他们喜欢喝红酒，一般是长城红酒。
   80 后：我们要么不喝酒，要么就喝啤酒。
   90 后 ：韩国果汁，日本汽水……
4. 70 后：他们无论任何时候，看到有站着的领导，都会马上给领导让座。
   80 后：我们崇尚上下级平等。
   90 后：天上地下，唯我独尊！
5. 70 后：他们有存款。
   80 后：我们负债。
   90 后：我们有老爸！
6. 70 后：他们结交有背景有地位的人。
   80 后：我们结交志趣相投的人。
   90 后：我们结交满身文身的帅哥！
7. 70 后：他们周末约客户去吃饭。
   80 后：我们周末约同学去踢球。
   90 后：一个礼拜 7 天周末，想做什么做什么！
8. 70 后：他们五一、国庆去旅游，然后会在各个景点门口拍下很多 V 字手势的照片。
   80 后：我们五一、国庆在家睡觉，或者约朋友去唱 k，去旅游，我们只会拍景色。
   90 后：我们天天是五一，国庆……取消五一没什么关系……
9. 70 后：吃饭时，他们喜欢坐在老板旁边。
   80 后：我们最好别坐在老板旁边，那才无拘无束。
   90 后 ：我是老板！
10. 70 后：他们跟陌生人在一起的时候喜欢找话题说。
    80 后：我们不太搭理陌生人，故意找话题不累么？
    90 后：你谁啊，穿这么土，死开。帅哥，交个朋友好吗？

（2）员工的忠诚度减弱。这是组织内部个体出现的另一新特征。现代年轻人希望有更多的机会选择自己喜欢的工作和生活方式，希望不断持续更新自己的知识和技能，于是“跳槽”、“考研”等现象屡见不鲜。另外，为“增效”而裁员、为降低成本聘用临时工等企业采取的行为，令员工的职业安全感大大降低。基于以上两个主要原因，员工对于组织的忠诚度减弱。如此，组织中的人才容易流失，其核心竞争力无法持续，对组织来说是极大挑战。

如何设计能够提高员工忠诚度及其工作热情的方法，采取何种措施留住组织核心人才，维持组织在全球竞争中的优势。这是组织行为学面临的新挑战。

4. 组织行为学的其他新趋势①

（1）组织变革成为全球化经济竞争中组织行为学研究的首要问题。随着全球化的

① 肖余春. 组织行为学［M］. 北京：中国发展出版社，2006：27 -28.

潮流和经济结构调整，企业重组、合作兼并及跨国公司的出现，使组织变革成为组织行为学研究的首要问题。组织研究的重点由偏重结构的行为研究转变为注重变化的过程研究，这也是近年来组织研究的一个新动向。

（2）组织行为学越来越强调对人力资源系统的开发。在未来的资源争夺中关键是争夺人力资源，组织行为学更加关注组织中个体的胜任素质和人力资源的充分开发。目前有关胜任特征评价、个体对于组织的适应性和干预问题的研究等人力资源管理问题正纵深发展。

（3）组织行为学除了强调生产效率以外，更加注重工作生活质量。组织行为学认为强调生产效率与工作生活质量并不是相互排斥的，二者相互促进。它越来越重视有关工作满意度、员工安全与健康、组织文化、心理契约等方面内容的研究。

（4）从20世纪80年代开始，工业和组织、心理学逐渐开始关注自我效能感在组织行为领域中的应用研究，比如自我效能感与工作绩效、工作态度及相关工作行为关系的研究。近年来，相关研究呈现出逐年增多、研究范围逐渐细化的趋势。

从以上介绍的组织行为学的发展历程及其新趋势可以看出，随着管理实践、管理理论的发展，组织行为学的研究也在不断深入。它改变了传统管理对人的不完善的认识，从忽视人的作用变为重视人的作用。

1.3 组织行为学的性质特点及其理论基础

1.3.1 组织行为学的性质

组织行为学作为一门学科，其性质问题备受关注，学者们对此进行了探讨并提出自己的观点。代表性的观点有清华大学郑晓明教授的“组织行为学是一门属于社会科学的、具有广泛应用价值的、多学科交叉的边缘性学科。”① （2002）熊勇清“组织行为学是一门边缘性学科，许多科学理论为其产生和发展奠定了坚实的理论基础。”②（2006）

从绝大多数学者的论述来看，大都认同组织行为学的边缘性和综合性。在本书中，认为组织行为学是一门多学科交叉渗透的边缘性综合学科。也就是组织行为学的性质。

从以下三个特点了解组织行为学的性质：①边缘性、综合性。组织行为学是一门多学科、多层次相互交叉和渗透的边缘性综合性学科，综合运用心理学、社会学、人类学、生物学等学科的知识，在组织管理的实践中来解释组织中人的行为的科学。②两重性。组织行为学既有与组织中人的生物性特征相联系的反映人的行为一般规律的属性即自然属性，又具有反映人的社会活动规律的社会属性即阶级性。③应用性。组织行为学属于应用性科学。组织行为学研究的核心问题是如何调动人的积极性和创

① 郑晓明．组织行为学［M］．北京：经济科学出版社，2002.

② 熊勇清．组织行为学［M］．长沙：湖南人民出版社，2006.

造性，将组织行为学的理论应用于管理实践。

1.3.2　组织行为学的理论基础

组织行为学是一门多学科交叉渗透的边缘性综合学科，它是综合多个领域研究成果发展而来的。其中心理学、管理心理学、社会学、社会心理学、人类学、政治学等构成了组织行为学的理论基础，以心理学最为重要。

（1）普通心理学。心理学（Psychology）是研究人和动物心理现象发生、发展和活动规律的一门科学，且以人的心理现象为主要研究对象。研究组织中人的外显行为的规律性，必须以心理学作为理论基础，因为心理活动和特征是人们产生行为的重要原因。

（2）社会学。社会学认为人存在于社会之中，其行为和思想都并非纯粹服从于个体理性，而是受到社会塑造、限制等的。因此研究组织中人的行为必须从其所处的社会关系着手。要运用社会学的知识，来探索人在社会关系中所表现出来的行为。

（3）社会心理学。社会心理学是心理学的范畴，同时又是心理学和社会学相结合的产物。它把个人作为社会的人来研究其心理和行为。社会心理学中有关态度的测量、沟通模式和群体决策等方面的研究，对组织行为学具有重要作用。

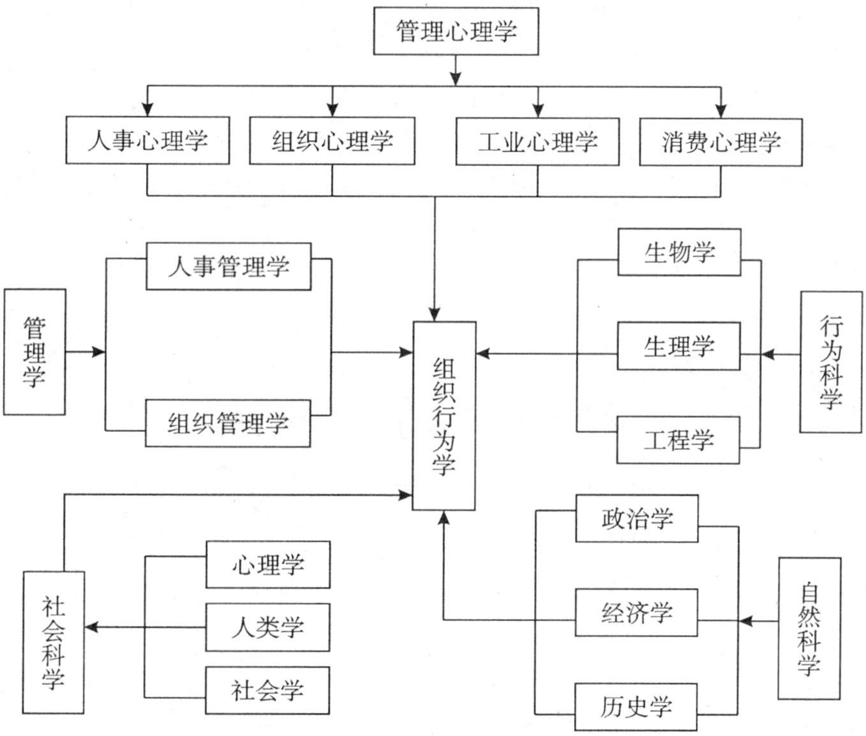

图 1.2　组织行为学的理论基础①

① 肖志雄，刘宇璟. 组织行为学［M］. 武汉：华中科技大学出版社，2008：34.

（4）管理心理学。美国斯坦福大学的莱维特教授于1958年正式使用管理心理学这个名称，使管理心理学成为一门独立的学科。

管理心理学是把心理学的知识应用于分析、说明、指导管理活动中的个体和群体行为的工业心理学分支，是研究管理过程中人们的心理现象、心理过程及其发展规律的科学。它以组织中的人作为特定的研究对象，重点在于对人进行系统的研究，提高其工作效率并最大限度地调动人们的积极性和创造性。管理心理学以人本思想为前提，有助于调动人的积极性、改善组织结构和领导绩效，提高工作生活质量，建立健康文明的人际关系，达到提高管理水平和发展生产的目的。

（5）人类学。人类学是通过对社会的研究来了解人类及其行为。人类学中的文化人类学与组织行为学关系最为密切。文化人类学对组织行为学的贡献，主要是组织中人的行为与人类社会的起源理论、人类社会行为以及人类和文化的关系等。对于组织行为学的启示是组织在进行管理和领导时，不仅要针对不同个体的特点，而且要针对不同文化背景下的群体和组织，采取相应的领导和管理方式。

（6）政治学。政治学关注在一种政治环境下个体和群体的行为，其中它关注的组织结构性冲突、权力的分配和人们为了个人利益如何操纵权力等也是组织行为学关注的问题。

（7）其他相关学科。比如经济学、生理学等。经济学关注投入与产出及效益问题，在组织行为学中，组织员工投入与其绩效产出的关系就是从经济学的角度来研究的。人们承受压力的时候，身体会做出相应的生理反应，并进一步影响人的行为。组织行为学中研究工作压力对个体、群体和组织的行为和绩效的影响也是基于生理学的角度。

组织行为学是行为科学的一般原理和知识运用于各种组织管理上的必然结果，在逐步汲取相关学科的知识的基础上，最终形成一门独立的学科。对组织行为学的研究不仅在西方受到重视且迅速发展，在我国也从介绍开始转向普及和应用，组织行为学必将对我国管理科学的发展产生积极的作用。

1.4 组织行为学的研究方法

1.4.1 组织行为学研究的前提假设①

正如经济学有自身的前提假设一样，组织行为学研究也是基于一定的假设前提而进行的。组织行为学的研究主要基于以下三个前提假设：行为的差异性、可预测性和因果性。正是在这三个前提假设下，组织行为学才能更好地研究人的行为规律，并在必要的时候控制员工行为，使其行为朝着组织目标实现的方向发展。

1. 行为具有差异性

由于人的个性、态度、价值观等不同，有时也会表现出不同的行为。因此人的行

① 陈春花，等．组织行为学［M］．北京：机械工业出版社．2009：11

为具有差异性。不同的人在不同的时期不同的地点都会表现出不同的行为，同一个人在特定的情境下也会表现出“异常”的行为。组织行为学正是要运用科学方法分析这些行为，揭示人的行为规律性，为更准确地预测行为打下基础。

2. 行为的可预测性

行为的差异性并不否认其规律性和可预测性。在通常情况下，人们做出的行为对自己是最有利和理性的，从这个角度来说，人们的行为是一致的，也就是可以预测的。想要预测员工今天要干什么，最好先看看他昨天和以往都干了些什么。人们一般都有自己独特的习惯和行为模式，这些都会反映在日常生活中。

3. 行为的因果性

人的行为不是随机的，而是由某种原因引起的，且必定指向某个目的，前后行为之间存在因果关系。比如，当管理者对员工的某一行为持赞同态度的话，那么在以后的工作中员工就会继续强化这一行为；相反，员工则会纠正其行为。

1.4.2　组织行为学研究方法的主要类型

组织行为学的研究方法是人们为深刻认识组织行为的过程和现象而采用的方法、手段、工具和途径等。与其他科学一样，组织行为学研究遵循研究程序的公开性、收集资料的客观性、观察与实验条件的可控性、分析方法的系统性、所得结论的再现性、对未来的预见性等原则。其常用研究方法根据研究性质、深度及形式的不同划分为三种类型。这些方法各有利弊，在具体研究工作中可综合运用，得出相对准确的研究结果。

1. 按照研究性质的不同分类

根据组织行为学研究方法性质的不同，可以划分为理论性研究、应用性研究、定性和定量研究四种类型。

（1）理论性研究。理论性研究主要是为了探索人的行为背后的规律性，积累更多的组织行为学的学科知识等，而并非直接着眼于实用。这些研究的重点在于发现规律并建立理论，关注理论的长远意义。比如各种激励理论的研究、各种领导风格理论的研究等。在以后的章节中，我们也会进一步进行这些理论的学习。

（2）应用性研究。它侧重于对具体情况进行调查，找出存在的问题并提出相应解决措施，并考虑如何运用新的研究成果解决实际问题。哈佛商学院终身教授，世界顶级企业领导与变革权威约翰·科特在组织变革方面所做的就是此种研究，他长期研究组织变革的成败经验并提出促进变革的意见和建议。

（3）定性研究。在组织行为学中，对组织中个体和群体的特质进行鉴别和确定，如在人员绩效考核中，对各类人员的素质、智能和绩效进行评定，这种研究方法就是定性研究。

（4）定量研究。这是指通过一定的数据或者建立数学模型等来反映个体和群体的特质的研究方法。借助数学上的分析方法来弥补定性研究的不足，使之更具说服力。定性与定量相辅相成，定量是定性的基础，定性则是定量的出发点和结果。

2. 按照研究深度分类

根据研究内容深度的不同，组织行为学的研究方法类型从浅到深依次为：描述性研究、关系性研究和预测性研究①。

（1）描述性研究。这种研究是指通过调查分析，了解客观事物的状况、特点以及出现的频率等。这种研究主要反映一种现实存在，研究者不施行干预措施。如人员基本情况调查。

（2）关系性研究。关系性研究室要在明确现实存在情况的基础上，弄清楚各个变量之间的相互关系。如工作满意度与工作绩效之间关系的研究，要分清到底哪个是因哪个是果就属于这种研究。

（3）预测性研究。根据以往客观情况反映的规律对将来可能发生的情况进行预测所做的研究就是预测性研究。如组织领导层对组织中员工的离职倾向做预测。这种研究对于有计划地控制员工的行为和绩效有着十分重要的意义。

3. 按照研究形式分类

由于研究所借助的工具不同，比如可以借助于问卷、心理量表、实验室等，因此其研究形式有所不同。大体分为观察法、调查法、个案研究法、心理测验法和实验研究法五类。

（1）观察法。在日常生活条件下，观察者通过感官有目的地观察他人的行为，并把观察结果按时间顺序作系统记录的研究方法称为观察法。分为参与观察法和非参与观察法。参与观察法是指观察者与被观察者共同活动，并在活动中观察被观察者的方法。优点是这样得到的结果更贴近观察者的真实感受。缺点在于观察者若忙于参与活动，没有足够的精力来观察他人，这样得到的资料可能具有一定的局限性。非参与观察法是观察者以旁观者的身份观察。优点是观察者了解的情况更客观更全面，而且采用先进的技术手段进行遥控观察的话还可以避免被观察者行为的不自然或伪装。

（2）调查法。采用一定的方法对样本对象进行全面调查、收集、分析数据并得出结论的方法即为调查法。它可以分为访谈法、电话调查法和问卷调查法。访谈法是调查者依据访谈大纲与被调查者通过面对面的谈话，以口头信息沟通的形式获取信息资料的方法。电话调查法是调查者通过电话与被调查者进行交流并获取有效信息的调查方法。问卷调查法是运用统一设计的问卷，以被调查者书面回答的形式向被调查者了解情况并分析其心理状况及行为变化原因的调查方法。问卷法的优点可以在较短的时间内取得广泛的材料，并使结果达到数量化。不足之处是问卷设计是统一的，缺乏弹性，而且问卷回复率和有效率较低。

（3）个案研究法。这是指对某一个体、群体或组织的情况在较长时间里连续进行调查，进而研究个体、群体和组织行为在该时期发展变化的全过程。研究人员通过查阅各种以往的记录或通过访问、调查表和实际观察收集到的有关案例的情况，对选择的案例进行分析并写出分析建议。案例研究是发现和提出新的理论假设的前提和基础。不过，案例研究样本有限，很难得到一般性的通用的结论。

---

① 许芳，胡圣浩. 组织行为学［M］. 北京：清华大学出版社，2007.

（4）心理测验法。采用标准化的心理测验量表或精密的测量仪器测量被研究者的有关行为特征和心理品质的研究方法就是心理测验法。常用的心理测验技术有智力测验、个性测验、手指灵巧度测验、职业倾向测验、心理健康测验等。在组织行为学的研究中，测验法常为人员的选拔、安置和提升等提供依据。

（5）实验研究。指研究者有目的地在严格控制的环境中或创设一定的环境诱发被研究者产生某种行为特征，从而进行针对性研究的方法。实验法分为两种：实验室实验法和现场实验法。

实验室实验法是在实验室内控制研究变量和实验条件进行研究的方法，研究者观测、记录因变量并分析这些自变量与因变量之间的关系。霍桑试验中在实验室观察灯光对人的工作效率的影响就是此类研究方法。但是实验室具有人为性，会与实际情况存在一定的差距。现场实验法是把实验室方法应用到现实生活中的方法，它是在现场自然条件下适当控制自变量而对其他变量不加控制的实验法。其优点是在自然情景下进行，结果能更加符合实际，但是现场条件具有一定的复杂性和多变性，往往很难做到把一些可变因素排除，需要有周密的计划并长期观察才能得出结论。

1.4.3 组织行为学研究的过程和步骤

组织行为学的研究从系统的过程来看，可以分为四个步骤，如图1.3所示。

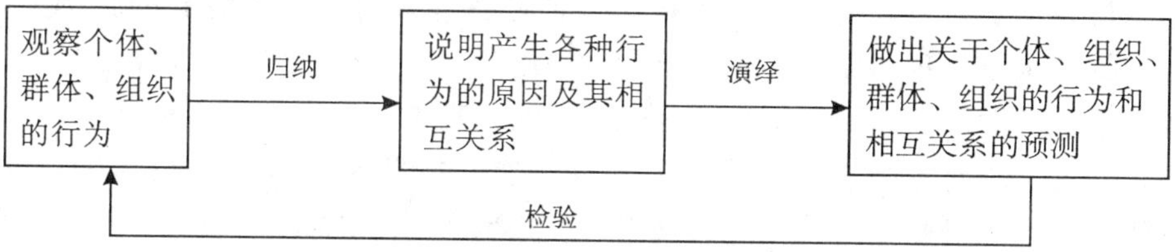

图1.3 组织行为学研究过程

组织行为学研究过程中每一步骤的任务和作用如下所示：

（1）观察和实验阶段。这一阶段首先收集有关个体、群体、组织行为和环境的准确情况和信息，如实记录各种数据资料，为研究组织中人的心理和行为的规律性做好准备。

（2）分析和评价阶段。这个阶段要是观察和试验阶段的基础上，对各种资料进行归纳和系统分析，说明个体、群体、组织行为和环境情况等产生的原因以及相互关系，形成研究评价报告。

（3）预测和推断阶段。运用上面两个阶段得出的具有一定规律性的结果进行演绎和推断，从而对个体、群体、组织行为及其相互关系进行预测，进而合理有效地安排他们的工作。

（4）检验阶段。得出预测结论后，要把它放到实践中进行检验，通过系统和控制性的研究来检验所做出结论的正确性和实用性，如果实验结论与预测不一致，要继续根据在实践中收集到的新的资料对原有的预测进行完善和修正。

【本章小结】

组织行为是指人们在作为组织成员的时候表现出来的行为。组织行为可以从三个层次来分析：个体行为，群体行为和组织行为。这三个组织行为的层次中，个体行为和群体行为的研究，是组织行为学的微观理论，而组织行为的研究则是组织行为学的宏观理论。组织行为的主要特征是目标性、秩序性和高效性，另外也具有差异性、可预测性和因果性。

组织行为学是研究组织中人的心理和行为表现及其规律，提高管理人员预测、引导和控制人的行为的能力，以实现组织既定目标的科学。组织行为学的研究对象是人的心理和行为的规律性。

组织行为学的新趋势有外部环境中的全球化和技术创新；组织自身的新形态，如虚拟组织、无边界组织、团队组织、基于流程的组织、学习型组织、创新型组织以及女性化组织等；组织中个体和群体呈现出新特点，如劳动力多元化、员工忠诚度降低等。

组织行为学是一门多学科交叉渗透的边缘性综合性学科。这就是组织行为学的性质。组织行为学的特点有三：边缘性、综合性；两重性；实用性。

组织行为学是一门应用性的行为科学，它是在众多行为科学分支的基础上建立起来的。它的产生与管理科学的发展有密切的关系，心理学、管理心理学、社会学、社会心理学、人类学等构成组织行为学的理论基础，其中以心理学最为重要。

组织行为学的研究方法主要有以下几种分类：按照研究性质可分为理论性研究、应用性研究、定性研究和定量研究；按照研究深度可分为描述性研究、关系性研究和预测性研究；按照研究形式又可分为观察法、调查法、个案研究法、心理测验法、实验研究等。

【复习思考题】

1. 什么是组织行为？组织行为有哪些层次和特性？
2. 什么是组织行为学？通过组织行为学的学习对我们的管理活动有什么帮助？
3. 组织行为学是怎么产生和发展的？
4. 组织行为学的研究方法主要包括哪些？

【参考答案】

1. 组织行为是指人们在作为组织成员的时候表现出来的行为。组织行为可以从三个层次来分析：个体行为，群体行为，组织行为。组织行为的特征有目标性、秩序性、高效性、可预测性与可控性。

2. 组织行为学是研究组织中人的心理和行为表现及其规律，提高管理人员预测、引导和控制人的行为的能力，以实现组织既定目标的科学。组织行为学对管理活动的影响主要表现在以下方面：调动下属的工作积极性，激发他们的工作热情；学会如何与上司及兄弟部门沟通，从而获得更多的资源；学会处理员工间的冲突纠纷；引导并改善员工成员的组织行为，建设高绩效团队等。最终成为一位卓有成效的雇主或受欢迎的组织成员。

3. 组织行为学作为一门科学，经历了早期的科学管理研究、古典组织管理研究、行为科学研究及当代组织行为学阶段。简述每个阶段的一些代表人物及代表观点即可。

4. 组织行为学的研究方法主要包括：按照研究性质可分为理论性研究、应用性研究、定性研究和定量研究；按照研究深度可分为描述性研究、关系性研究和预测性研究；按照研究形式又可分为观察法、调查法、个案研究法、心理测验法、实验研究等。

【案例分析】

霍桑试验

位于美国芝加哥城外西方电器公司的霍桑（Hawt home）工厂，是一家制造电话机的专用工厂，它设备完善、福利优越、具有良好的娱乐设施、医疗制度和养老金制度。但工人仍愤愤不平，生产效率也不理想。为此，1924年美国科学院组织了一个包括各方面专家在内的研究小组，对该厂的工作条件和生产效率的关系进行了全面的考察和多种试验。这就是著名的霍桑试验。从1924—1932年，在将近8年的时间里，霍桑试验前后共经过两个回合。第一个回合从1924年11月至1927年5月，它主要是在美国国家科学委员会的赞助下进行的。第二个回合是1927—1932年，主要由美国哈佛大学教授梅约（Elto Mayo）主持进行研究。整个试验前后共分为四个部分。

一、照明实验

这项实验在霍桑工厂共进行了两年半时间，试验是在被挑选出来的两组绕线工人中间进行的。一组是“试验组”，一组是“参照组”。在试验过程中，“试验组”不断地增加照明的强度，从24、46、76烛光逐渐递增，而“参照组”的照明度始终保持不变。

研究者起初打算考察照明和产量之间的关系，找出一种理想的照明度，在这种照明度下工作，能使工人的生产效率达到最高标准。但出乎研究者的意料之外，试验的结果，两组的产量都在不断提高。后来他们又采取了相反的措施，逐渐降低“试验组”的照明强度，还把两名试验组的女工安排在单独的房间里劳动，使照明度一再降低，从10烛光、3烛光一直降到0.06烛光，几乎和月亮光差不多的程度，这时候，也只有在这时候，产量才开始下降。

研究者的结论是：工作场所的灯光照明只是影响生产的一种因素，而且是一种不太重要的因素。除照明之外一定还有其他什么因素影响产量。

由于研究者找不到原因，感到迷惑不解，许多人都不干了。只有该公司的检查部主任朋诺克（C. Pennock）当时推测，产量的增加，可能是由于工人被试验鼓起的工作热情所影响。后来，于1927年冬天朋诺克在一次哈佛大学教授梅约主持的人事经理报告会上，把自己的想法告诉了他，并当场邀请梅约参加霍桑试验。梅约接受了邀请，并组织了一批哈佛的教授会同电器公司的人员成立了一个新的研究小组。于是开始了第二阶段的研究。

二、继电器装配试验

为了能够更好地控制影响工作绩效的因素，梅约选出了6名女工，在单独的房间里从事装配继电器的工作，他们告诉女工可以保持平常的工作节奏，因为试验的目的不是为了提高产量，而是要研究各种工作条件，以找出最适宜的工作环境。在这个期间，研究者在试验场所指定了一名观察者，他的任务主要是创造与工人的友好气氛，以确保她们合作。他还做一些管理工作，每天与女工们非正式地交谈，以消除她们对试验可能抱有的疑虑。这样与女工之间的谈话更加自由，彼此关系比过去更为亲近了。在试验过程中，不断地增加福利措施，例如：缩短工作日、延长休息时间、免费供应茶点等等。随着生产效率的提高，研究者起初以为是这些福利措施刺激了工人生产的积极性。随后他们又撤消了这些措施，生产不但没有下降，反而继续上升。这就证明物质条件的改变并不是提高产量的唯一原因。经过对这些结果的可能原因的分析，研究者认定，管理方法的改变可能是改变工人态度和提高产量的主要原因。

三、大规模的访谈实验

在两年多的时间里，梅约等人组织了大规模的态度调查，在职工中谈话人数达两万次以上。在访问过程中，访问者起初提出的问题，大都是一些“直接问题”，例如，工厂的督导工作及工作环境等，虽然访问者事先声明，将严格保守秘密，请工人放心，

可是受访者在回答问题时仍遮遮掩掩，存有戒心，怕厂方知道，自己受到报复。谈话总是陈腔客套，无关痛痒。后来改用了“非直接问题”，让受访者自行选择适当的话题，这时职工在谈话中反而无所顾忌了。结果在这次大规模的访问中，搜集了有关工人态度的大量资料，经过研究分析，了解到工人的工作绩效、职位和地位既取决于个人，又取决于群体成员。人际关系是影响绩效的一个主要因素。同时，这次大规模的试验，还收到一个意想不到的效果，就是在这次谈话试验以后，工厂的产量出现了大幅度的提高。经研究者分析认为，这是由于工人长期以来对工厂的各项管理制度和管理方法有许多不满，但无处发泄，这次试验，工人无话不谈，发泄了心中的怨气，由此而感到高兴，因而使产量大幅度上升。

四、继电器绕线机组的工作室试验

这项试验又称群体试验。试验者为了系统观察在群体中人们之间的相互影响，在车间里挑选了14名男工，其中9名绕线工，3名焊接工，2名检验员，在一个专门的单独房间里工作。

试验开始，研究者向工人说明：他们可以尽量卖力工作，报酬实行个人计件工资制。研究者原以为，这套奖励办法会使工人努力工作，提高产量。但结果是产量只保持在中等水平，而且每个工人的日产量都差不多。根据“时间—动作”分析的理论，

公司经过计算向他们提出的标准定额是每天完成7312个焊接点，但工人每天只完成6000~6600个焊接点就不干了，即使离下班还有一段时间，他们也自行停工。研究者经过深入观察，了解到工人自动限制产量的理由是：如果他们过分地努力，就可能造成其他同伴的失业，或者公司会接着制定出更高的生产定额。

与此同时，研究者为了了解他们之间的能力差别，还对实验组的每个人作了灵敏测验和智力测验。发现3名生产最慢的绕线工在灵敏测验上得分都高于3名最快的绕线工，其中1名生产最慢的工人在智力测验上得分排行第一，灵敏测验排行第三。测验的结果和实际产量之间的这种关系使研究者联想到群体对这些工人的重要性。1名工人可以因为提高他的产量而得到小组“工资基金”总额的较大份额，而且也减少了失业的可能性。然而这些物质上的报酬却会召来群体的非难和惩罚。因此每天只要完成群体认可的工作量大家就可以相安无事。

研究者通过观察发现，工人们之间有时会相互交换自己的工作，彼此间相互帮忙，虽然这是有违公司规定的事，但是这种行为却大大增进了他们的友谊，有时却也促进了他们彼此间的怨恨，谁喜欢谁，不喜欢谁，都可以因此表现出来。诸如此类的事情，使研究人员发现他们中间有着两个派系，即小群体，一个称为A派，一个称为B派。研究者在对他们的观察中获得了以下几点结论：

（1）他们之间的派系，并非是因工作不同而形成的，例如A派包括3名绕线工，同时还有1名焊接工和1名检验员。

（2）派系的形成多少受到工作位置的影响，例如A派的几位工人均在工作室的前端，而B派的几位工人均在工作室的后端。

（3）试验组的成员中也有人不属于任何派系。例如其中1名检验员一向受到其他成员的排斥。原因是他曾向检验科抱怨，说工作室的工人们都在偷懒，这件事后来被大家知道了，大家都与他保持一定距离，还有1名绕线工，老喜欢在B派中出风头，他虽然想加入B派，B派却因此没有完全接纳他。

（4）每个派系都认为自己比别派好，并有一套他们自己的行为规范。

研究者在观察他们各自履行自己所订立的行为规范时发现，有的规范与限制产量有关，有的则涉及到个人的品德，而就其规范对个人的影响来说，主要有以下几点；

（1）谁也不能干的太多或太少，以免影响大家。

（2）谁也不准向管理当局告密，做有害于同伴的事。

（3）任何人都不得远离大家，孤芳自赏；也不得打官腔，找麻烦。

（4）任何人不得在大家中间唠唠叨叨或自吹自擂，自以为是，一心想领导大家。

这些规范主要是通过挖苦、嘲笑以及排斥于社会活动之外等一些社会制裁方法实施的。如果有谁违反这些规范，就会受到群体的制裁。小组中最受欢迎的人就是那些严格遵守群体规范的人；而受厌恶的人，则是违背群体规范，私下向工长告密的人。

研究者认为，这种自然形成的非正式群体，其职能，对内在于控制其成员的行为，对外则为保护其成员，使之不受来自管理阶层的干预，这种非正式群体，一般都存在着自然形成的领袖人物。

霍桑试验的结果，后经梅约整理于1933年正式发表，其书名为《工业文明中人的问题》。在此书中，梅约首次提出“人际关系学说”，对管理学的发展产生重大影响。

案例思考题：

1. 霍桑试验采用了那几种组织行为学研究的具体方法？
2. 在对人的看法上，通过霍桑试验，你可以得出哪些不同于传统看法的结论？

【推荐阅读书目】

1. 关培兰. 组织行为学［M］. 北京：人民大学出版社，2008.
2. 窦胜功等. 组织行为学教程［M］. 北京：清华大学出版社，2005.
3. 斯蒂芬·P. 罗宾斯. 组织行为学［M］. 孙健敏，黄卫伟，等，译. 北京：中国人民大学出版社，2008.

【参考文献】

［1］里基·W. 格里芬，唐宁玉，格利高里·摩海德. 组织行为学［M］. 刘伟，译. 北京：中国市场出版社，2008.

［2］阿吉里斯. 个性与组织［M］. 北京：中国人民大学出版社，2007.

［3］巴纳德. 经理人员的职能［M］. 北京：机械工业出版社，2007.

［4］麦格雷戈. 企业的人性面［J］. 管理评论，1957（11）.

［5］关培兰. 组织行为学［M］. 北京：人民大学出版社，2008.

［6］肖志雄，刘宇璟. 组织行为学［M］. 武汉：华中科技大学出版社，2008.

［7］叶龙，史振磊：组织行为学教程［M］. 北京：清华大学出版社，2006.

［8］李宝元. 组织行为学通论［M］. 北京：清华大学出版社和北京交通大学出版社，2008.

［9］窦胜功等. 组织行为学教程［M］. 北京：清华大学出版社，2005.

［10］吴爱明，姜仁良，等. 组织行为学［M］. 北京：经济科学出版社和中国铁道出版社，2008.

［11］许芳，胡圣浩，等. 组织行为学原理与实务［M］. 北京：清华大学出版社，2007.

［12］迈克尔 A. 希特，等. 组织行为学——基于战略的方法［M］. 冯云霞，等，译. 北京：机械工业出版社，2008.

［13］郑晓明. 组织行为学［M］. 北京：经济科学出版社，2002.

［14］熊勇清. 组织行为学［M］. 长沙：湖南人民出版社，2006.

［15］孙彤. 组织行为学［M］. 北京：中国财政经济出版社，2002.

［16］侯静. 组织文化变革给我们的启示［J］. 商场现代化，2009（1）.

［17］徐二明，赫晓峰. 论组织文化变革的管理［J］. 现代管理科学，2005（4）.

［18］陈春花．组织行为学［M］．北京：机械工业出版社，2009.

［19］石巨涛．组织行为学［M］．北京：北京师范大学出版集团，2008.

［20］张晓飞．从组织再造看组织模式的变迁［J］．管理现代化，2003（1）.

［21］李兆民．管理理论的历史演变与知识经济时代管理模式的探究［J］．中国轻工教育，2003（3）.

［22］CHITTOO H. Birandranath，高洁．“古典管理理论”评述：内容、贡献及反思［J］．兰州学刊，2003（4）.

［23］周伟．管理理论丛林发展研究评介［J］．社会科学战线，2008（1）.

第 2 章　个体差异及行为

【本章结构图】

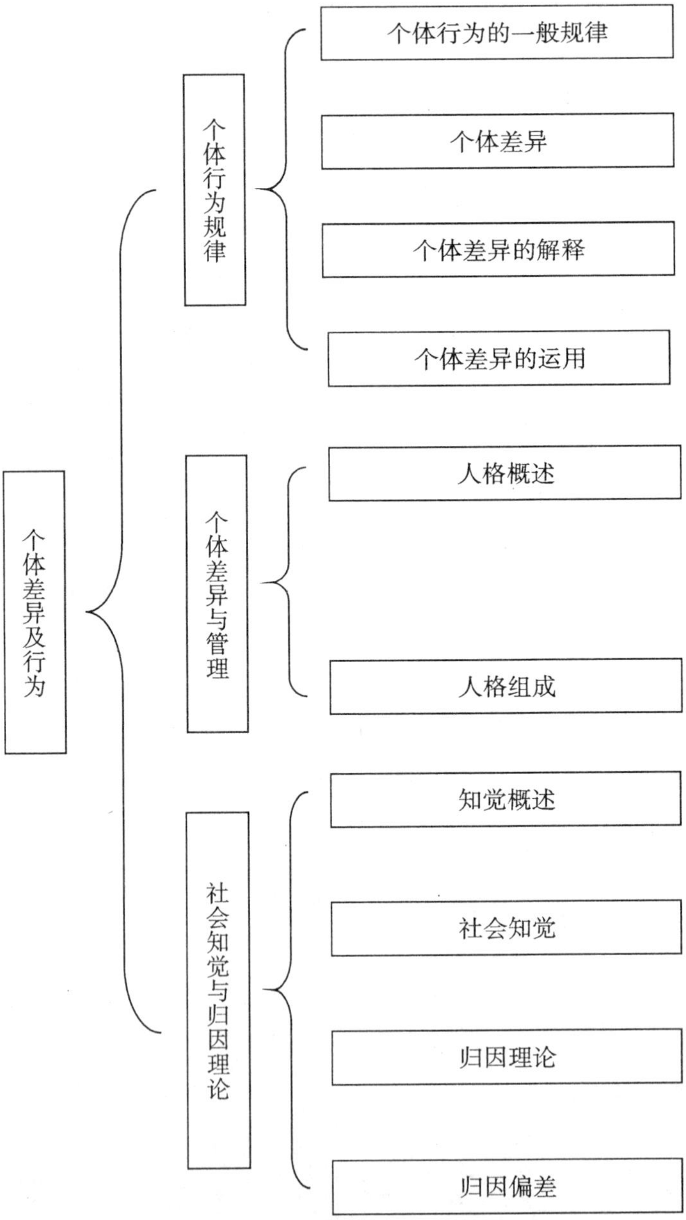

【本章学习目标】

通过本章的学习，在把握个体行为一般规律的基础上了解个体差异及其运用，掌握人格的定义、特征和组成部分，清楚知觉的定义，并能运用信息整合过程中的心理效应来解释社会认知的偏差，了解归因理论的内涵以及掌握归因偏差及其形成的原因。

【引导案例】

有四个人去看电影，都迟到了。

第一个人来到门口，被保安拦住："对不起，先生，您迟到了十分钟，现在进去将会影响观众，我不能让您进去。""不让我进?! 你知道我为什么来晚吗? 刚才，在剧院门口，一个老太太跌倒了，我把她扶起来，我是做好事，你怎么能不让我进?!"——行为带有攻击性，是胆汁质的显著特征。

第二个人到了门口，"对不起，先生，您迟到了十分钟，现在进去将会影响观众……""哦，我来晚了，"看看表，"真的来晚了……咦，听口音你是南阳人吧，我爱人也是，老弟！来，抽支烟抽支烟，跟你说，我在工商局，以后有事情尽管找我。"进去了。——灵活、不生气、总有办法，属于多血质气质。

第三个人到了，"对不起，先生，您迟到了十分钟，现在进去将会影响观众，我不能让您进去。""哦，迟到了，是不是迟到都不让进?""是的。""那，不进了……我站这儿可以吧?"一会儿胆汁质的来了……"他咋进去了?""他，他做了好事。"一会儿多血质的来了……"他咋也进去了?""他，他是老乡……算了算了，你进去吧。"他的目的达到了。——耐力强，黏液质人都如此。

第四个人，"对不起，先生，您迟到了十分钟，现在进去将会影响观众，我不能让您进去。""哦，就是，迟到了十分钟，这不能怪你，要是我早到，你一定不会不让我进，好吧，那我走了。"——抑郁质人，刻板、认真。

这四种气质类型的人，对同一事件的表现行为不一样，结果也是不一样的。

上述案例中，我们看到，不同气质的人有各自不同的行为特点。什么是气质？根据不同的气质，如何对个体进行管理？在本章中，将介绍相关个体行为的特征，并且讨论如何对个性差异进行管理，以及不同类型的社会认知。

2.1 个体行为规律

2.1.1 个体行为的一般规律

1. 个体行为模式

不同个体的行为受其自身思想和心理的支配，思想和心理是在长期的社会的实践中逐渐形成和发展起来的，因此人的行为有自身的规律和特征。

不同个体的行为特征不同，比如需要、兴趣、意志、能力、气质、性格以及态度都有差异，加上个体自身的社会经历各不相同，因此不同个体会对同一刺激产生不同的反应，即不同的知觉。人的行为不仅受个体心理的影响，也要受到外界环境的影响。即使个体心理相同，如果面临或所处的环境不同，人们所做出的行为也是不同的。外在刺激和内在的反应要受到主观评价的影响，因此研究人的行为的时候，不仅要研究引起行为产生的外界刺激，更重要的是要考虑个体的主观心理特征。如图 2.1 所示：

刺激 → 个体心理特征 → 对刺激的个人解释 → 行为反应

图 2.1　刺激反应机理

美国肯塔基大学教授华莱士提出了个体行为与绩效模式，这种模式将知觉、学习、个性、能力、动机等作为环境刺激转化为外显行为和绩效的主要中介因素，了解这些内在因素的特点，有益于管理者引导和影响员工的行为。

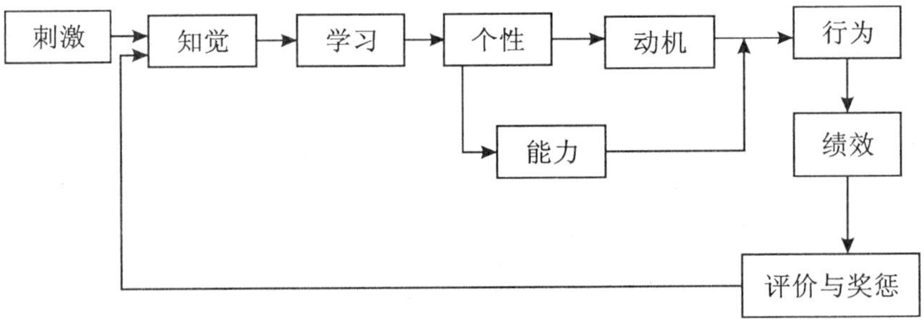

图 2.2　个体行为和绩效模式

2. 个体行为规律

组织行为学认为，人的行为是由动机支配的，动机是由需要引起的。这在下一章中会有详细阐述。人的行为导向是寻求目标，满足需要。人的行为目标导向是指为了实现某种目标而做的准备行为，也就是实现目标之前的行为，即寻找目标的过程。比如肚子饿了想吃饭。在此之后，就是目标行为。目标行为是直接满足目标实现需要的行为，比如饭做好了吃饭就是目标行为。当人的需要满足后，也就是目标实现后他又会产生新的需要，从而继续新的行为。这个规律如图 2.3 所示：

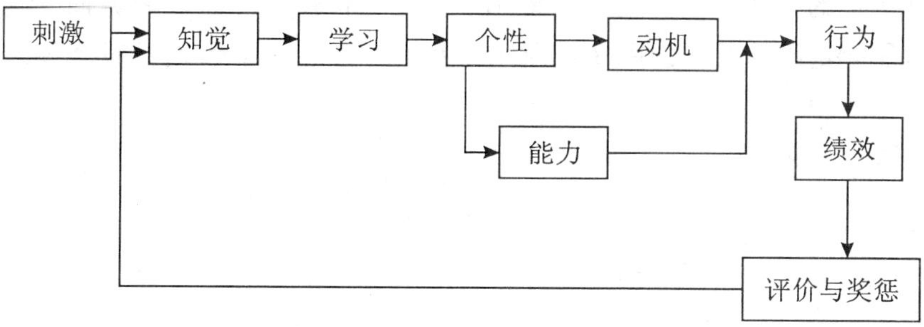

图 2.3　需要—动机—行为过程

如图可以看出，只有在了解个体的需求之后，我们才能准确预测个体的动机、行为。

2.1.2　个体差异

联想的柳传志曾经说过一句话，管理的真谛就是给猴子一棵树，给老虎一座山。其实他说的就是一个道理：因材而用，发挥人才的长处。而要做因材而用，前提就是要识别个体的差异性，了解个体差异的组成部分以及在掌握个体行为规律后，将其运用于管理实践。

1. 个体差异的概念

人是社会的个体，是某一社会享有一定权利的成员，能够并且应该承担与此相应的社会角色和需履行义务，从而实现自身的潜能。所谓个体差异就是指能区别出人与人之间不同的那些特征。

人与人之间的不同是表现在各个方面的。以微软招聘员工为例，微软每年在进行 120 000 名应聘人员时需要考虑的主要特征之一就是普通智力，这样做的目的是为了找到最聪明的人并安排给他们最合适的工作，以便发挥他们的智慧和能力，以至于总裁比尔·盖茨经常要亲自面试那些有希望的应聘者。因为在他和微软看来，普通智力甚至有时要比经验更需要得到考虑。这样做是因为，每个人之间的差别是多方面的，普通智力是区别个体的多种特征之一。这些特征影响着日常工作和交流，比如，员工是否与他人合作组团接受挑战、解决问题；他们对任务的理解是否一致等等。由此可知，在一个通过评价个体差异来决定最终录取人员的组织中，个体差异不仅影响着一个人能否成功地完成工作任务，还影响着他在组织中的认知和学习效果。掌握个体差异方面的知识可以更好地理解员工在组织中的行为方式。

2. 个体差异的组成

组织人力资源管理的一个真谛是：组织要找到人才，充分发其作用，还要留住合适的人才。简而言之就是识人、用人、留人。组织就需要考虑员工的不同特征，这就涉及个体差异的组成。

在心理学中，个体差异是指从差别的角度来看一个人不同于他人的特点。人的各种心理现象从反应到价值观，从感知到思维以及人格等，都存在个体差异。在组织行为学中，所关注的个体差异主要是：能力、人格、价值观和态度等方面。它们既影响个体绩效也影响组织绩效。如图 2.4 所示，我们可以看出个体差异对个体绩效所产生的影响。

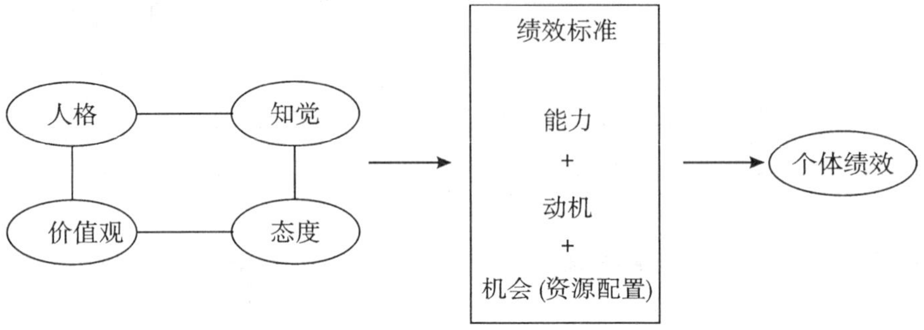

图 2.4　价值观、态度、能力和人格对组织行为的影响方式①

从图 2.4 中，可以看到，个体基于自己的人格和价值观形成了态度，而这些态度影响着其能力的使用和发展，同时让激励发挥作用，进而促使员工产生个体绩效。因此，员工必须拥有合适的能力并被激励使用这些能力，才能使他们感到满意、表现出色并顺利完成任务。一个受到激励但是不具备相应技能的员工不能完成任务，而一个具备能力但是缺乏完成工作任务的动机和机会的员工同样也无法完成任务。因而，从某种程度上说，能力、人格、价值观和态度构成了个体差异，是员工带给组织的全部差异，而且这些差异能够最终影响组织行为。在本章后面的内容中将更加详细地介绍这些组成。

3. 心理契约

员工之间存在的个体差异，使得个体之间不断地在组织中发生作用与反作用，并且也使得员工与其归属的组织之间也发生作用与反作用，而员工就通过这些交换过程中产生的各种交互作用发展组织关系。这种交换过程对每一个员工创造了一种独特的心理契约。心理契约的研究已经成为组织行为学中的一个热点，但是目前的相关文献都是将心理契约的双方界定为雇佣方和被雇佣方，而没有对被雇佣方内部的成员进行区别性研究。阿基里斯（Chri S. Argyris，1960）是第一个运用“心理契约”这个术语的学者，但没有给出一个具体的定义。莱文森等（Levinson，Price，et.，1962）通过对一家企业的案例研究，将心理契约描述为一种没有写出来的契约。按照莱文森等人的说法，心理契约是组织同其个体间相互期望的总和，有些期望是比较容易用文字和语言来表达的，而另外一些则比较隐讳和具有暗示性。沙因（E. H. Schein，1980）也对心理契约进行了研究，将其定义为组织内部或组织间的个体或者群体之间没有写明的期望的集合。按照沙因的理解，心理契约应该有两个层面：个体层面和组织层面。哈利奥特（Herriot，1996，1997）和彭伯顿（Pemberton，1996，1997）将心理契约看作对双方关系的感知，同时认为心理契约能够对组织中的个体行为产生重要影响。在

① 理查德·L. 达夫特，等. 组织行为学［M］. 杨宇，闫鲜宇，等，译. 北京：机械工业出版社，2008：70.

雇佣关系的分析框架下，我们认为心理契约就是组织中的个体对其他个体的职责履行的主观信念，即描述了员工期望对组织的贡献和组织将会给予员工的相应报酬。

关于心理契约发挥的作用，麦克法兰·肖和特忒里克对此进行了深入的研究。他们认为，心理契约能够减少个体的不安全感，因为雇佣关系很难用一份成文的合同来规定所有的情况，但是心理契约能够填补这一缺口。心理契约还能够对组织中的个体行为产生影响。例如，一个员工的行为取决于其对自己的付出和得到的回报的衡量，如果他能够感知到雇主对自己贡献的肯定，那么就有助于其贡献行为的保持。

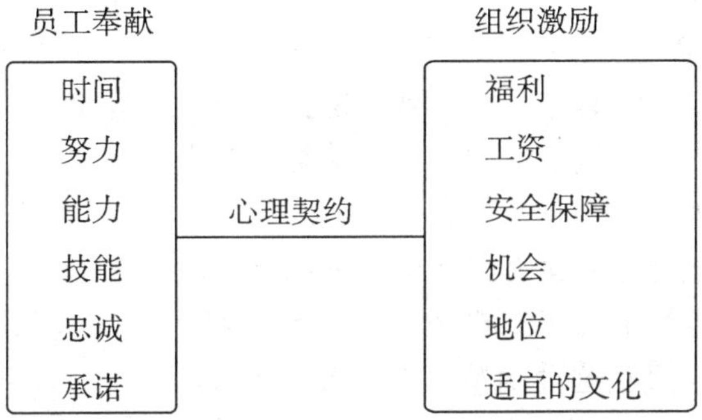

图 2.5　心理契约的元素

很多学者在研究心理契约的过程中，发现心理契约存在两种形态。麦克耐尔（Macneil I. R. 1974）认为存在两种类型的契约形式：一种是强调有形财富的交换、特定交易内容以及相对短期的交易型契约；一种是强调无形价值的交换、无限定交易内容以及相对长期的关系型契约。在两种极端的契约形态之间，存在很多过渡形态。但是无论何种形式的心理契约对组织中个体的影响都是巨大的，进而影响组织发展。组织如果违背了心理契约，员工的满意度、信任感和忠诚度等方面就会受到负面影响。员工越是认为组织违背了心理契约，就越有可能离开组织。

2.1.3　个体差异的解释

关于个体行为差异的解释，著名的主要有三个学派的观点。

1. 华生的行为主义理论

1913—1930 年是早期行为主义时期，约翰·华生（John B. Waston，1878）于 1913 年首先打出行为主义心理学的旗帜，是美国第一个将巴氏的研究结果作为学习理论基础的人。他是行为主义的创始人，到 1928 年，其观点发展为完整的行为主义思想体系。

他强调行为受客观刺激的影响，一定的刺激必然引起一定的反应。公式为 S－R（刺激—反应）。

他主张心理学应该摈弃很多主观的东西，只研究所观察到的并能客观地加以测量的刺激和反应。他认为人类的行为都是后天习得的，环境决定了一个人的行为模式，无论是正常的行为还是病态的行为都是经过学习而获得的，这些行为也是可以通过学习变化的。他认为，明确了环境刺激与行为反应之间的规律性关系之后，就能根据刺激预知反应，或根据反应推断刺激，达到预测并控制动物和人的行为的目的。在他眼里，人和动物没什么差异，都遵循同样的规律。

华生强调行为主义者感兴趣的主要是整个人的行为。确切地讲，就是对于“这个人在做什么”和“这个人为什么这样做”这类问题的一般常识性答案。

华生的这些观点对于研究行为产生的原因，如何改变和调节人的行为，提高工作效率等具有重要意义。但这一理论并没有说明人的行为全过程，只是单纯地把人看作对外界刺激起反应的机器人，将其等同于动物。这些导致了后来的新行为主义者的批判。

2. 新华生主义理论

20 世纪 30 年代以后发展起来的后期行为主义心理学理论体系，称为新行为主义，又称为新华生主义，以托尔曼、赫尔、斯金纳等为代表。

新行为主义的产生，主要有两方面的原因。

一方面是由于早期行为主义无视有机体的内部过程，引起了不少人的反对和批判。在行为主义阵营内部也就出现了一批改造和发展早期行为主义的学者，他们先后提出自己的理论体系，以求摆脱这种困境。托尔曼（E. C. Tolman，1886—1959）首先提出了“中介变量”的概念，试图用在刺激和反应之间的有机体内部发生的变化来解释刺激—反应公式所不能解释的事实。赫尔（Clark L. Hull，1884—1952）认为华生用刺激—反应的一般原理作为行为解释的原则未免有失偏颇，认为这些有机体内部进行的事实，应该从一套表述清晰的公式出发，用最严格的逻辑，演绎出一系列互相联结的定理，从而建立一种可靠的行为科学理论体系。斯金纳（Burrhus Frederic Skinner，1904—1990）则认为，早期行为主义把意识经验排除在科学考虑之外的做法，在策略上是很不明智的。他指出，一种适当的行为科学必须考虑有机体内部所发生的事件，并认为可以对有机体的内部过程进行研究而无需放弃行为主义的基本立场。

另一方面原因是由于操作主义哲学思潮对新行为主义者的影响。操作主义主要是探讨科学体系的严密性和精确性，强调“操作分析”的方法，认为由于测量操作的方式不同，同一客观概念并不总是具有同一意义。人类通过科学所能得到的知识，仅仅是人们所进行的种种测量、观察、记录、运算等操作的结果。20 世纪 30 年代以后，操作主义原则在美国风行一时，特别受到新行为主义者的重视。他们都认为用科学的操作来规定心理学上一些术语的意义，可以减少许多无谓的争论，有助于把心理科学体系建立在客观的实验操作的基础之上。

新行为主义者认为，在刺激、反应之间还应加上一个因素 O，即个体。人的行为因时、因地及环境与个体的身心情况不同，表现出不同的反应。因此，可以用公式 S—O—R，即刺激—心理加工—行为来表示人的行为模式。

$$\text{刺激} \xrightarrow{\text{输入}} \text{思维加工系统} \xrightarrow{\text{输出}} \text{行为}$$

他们把人脑看作一个加工系统，则输入的是刺激，输出的是行为，这个思维加工系统即心理加工过程是行为科学研究的重点。

3. 勒温的观点

勒温（Kurt Lewin，1890—1947）对行为主义刺激－反应的公式持否定的立场。他认为，人是一个场（field），人的心理活动是在一种心理场或生活空间里发生的。生活空间（Lifespace，简称Lsp）包括个人及其心理环境。一个人的行为（B）取决于个人（P）和他的环境（E）的相互作用，也就是说，行为取决于个体的生活空间（Lsp）。这样，勒温的基本公式就是：

$$B = F\ (P \cdot E)$$

式中：

B代表个人行为的方向和向量；

F代表某个函数关系；

P代表个人的内部动力；

E代表环境的刺激。

勒温认为在解释个体某种行为的时候，不同时研究环境和个体是没有意义的，他也主张，改变个体态度和行为的方法不能离开社会的活动，不能离开社会的规范和价值。[①] 个人在社会中活动的性质能决定他的态度，也会改变他的态度。主动参与和被动接受两种心理介入所产生的态度改变效果是不同的，让目标全身心地投入，自己提出和解决难题，会使态度改变。

2.1.4 个体差异的运用

1. 人岗匹配理论

人岗匹配理论即关于人的个性特征与职业性质一致的理论。其基本思想是：个体差异是普遍存在的，每一个个体都有自己的个性特征，而每一种职业由于其工作性质、环境、条件、方式的不同，对工作者的能力、知识、技能、性格、气质、心理素质等有不同的要求。进行职业决策（如选拔、安置、职业指导）时，就要根据一个人的个性特征来选择与之相对应的职业种类，即进行人岗匹配。如果匹配得好，则个人的特征与职业环境协调一致，工作效率和职业成功的可能性就大为提高。反之则工作效率和职业成功的可能性就很低。因此，对于组织和个体来说，进行恰当的人岗匹配具有非常重要的意义。进行人岗匹配的前提之一是必须对个体的特性有充分的了解和掌握，而人才测评是了解个体特征的最有效方法。所以，人岗匹配理论是现代人才测评的理论基础。在人力资源管理方面，一个重要理念就是，企业有义务最大限度地运用员工的能力，并且为每一位员工提供一个不断挖掘个人潜力和建立成功的机会，也就是所谓的职业生涯管理活动。通过这样的活动，企业和雇员可以达到双赢：企业挖掘员工的能力，提高了员工工作绩效，员工则从工作内容更为丰富、更具有挑战性的职业中获得成长和进步。

① 关培兰. 组织行为学［M］. 北京：中国人民大学出版社，2005：55.

2. 个体差异对组织绩效带来的影响

关于个体差异性对工作组织的影响，大多数研究认为个体差异性是一把“双刃剑”。通过对许多工作群体差异性的研究发现，差异性可以促成高质量的解决方案，也可以导致凝聚力降低。组织成员个体差异程度的不同会给群体绩效带来不同的影响。

一般认为，组织中的个体差异性与组织高度的创造力和创新正相关，或者说差异性与基于创造力的绩效评价尺度正相关。研究者指出个体差异性的增加将导致组织群体创造力和工作绩效的提高。通过分析组织成员组成的差异性与创造性的关系，发现成员组成的个体差异性增加了提供给群体的认知源的差异性。具有不同观点的差异性组织的成员，能够对收集的信息提出多种解释，并集中不同观点提供解决问题的创造性的行动，为进行创造性的决策制定提供巨大的潜能。由不同成员组成的差异性组织可以接近更为广阔的社会网络，使得可用新信息更容易地与决策融为一体，从而提高对快速变化的组织环境的适应能力。另外，因为差异性组织会产生更多的冲突，可能将组织导向解决对环境的适应问题的新的或更优的方案，增强组织对环境的适应能力。差异性组织因其自身适应能力的提高而更能适应变化的环境，相对其他组织，差异性组织更能适应快速变化的环境。

但是，组织成员组成的差异性并不总是提高组织绩效，它对群体工作效能也可能会产生不利影响。研究表明，成员组成的差异性会增加管理团队的反复性，产生不和谐，导致低水平的意见统一性，进而破坏作为团队的管理能力，最终影响决策的制定与执行。差异性组织中成员的行为倾向、专业背景和经验的差异以及对其他成员所拥有的专业知识的不认可会造成差异性组织中具有不同背景和观点的人难于相互交流，对组织绩效会产生不利影响。研究认为组织中的个体差异性还有可能会对群体凝聚力产生不利影响，普遍看法是个体差异性与凝聚力负相关，差异性组织中具有不同经验、背景、信仰和价值观的，语言不相熟悉的成员产生了交流困难，降低了组织整合性（即凝聚力），从而损害组织绩效。

2.2 个体差异与管理

在实践中灵活运用个体差异来实施有效的管理，前提是要掌握人格的相关概念和组成部分。首先，要将人格和个性这两个同样描述个体差异的概念区别开来。两者主要区别在于：其一，个性是指人的个别差异，从差别的角度来看一个人不同于他人的特点。人的各种心理现象从反应到价值观，从感知到思维以及人格等，都有个体差异。从这个意义上讲，个性仅表达人格的独特性，但人格还有整体性等特点；其二，个性是相对于共性而言的，世界上的万事万物都有个性，人自然也有个性。但人格只是对人而言的，对其他事物和动物显然不能用人格来描述。人格就是一个真实的人。其中既有个人所独有的，也有与他人相似的或共同的。人格这个概念比个性具有更多的内涵和外延。

2.2.1 人格概述

1. 人格的涵义

人格是一个极为抽象的模糊概念（Peterson，1992），下面将从辞源的含义和人格理论家对人格的定义两方面来考察。

从字源上看，我国古代汉语中没有“人格”这个词，但是有“人性”、“人品”、“品格”等词。例如，最早讲到“人性”的孔子曾说过“性相近也，习相远也”（《论语·阳货》），他认为素质是基础，个体差异来自环境和教育。人性、人品、品格等词虽然与人格一词在内容上有联系，但它们毕竟是不同的术语。中文里“人格”这个术语是从日文中引入的，而“人格”一词则来自对英文“personality”一词的意译。英语中的“personality”源于拉丁文的“persona”，本意是指面具，就是演戏时应剧情的需要所画的脸谱，它表现剧中人物的角色和身份。

人格是一个有着颇多歧义、颇多解说的概念。人格定义的多样性，反映了人格的内涵的丰富性。从历史上和现今的人格定义来看，有的把人格定义为个人行为的全部品质，有的则认为是经验的主体，有的把人格定义为给人印象的特点，有的则认为是持久的、主观感觉到的自我，有的把人格定义为由个人所有行为而获得的理论解释，有的则认为是个人特质的独特形式等等。其实，人格是一个复杂的系统。任何系统都可以作多种描述。人格定义的不同，反映了心理学家从不同的侧面对人格系统所作的描述。从历史的观点来看，心理学家对人格的众多探讨与盲人摸象颇为相似。心理学家正是从各个不同的方位向人格这一领域靠拢，按照自己的一己之见给人格下定义。因此，所有各家的见解对于我们认识人格都是有益的。目前，在人格研究领域中仍然存在着各种研究范式或研究取向，一时难以统一，但是各种观点走向融合的趋势同样是存在的。

综合各种定义，可以认为，人格是个体在行为上的内部倾向，它表现为个体适应环境时能力、情绪、需要、动机、兴趣、态度、价值观、气质、性格和体质等方面的整合，具有动力一致性和连续性的自我，是个体在社会化过程中形成的给人以特色的心身组织。在这个定义中，我们强调了人格的四个主要方面：整体的人、稳定的自我、独特性的个人、具有心身组织的社会化的对象。

2. 人格的基本特征

（1）独特性。所谓“人心不同，各如其面”，每个人都有与众不同的能力与气质，独特的兴趣和爱好，有着不同于别人的行为方式。

（2）稳定性与可塑性。一个人在不同的场合表现均会表现出稳定的行为特点，这种特点随着个体年龄的增长不会有很大变化。当然，“稳定性”也是相对的。一个人的人格形成后，随着社会环境的变化和个人的发展以及人与人之间关系的改变，也可能产生或多或少的变化。特别是年轻人的人格，具有很大的可塑性。

（3）统合性。人格是由多种成分构成的一个有机整体，既包括一个人在能力与兴趣方面的特点，也包括一个人在气质、爱好以及性格等方面的特点。

3. 人格形成的影响因素

一个人的人格必定具有两个基础：一是遗传生物基础，一是环境基础。性别、神经系统、内分泌系统和体型等因素是由遗传决定的。没有与生俱来的生物性的个体（包括它的生理器官和系统），人格便无从产生。环境基础是个体所处的外部世界，凡能引起行为的各种事物和情景都包括在内。没有环境基础，人格也不能产生。人格是遗传和环境交互作用的结果。下面让我们来讨论人格遗传的生物基础和环境基础：

（1）人格遗传的生物基础。由于人格具有较强的稳定性特征，因此人格研究者更会注重遗传因素对人格的影响。人格的形成离不开个体的遗传生物基础。个体的神经系统（特别是脑）的特性、体内的生化物质是人格形成的基础，身体外貌对人格的形成也有一定的影响。

①遗传因素的影响。人格的形成离不开个体的遗传基础。一个独特的个体是父方的精子（或精细胞）成功地与母方的卵子（或卵细胞）相结合形成受精卵之后产生的。父母亲各给予受精卵 23 对遗传的基本单位，即染色体。这些染色体中，每一对都含有 2 万个基因，它们是决定和影响个体特征的物质。染色体与染色体结合，基因与基因结合，按数学上的概率计算，总的可能组合数为 16 777 216 种不同形式。因此，两个人要具有相同遗传因素是不大可能的，即使是同父母的兄弟姊妹也很不相同。唯一的例外是同卵孪生，他们是由同一受精卵发育而来，具有相同染色体和基因，遗传禀赋相同。而异卵孪生发育于不同的受精卵，遗传禀赋是不同的。

人类的遗传学研究主要是通过对同卵双生子与一般血缘近亲之间的比较进行的。双生子研究结果已证明了遗传因素对人的智力、气质、某些精神病和其他复杂品质的影响作用。在过去的 15 年里，明尼苏达大学的心理学家对成长在不同家庭里的同卵双生子进行了研究。在大学里，那些重逢的同卵双生子接受了大量的医学检查和心理测验。这些测验的结果表明，即使同卵双生子被分开抚养，他们之间的相像程度也比异卵兄弟姐妹更高。像那些生活在一起的同卵双生子一样，被分开抚养的双生子在外表和说话声音上都惊人地相似。更令观察者惊诧的是，这些双生子有着一样的面部表情和一样的手部动作，其他一些小动作（如咬指甲、用手指敲桌子等）都一模一样。分开生活的双生子往往也表现出类似的天赋才能，例如，两个同卵双生子的生活环境虽然差异极大，但他们依然会在艺术、音乐、舞蹈、戏剧或运动方面表现出同样的才能。综观这类研究，总的来说，遗传因素的重要性是随着人格特征不同而异的。像气质和智力之类特征，遗传影响大；而像价值观、信念等特征，遗传影响甚小。

②生理因素的影响。身体生理因素是人格形成和发展的必要条件。身体器官的构造和机能，身体的外表则直接或间接地影响着人格的形成和定型。

脑与人格。一个人的人格和行为，无论多么复杂，都是脑的产物。个人的大脑是格的主要物质基础，它是人体内最重要、最复杂的器官，是人一切神经活动的中枢。脑部受到损伤，无疑会使脑内神经组织受到影响或破坏，人格也可能随之受到影响。后来的许多研究表明，脑的局部受伤会导致人格和行为的改变。

生化物质与人格。人体内的生物化学物质的变化，例如内分泌腺分泌的激素过多或过少，神经介质分泌的异常都会影响一个人的行为模式或人格特征。临床上因幼年时患脑垂体疾病分泌生长激素过多或缺乏，在成年后身材变成异常高大的巨人或身材异常矮小的侏儒。甲状腺分泌甲状腺素亢进，会导致神经系统兴奋性增高，表现为易紧张、失眠、烦躁、多言、情绪不稳定；而甲状腺素分泌缺乏则导致智力减退、记忆力下降、联想和言语活动减少、嗜睡、性欲减退。这些都表明生化物质会影响人格。

身体外貌与人格。身体外貌与人格特征的联系，古今中外都在做过推测。成书于春秋战同时期的《内经》就对身体外形与人格特征的联系做过描述。它把人分为金、木、水、火、土五种类型：金型之人，脸方肤白、头小肩背小、腹小手足小、足跟厚大，为人清廉，急躁刚强，办事认真果断；木型之天，肤色苍白、头小脸长、两肩广阔、背挺直、身体弱小，多忧虑而勤劳；水型之人，肤黑头大、脸不光整、颊腮清瘦、两肩狭小、腹大、尻骨和脊背很长，禀性无所畏惧，但不够廉洁；火型之人，肤赤脸长、脊背肌肉宽厚、肩背脾腹匀称，理解敏捷，真诚朴实，多气轻财；土型之人，肤黄，头大脸圆，肩背丰厚，腹大，内心安定，乐于助人，诚恳忠实。

（2）环境因素。历史上的“孟母三迁”说明，社会生活环境对个人的成长和人格形成有着重要的影响。人格的形成和表现，离不开个体生存的环境。人所处的环境包罗宇宙的一切现象。在一定场合下能被个体感觉器官感知的那一部分环境称为情境。有些环境因素影响着所有个体，有些则仅影响特定的个体或某些个体。人格的形成和表现都是人与环境交互作用的结果。这种交互作用是个体在发展的每个阶段都影响着环境，同时又受环境的影响。

①胎内环境的影响。每一个婴儿都是遗传与环境的共同产物。从受孕的那一时刻起，环境因素就对人格的形成起作用。母亲在健康上的差异会深刻地影响子宫的环境，从而影响新生儿的某些特征。例如，直基血清中的锌含量严重偏低会导致婴儿患各种先天性畸形；有毒瘾的孕妇会使婴儿天生染上毒瘾。这些特征虽然出生时便已存在，却不是由遗传决定的。

②社会文化因素。每个人都处于特定的社会文化之中，文化对人格的影响是极为重要的。它是形成人性的决定性条件。一个身体健全的儿童，虽然有继承文化财富的可能性，但是，如果出生后由于某种原因，被剥夺了与人类文化环境接触的机会，就不可能形成人的心理和行为及人性。狼孩的事例，便充分说明了这一点。社会文化对人格的影响力因文化而异。社会对文化的要求越严格，其影响力就越大。影响力的强弱也要视其行为的社会意义的大小，对于不太具有社会意义的行为，社会容许较大的变异。但对在社会功能上十分重要的行为，就不容许太大的变异，社会文化的制约作用就越大。但是，若个人极端偏离其社会文化所要求的人格基本特征，不能融入社会文化环境之中，可能就会被视为行为偏差或心理疾病。社会文化具有对人格的塑造功能，也反映在不同文化的民族有其固有的民族性格。民族文化是一个民族经过世世代代而积累起来的。民族文化陶冶一个人的民族性。民族性（或国民性）是指一个民族或一个国家的国民的常见的独特的性格，并且是异于其他民族或其他国民的。例如，德国人冷静、法国人热情、日本人勤奋等，就是指民族性而言的。

③家庭环境的因素。一位人格心理学家说：“家庭对人的塑造力是今天我们对人格发展看法的基石”。出生后，个体最早接触的环境是家庭。家庭是社会的细胞，不仅具

有自然的遗传因素，也有着社会的“遗传”因素。这种社会遗传因素主要表现为家庭对子女的教育作用，有其父必有其子的话不无道理。父母按照自己的意愿和方式教育着孩子，使孩子逐渐形成某些人格特征。

强调人格的家庭成因，重点在于探讨家庭间的差异对人格发展的影响，探讨不同的教养方式对人格差异所构成的影响。一般研究者把家庭教养方式分成三类，这三类方式造就了具有不同人格特征的孩子：第一类是权威型教养方式，这类父母在对子女的教育中表现为过分支配，孩子的一切均由父母来控制。成长在这种教育环境下的孩子容易形成消极、被动、依赖、服从、懦弱，做事缺乏主动性，甚至会形成不诚实的人格特征；第二类是放纵型教养方式，这类父母对孩子过于溺爱，让孩子随心所欲，父母对孩子的教育甚至达到失控状态。这种家庭里的孩子多表现为任性、幼稚、自私、野蛮、无礼、独立性差、唯我独尊、蛮横胡闹等；第三类是民主型教养方式，父母与孩子在家庭中处于一个平等和谐的氛围中，父母尊重孩子，给孩子一定的自主权，并给孩子以积极正确的指导。父母的这种教育方式使孩子形成了一些积极的人格品质，如活泼、快乐、直爽、自立、彬彬有礼、善于交往、容易合作、思想活跃等。由此可见，家庭确实是“人类性格的工厂”，它塑造了人们不同的人格特征。

综合家庭因素对人格影响的研究资料，得出以下结论：家庭是社会文化的媒介，它对人格具有强大的塑造力；父母的教养方式的恰当性，会直接决定孩子人格特征的形成；父母在养育孩子的过程中，表现出了自己的人格，并有意无意地影响和塑造着孩子的人格，形成家庭中的“社会遗传性”。

④早期童年经验。“早期的亲子关系定出了行为模式，塑成一切日后的行为”。这是麦肯侬（Macklnnon，1950）有关早期童年经验对人格影响力的一个总结。中国也有句俗话“三岁看大，七岁看老”。人生早期所发生的事情对人格的影响，历来为人格心理学家所重视。研究认为：其一，人格发展的确受到童年经验的影响，幸福的童年有利于儿童向健康人格发展，不幸的童年也会引发儿童不良人格的形成。但二者不存在一一对应的关系，溺爱也可使孩子形成不良人格特点，逆境也可磨炼出孩子坚强的性格；其二，早期经验不能单独对人格起决定作用，它与其他因素共同来决定人格；其三，早期儿童经验是否对人格造成永久性影响因人而异。对于正常人来说，随年龄的增长、心理的成熟，童年的影响会逐渐缩小、减弱，其效果不会永久不衰。

⑤自然物理因素。生态环境、气候条件、空间拥挤程度等物理因素都会影响人格。一个著名的研究实例是，巴理（Barry，1966）关于阿拉斯加州的爱斯基摩人和非洲的特姆尼人的比较研究。这个研究说明了生态环境对人格的影响作用。爱斯基摩人以渔猎为生，夏天在水上打鱼，冬天在冰上打猎。他们主食肉类，没有蔬菜，过着流浪生活，以帐篷遮风避雨。这种生活环境使孩子逐渐形成坚定、独立、冒险的人格特征。特姆尼人则生活在杂色灌木丛生地带，以农业为主，种田为生，居住环境固定。这种生活环境使孩子形成依赖、服从、保守的人格特点。由此可见，不同的生存环境影响人格的形成。另外，气温也会导致人的某些人格特征的频率提高。如热天会使人烦躁不安，对他人采取负面反应，甚至进攻，发生反社会行为。世界上炎热的地方，也是攻击行为较多的地方。关于自然物理环境对人格的影响作用，心理学家认为自然环境

对人格不起决定性影响作用，更多地表现为一时性影响。自然物理环境对特定行为具有一定的解释作用。在不同的物理环境中，人可以表现出不同的行为特点。

综上所述，人格是先天后天的“合金”，是遗传与环境交互作用的结果。遗传决定人格发展的可能性，环境决定人格发展的现实性。这是研究者们已达成共识的结论。但是，二者是如何交互作用对人格形成产生影响的，这是研究者们面临的新课题。

2.2.2 人格组成

人格是一个复杂的结构系统，它包括许多成分：气质、性格、能力、认知风格等。它是在个体生理素质的基础上，在一定的历史条件下，通过社会实践活动形成和发展起来的。因此，人格是受周围环境和社会关系所制约的，它所反映的是具体的、活生生的、行动着的人。

1. 气质

（1）气质的概念。气质是由先天遗传而得来的神经活动类型，是表现在心理活动的强度、速度、灵活性与指向性等方面的一种稳定的心理活动的动力特征，与我们平时所指的秉性、脾气相近似。气质是人生而具有的，对人们的所有心理活动起到渲染作用，带上个人色彩，气质没有好坏之分。可从以下两个方面来理解气质的含义：

①气质是心理活动的动力特征。心理活动的动力特征是指心理活动发生的速度、强度和指向性。气质作为人的心理活动的动力特征，使人在各种不同的活动中有着近似的表现，使人的心理活动都染上特定的色彩，形成独特的风貌。所以，只有在不同时间、地点、场合，不同活动内容、兴趣、动机，都稳定地表现出来的心理活动的动力特征才能称为气质。

②气质是个体与生俱来的，是典型的，稳定的心理特征，它是高级神经活动类型的外在表现。因此，在个体出生的早期就会表现出某些气质特点。例如，有的婴儿活泼好动，不怕生，对外界刺激反应灵敏；有的婴儿安详文静，胆小怕生，对外界刺激反应迟缓。但是，气质是难以改变的。俗话说：“江山易改，秉性难移”，“秉性”就是气质。当然就其外部表现而言，在环境和教育的影响下，随着自身修养的增强，特别是随着性格的成熟，会对气质有一定的掩盖作用，但要从内部改变其本质是很困难的。同时，性格对于气质也会具有一定的制约和控制作用。因此，气质的稳定性与可塑性是统一的。

（2）气质的类型其及特征。气质的类型指在某类人身上所具有的共同的典型气质特征的有机结合，气质类型不仅表现在情绪和行动方面，而且还表现在智力活动及其他心理活动方面。关于气质类型的描述，不同研究者从不同的角度提出了不同的分类方式，这里主要介绍四种传统的气质类型。

①鉴定气质类型的心理指标。鉴定人的气质类型就是对表现为心理特征的神经系统特性的鉴定，一般包括六个因素。这些因素的不同结合就构成不同的气质类型。

感受性。神经过程强度特征的反映，指人对适宜刺激的感觉能力，可通过感觉阈限的大小来测量。

耐受性。神经过程强度特性的反映，指人受到外界刺激后在时间和强度上的耐受程度。

敏捷性。神经过程灵活性的反映，指对同一强度的刺激做出不随意反应的程度，即心理反应和心理过程进行的速度，可通过感知、记忆、思维等的速度和注意转移的灵活程度来判断。

可塑性。神经系统灵活性的反映，指个体依据外界环境的变化，通过改变自己的行为以适应环境的难易程度。

兴奋性。神经过程的强度和平衡性的反映，指情绪兴奋的强度和自我控制程度。兴奋性高而抑制力弱是神经过程强而不平衡特点的表现。

倾向性。神经过程兴奋或抑制过程的反映，指个体的心理活动的指向性，指向外部环境还是倾向于内心体验。外倾型的人，心理活动指向外界事物，是神经过程兴奋性高的表现；内倾型的人，心理活动倾向于内心体验，是抑制过程占优势的表现。

根据以上心理指标，可将气质归纳为以下四种类型，如表 2. 1 所示：

表 2. 1　　四种类型的气质

特征 类型	感受性	耐受性	敏捷性	可塑性	兴奋性	倾向性
胆汁质	低	较高	快、不灵活	较高	高	外倾
多血质	较高	较高	快、灵活	高	高	外倾
黏液质	较低	高	慢、不灵活	低	低	内倾
抑郁质	高	低	慢、不灵活	低	高	极为内倾

②气质类型的基本特征。四种类型的气质具有不同的特征：

胆汁质，属兴奋而热烈型。该气质类型的人，感受性低，耐受性高；外倾性明显，情绪兴奋性高，抵制力差；反应速度快，但不灵活。其显著特点是兴奋性强、不平衡、外倾。行为表现直率热情、精力旺盛、敏捷果断、反应迅速强烈；但性急暴躁、任性、易冲动。

多血质，属敏捷好动型。该气质类型的人，感受性低，耐受性较高；不随意的反应性强；具有可塑性和外倾性；情绪兴奋性高，外部表露明显，反应速度快且灵活。其显著特点是灵活性强、外倾明显。行为表现活泼好动、反应迅速、思维敏锐、善交际、适应性强、性格开朗、动作灵活；但往往粗心大意、情绪多变、兴趣易转移、轻率散漫，易给人轻浮之感。

黏液质，属缄默沉静型。该气质类型的人，感觉性低，耐受性高；不随意的反应性和情绪兴奋性均低；内倾性明显，外部表现少；反应速度慢，具有稳定性。显著特点是安静、内倾。行为表现安静稳重、耐心谨慎、自信心强、善于克制、沉默寡言、反应缓慢、情绪隐蔽；但往往固执、保守、精神怠惰、缺乏生气、动作迟缓。

抑郁质，属呆板羞涩型。该气质类型的人，感觉性高，耐受性低；不随意的反应性低；严重内倾；情绪兴奋性高而体验深，反应速度慢；具有刻板性，不灵活。其显著特点是敏感、孤僻、缺乏自信心、内倾。行为表现孤僻、自卑、羞怯、动作迟缓、反应缓慢、敏感多疑；但感受性高，注重个体内心体验，善于发现生活中的细节，富于同情心、情绪隐蔽而体验深刻。

虽然气质分为典型的四种类型，但在日常生活中仅具有某一种典型气质的人毕竟是少数。多数人的气质均为几种气质类型的混合，即混合型。

（3）气质与管理。作为管理者，在看到员工某种气质积极面的同时，必须正视消极的一面；同样在看到消极的一面的时候，也不能够抹煞积极的一面。这就要充分利用每位员工气质的积极因素，控制其消极的影响，扬长避短。尽可能地根据员工气质，安排能够充分发挥其积极因素的工作环境，创造消除消极因素的氛围。一个人在“气质方面”的不同缺陷，管理者所采用领导方法应该有所差别。对于胆汁质的人，要注意培养他们的自我控制能力。对于多血质的人，要帮助他们养成扎实、专一与坚忍不拔的精神。对于黏液质的人，应该容许他们对某些问题有较多的思考时间。对抑郁质的人，应该给予更多的关怀、鼓舞及体贴他们。

不同气质的人，对督导考核的承受力也有不同。管理者应该了解他们的承受力高低，才能决定较合理的督导考核方法。通常，胆汁质和多血质的员工，可以忍受较大的挫折压力，因此，对他们进行严格的考核。至于抑郁质的员工，比较不能容忍挫折压力，而且，他们也不善于表达自己的意见，因此，对他们进行的督导考核时，应特别注意所采行的方式、方法及实施的场合。

为此，在人员招聘、人事安排上，应根据工作特点，在职位说明书中加入人员的气质要求，这样员工的满意度会增加，工作效率也会提高。在工作中要依据气质的特点，合理地去安排和布置工作，同时员工要结合自身的气质，寻求适应自己充分发挥才智的工作。具体就表现在：

①应根据不同气质的人安排不同的工作。如胆汁型和多血汁型的人，他们适合于迅速、灵活反应的工作，而黏液质和抑郁质的人更适合于细致而持久的工作。比如：气质为抑郁质的人，如果担任企业的推销员，恐怕不太合适。具有胆汁质性格的人，脾气过于暴躁，思考肤浅，选择担任科学家的工作并不合适。至于机械管制室，譬如，航空管制室或轮机管制室，应该由心理冷静、态度谨慎的人，负责此项工作较为合适。因此，由抑郁质的人担任最合适。当员工的气质与工作效率配合良好时，工作效率较高。

②一个团队中应由多种气质的人组合而成。在现代社会中，越来越多的工作需要采用团队整体去完成，气质的互补更有利于团体效率的提高。一个组织、一个团队必定存在不同的分工，群体中的每一个员工的分工不尽相同，对于气质也存在不同的要求。在一个成功的团队中既需要富有创意的方案，果断的决策、灵活的调查、周密的计划、耐性的执行、知难而上勇往直前的勇气，又需要耐心谨慎的毅力，防止急躁冒进的能力。这都不是同一类人所能做到的，这就要求不同气质的人互助互辅互补，发挥其效率最大化，使团队的人际关系更加协调。

③思想工作的方式应因人而异。在做员工的思想工作中要依员工的气质差异，采取相应的方式方法，起事半功倍之成效。如：胆汁质的人易冲动，好挑衅，故可以直截了当，先肯定成绩，后严肃批评；对于多血汁的人表现粗心大意，注意力不够集中，

则批评要命中要害，尖锐严肃，因为这类人比较开朗，可塑性强，易于接受批评；对于黏液质的人比较固执、不易改变，做这类人的工作要耐心细致，反复说服，动之以情，晓之以理，使其逐步改变；针对抑郁质的人感情脆弱多疑，要多鼓励、少批评，多侧面引导，少正面指责，但因这类人多疑、孤僻、怯懦、缺乏果断和信心，则一定要讲服说透，最终切记要鼓励和激励。

2. 性格

（1）性格的概念。性格是指个体在后天的成长环境中形成的，对待现实的稳定态度和习惯化了的行为方式，是个性心理特征中的核心部分，是区别个性的主要心理标志。

首先，性格表现为个体对现实的态度和与之相适应的行为方式。性格是在社会实践活动中，与客观环境相互作用而形成的。个体往往会对作用于其自身的客观事物抱有一定的态度，并做出相应的行为。个体对客体的态度和行为方式不断重复后保存和巩固下来，就形成个人所特有的、稳定的态度和习惯化的行为方式。

其次，性格是个体稳定的个性心理特征。一时的、情境性的、偶然的表现，不能构成人的性格特征，只有那些经常的、一贯的表现才会被认为是个体的性格特征。

最后，性格是个性心理特征的核心部分。人的性格是现实社会关系在人脑中的反映，所以，性格有好坏之分，在性格特征中占主导地位的是思想道德品质。性格直接影响着气质、能力的表现特点与发展方向。

（2）性格的结构特征。性格具有各种不同的结构特征，这些特征在不同人身上，均以一定的独特方式结合而成为有机的整体，一般认为性格由以下四个方面的心理成分所构成：

①性格的态度特征。人对现实的态度体系是性格最重要的组成部分，在人的性格结构中处于核心地位。依据不同的态度体系，可把性格特征分为以下四类：对待社会、集体、他人态度的性格特征，如善良、诚实、自私、狡猾等；对待劳动、生活、学习的性格特征，如勤劳、认真、懒惰、浪费等；对待劳动产品的性格特征，如珍惜、浪费等；对待自己的性格特征，如谦虚、自爱、骄傲等。

②性格的理智特征。性格的理智特征是指人们在认知过程中表现出来的特征，具体表现为三个方面：其一，从感知的角度看可分为被动感知型（易受环境刺激的影响，易受暗示）与主观观察型（自己有主见且不易被环境刺激所干扰）、详细罗列型（特别注意细节）与概括型（更注重事物的一般特征和轮廓）等；其二，从想象的角度看可分为幻想型与现实型、主动想象型（力图用想象打开自己活动的领域）与被动想象型（以想象来掩盖自己的无所作为）等；其三，从思维的角度看可分为独立思考型与盲目模仿型、灵活型与刻板型、创造型与保守型等。

③性格的情绪特征。性格的情绪特征指一个人情绪活动的强度、稳定性、持续性以及主导心境方面的特征。情绪强度方面的特征表现在一个人受情绪的感染和支配的程度，以及情绪受意志控制的程度上。如有的人情绪产生快而强，而有的人情绪产生慢而弱。情绪的稳定性、持续性方面的特征表现在一个人情绪的稳定、持久或起伏波动的程度上。如有的人忽冷忽热，几分钟热度；有的人始终保持高昂的情绪、饱满的

热情。主导心境方面的特征是指不同主导心境在一个人身上稳定表现的程度。如有的人多愁善感，经常情绪抑郁；有的人整天笑容满面，是个乐天派、乐观主义者等。

④性格的意志特征。性格的意志特征是指人在意志行动中所表现出来的性格特点，具体表现为如下四个方面的特征：一是行为目标是否明确。例如，是具有明确的目的还是盲动蛮干；有主见还是易受暗示等；二是行为控制是否自觉。例如，一个人的行为是主动积极还是消极被动；是有自制力还是易受暗示等；三是紧急或困难条件下表现出来的性格特征。例如，是沉着镇定还是张皇失措，是果断、勇敢还是优柔寡断、胆小怯懦等；四是长期工作和活动中表现出来的性格特征，例如，是耐久有恒、坚忍不拔还是见异思迁、半途而废等。

（3）性格的类型。性格的类型指在某类人身上所共有的性格特征的结合。由于性格的复杂性，目前尚无一个公认的、统一的性格分类标准，常见的性格分类如下：

①机能说。英国心理学家培因（A. Bain，1818—1903）和法国心理学家李波（T. A. Ribot，1839—1916）根据理智、情绪、意志三种心理机能在性格中的优势配比，将性格划分为理智型、情绪型和意志型。理智型的人常以理智来评价周围发生的一切，并支配和控制自己的行动，遇事三思而行，少受情绪因素的影响；情绪型的人，行为易受情绪左右，情绪体验深刻强烈，好感情用事；意志型的人，行动目的明确，自制力较强。现实生活中仅有少数人是这三种典型类型的代表，多数人属于中间类型。

②向性说。瑞士心理学家荣格（Carl Gustay Jung，1875—1961）按照个体心理活动的倾向性，将性格分为外倾型和内倾型。外倾型的人心理活动倾向于外部，经常对外部事物表示关心和兴趣，性情开朗活泼，情感外露，不拘小节，善于交际，热情、随和；内倾型的人心理活动倾向于内心，较少向别人显露自己的思想，沉静、谨慎、顾虑，适应环境困难，交往面窄。多数人并非典型的内倾和外倾，而是中间型。

③独立顺从说。美国心理学家威特金（H. A. Within，1916—1979）按一个人独立性程度的大小，将性格分为独立型和顺从型。独立型的人具有坚定的个人信念，不易受外界因素的暗示和干扰，善于独立思考，应变能力强，易于发挥自己的力量；顺从型的人独立性差，遇事缺乏主见，易受外来因素的暗示和干扰，常不加分析地接受别人的意见，应变能力差。

④社会文化学说。德国心理学家斯普兰格（E. Spranger，1882—1963）根据人类社会的六个基本领域及由此而形成的价值观，将性格分为理论型、经济型、审美型、社会型、权力型和宗教型六种。理论型的人以探求事物本质为其最大价值，哲学家、理论家多属此类；经济型的人以谋求利益为最大价值，实业家多属此类；审美型的人以感受事物的美为人生最高价值，艺术家多属这种类型；社会型的人以善于与人交往、帮助别人为最大价值，社会活动家、慈善家多属这种类型；权力型的人以利用别人、掌握权力为最高价值，领袖人物多属此类；宗教型以追求宗教信仰为最高价值。现实生活中，大多数人往往主要侧重一种类型，同时兼有其他类型的某些特征，属于中间型或混合型。

⑤特质说。按照性格的多种特性的不同结合来确定性格类型，主要有以下几种：

卡特尔的特质说。美国早期机能主义心理学家卡特尔（James McKeen Cettell，

1860—1944）把性格特征分为经常发生的，从外部可以观察到的表面特质和隐藏在其后并制约表面特质的根源特质两类。他从表面特质中确定了16种行为的根源特质：乐群性、聪慧性、稳定性、恃强性、兴奋性、有恒性、敏感性、怀疑性、幻想性、忧虑性、敢为性、世故性、实验性、独立性、自律性、紧张性。根据16个因素的组合，画出人格剖面图，就能得到个体的性格特点。

吉尔福特的特性说。美国心理学家吉尔福特（J. P. Guilford，1897—1987）等人认为，性格与人的情绪稳定性、社会适应性和心理活动的倾向性有关，他把人的性格分为12种特性。根据这些特性的不同结合，他又把人的性格分为五种类型。A型：性情急躁、直爽坦率、好胜心强，人际关系不太融洽，其行为常引起人们的注意或议论，又称其行为型。B型：情绪稳定、乐观、温和，能力一般，不善交际，能够正确对待困难与挫折，人际关系融洽，社会适应性较好，又称平衡型。C型：情绪稳定、社会适应性良好，内心封闭、孤僻，好幻想，又称安定型。D型：情绪稳定、外向，活泼开朗、善交际，与人关系较好，有组织领导能力，又称管理者型。E型：情绪不稳定、社会适应性较差或一般，内向、自卑、易激怒、多愁善感，也称消极型。

（4）性格与管理。

①性格与人际关系。人际关系是影响管理绩效的重要因素。科学研究与管理实践表明：人的良好的性格特征，如谅解、支持、友谊、团结、诚实、谦虚、热情等是使组织的人际关系和谐，有凝聚力的重要心理品质；相反，对人冷淡、刻薄、嫉妒、高傲，则容易导致人际关系紧张，出现扯皮、拆台、凝聚力差与士气低落的局面。应重视组织文化建设，培育良好的人际关系，发挥领导者的人格魅力，建立科学的规章制度和实行规范的管理等。

②性格与创造力。一般说来，独立性强的人抱负水平较高，适应能力强，有革新开拓精神；而依赖性强的人自信心弱，易受环境束缚，创造力和竞争力也差一些。

③性格与效率。性格是影响员工工作效率的一个重要因素。有的人虽然智力水平不高，能力也不强，但却有良好的性格品质，如有事业心、责任心、恒心，为人勤奋好学，则可以弥补能力的不足，同样能够在学习、工作方面取得成就。相反，如果单凭小聪明，没有形成良好的性格，为人娇情、浮躁、对知识不求甚解、浅尝辄止，那么学习和工作的效率不会很高。作为组织管理者在进行人才选拔时，除了考虑智力和能力的因素外，还要更多地考虑员工的性格因素等非智力因素。

3. 能力

（1）能力的概念。能力是个体顺利实现某种活动所必备的心理条件，是一种心理特征。能力反映出个体在某项工作中顺利完成某项活动的可能性。当一个人能顺利完成某种活动时，也就表现出个体的能力。能力表现在个体所从事的各种活动中，并在活动中得到发展。能力是在人类的社会生活中产生和发展起来的。

（2）能力与知识、技能的关系。知识是客观事物在人脑中的组织形式，人一旦有了知识，就会将知识运用于个体活动中，是能力基本结构中不可缺少的组成成分。技能是人们通过练习而获得的动作方式和动作系统，可通过外部操作或者内部的智力活动表现出来，由于技能直接控制活动的动作程序的执行，因此也是能力结构的基本成分。

知识和技能是能力的基础，随着人的知识、技能的积累，人的能力也会不断提高，但只有广泛应用于生产生活中的知识和技能才能转化为能力。能力的高低也会影响到个体掌握知识、技能的水平，能力强的人较易获得知识和技能，反之亦然。所以，从一个人掌握知识、技能的速度和质量上也可以看出其能力的大小。

（3）能力的种类。人的能力是多种多样的，一般可分为以下几种：

①一般能力和特殊能力。一般能力是指在不同种类的活动中表现出来的能力，如观察力、思维力、想象力、创造力等。特殊能力指在某种专业活动中表现出来的能力，是顺利完成某种专业活动的心理条件。一般能力是特殊能力的重要组成部分，而特殊能力的发展有助于一般能力的发展。

②模仿能力和创造能力。模仿能力是指人们通过观察别人言行来学习各种知识，然后以相同的方式做出反应的能力。模仿是人类和动物的一种重要的学习能力。创造能力是指个体产生新思维，创造新产品的能力。模仿是创造的前提和基础，人们往往是先模仿，然后再创造。

③认知能力、操作能力和社交能力。认知能力是人脑加工、储存和提取信息的能力，即我们所说的智力。个体认识客观世界，获得各类知识和经验，主要依赖于认知能力。操作能力指人们操作自己的肢体完成各项活动的能力，如表演能力、绘画能力、劳动能力等。操作能力是在操作技能的基础上发展起来的，又成为顺利掌握操作技能的重要条件。社交能力是人们在社会交往活动中表现出来的能力，如组织能力、决策能力、沟通能力、处理意外事件的能力等。

（4）能力的个别差异。个体之间在能力上存在着明显的差异，这种差异主要表现在能力的水平、能力表现的早晚和能力结构等方面。

①能力水平上的差异，即能力的大小，有的人聪明，有的人愚笨，但大数人属于中等。

②能力表现早晚的差异。有的人在少年儿童时期就表现出优异的能力，有的人能力表现较晚。

③能力结构上的差异。它是指个体能力中的各种成分在构成方式上存在的不同。有的人观察能力和记忆能力强，而思维能力和想象能力较弱，有的人模仿能力较强，而创造能力较弱等等。

④能力的性别差异。20 世纪 20 年代美国心理学家桑代克（Edward Thorndike，1874—1949）曾做过能力的性别差异比较试验，结论是女性在语言表达、短时记忆力方面优于男性，而男性在空间知觉、分析综合能力以及对实验的观察、推理和历史知识的掌握上优于女性。在记忆力方面，男性善于理解记忆、抽象记忆，逻辑思维能力较强，更偏重喜欢自然科学。而女性的机械记忆、形象记忆方面优于男性，叙述事件情绪色彩明显，感受性高，思维方式显泛化性，缺乏分析，容易受到暗示等。在操作能力方面，无论是速度与正确性，男性都明显优于女性，而在对细节的快速反应和知觉能力方面女性则很突出。

（5）能力与管理。能力在管理实践中的运用，主要表现在以下四个方面：

① 甄选。合理招聘人才，量才使用。人员选聘与能力标准，要求二者相互匹配。

② 任用。人的能力要与职务相匹配。人的能力要互补。用人艺术的关键是在合适的岗位上发挥人的最大潜能。

③ 培训。有效的加强员工能力培训是组织管理的重要内容。培训作为后天因素和非智力因素，在开发人的能力过程中，有着不可忽视的重要作用。

④ 组织环境。组织环境是人才成长和能力开发的土壤和基础条件，应当引起社会和管理者的高度重视。

2.3 社会知觉与归因理论

2.3.1 知觉概述

1. 知觉的概念

知觉是指外界刺激作用于感官时人脑对外界的整体看法和理解，它为我们对外界的感觉信息进行组织和解释。在认知科学中也可看作一组程序，包括获取感官信息、理解信息、筛选信息、组织信息。知觉源于感觉，并以感觉为基础，但不是感觉的叠加，而是对大量感觉信息进行综合加工后形成的有机整体。由于个体经验、价值观的差异，同样的事物会使不同的人产生不同的知觉。由于知觉含有一定的意义，又使知觉带有主观意识性。带有意识性的知觉，能在一定程度上调节人的行为，进而对人的行为产生影响。

2. 知觉的特征

（1）整体性。整体性是指对事物整体的认识通常要快于对局部的认识。刺激物的性质、特点和知觉主体的经验是影响知觉整体性的两个重要因素。

（2）选择性。在同一时刻，人总是对少数刺激知觉得格外清楚，而对其余的刺激知觉得比较模糊。知觉得特别清楚的部分称为知觉的对象，比较模糊的部分称为知觉的背景。对象和背景的关系依一定的主客观条件可以转换。

（3）意义性。意义性是指，我们对事物的知觉通常是和赋予它的意义联系在一起的。人在感知当前的事物时，总是借助于以往的知识经验来理解它们，并用词把它们标志出来。在知觉信息不足或复杂情况下，知觉的意义性需要语言的提示和思维的帮助。知觉的意义性使人的知觉更为深刻、精确和迅速。

（4）恒常性。因为客观事物具有相对稳定的结构和特征，所以当知觉的对象在一定范围内变化了的时候，知觉的印象仍然保持相对不变。

2.3.2 社会知觉

1. 社会知觉定义

“社会知觉”的概念最初是美国心理学家布鲁纳（J. S. Bruner，1915—）在 1947 年，“价值与需要是知觉中有组织的事实”一文中采用的，用以表示他对知觉的一种新观点，指出，知觉不仅决定于客体本身，也决定于知觉者的目的、需要、态度与价值观，即指明知觉过程受到社会因素的制约。但以后，这个概念在社会心理学中有了新的涵义，认为社会知觉是对社会对象的知觉，而这个社会社会对象应包括个人、社会群体和大型的社会组织，社会心理学文献中正是在这种意义上使用“社会知觉”这个概念的。从这种意义上来说，广义的社会知觉包括一个人对另一个人的知觉，个人对群体的知觉，群体对个人的知觉，群体对群体的知觉，以及个人间和群体间关系的知觉。

所谓社会知觉，是指对人的言行、外表各方面的信息进行分析，进而推测判断其内心的活动、性格、兴趣、动机、态度等过程，即不仅对外部行为，也包括对行为动机的了解。社会知觉又被称为人际知觉、对人知觉和社会认知。换句话说社会知觉是个人对他人的心理状态、行为动机和意向做出推测与判断的过程。它包括三个方面的内容：①对人的知觉（包括对他人和自我的知觉）；②对社会事件因果关系的知觉；③对人际关系的知觉。

对社会知觉的定义需要从两个方面进行把握，一方面社会知觉包括了整个认识的过程，社会知觉是在不断的认识过程中得出的带有主观判断性质的结论，它离不开认识；另一方面则是社会知觉既包括对人的外部特征的知觉，也包括对人的个性特点，行为等的判断和解释，还包括交往过程中人们之间相互认识和了解。

2. 社会知觉的特征

不同的人在社会生活中形成自己所固有的认知结构。同样的社会刺激，由于各人的认知结构不同，也必然使其社会认知表现出不同特点。

（1）认知的选择性。由于社会刺激物本身的强度等原因，个体对于组织给予自身的社会刺激可能认知也可能不予认知。这里所说的强度，不是指社会刺激物的物理强度，而是指其本身社会意义的性质及其价值大小。也就是说，不同的个体从自己的认知结构、生活经验出发，对当前的社会刺激做出不同的反应。如果估计该社会刺激将给自己带来益处，就会选择它作为认知对象。如果估计该社会刺激将给自己带来不利，就会采取置之不理或逃避行为，不以该社会刺激为认知对象。因此，当一个社会组织开展的公共关系活动得不到公众的认同，引不起公众的兴趣或是不符合公众的利益需求时，那么公众就可能对组织所给予的刺激置之不理，不予认知。

（2）认知反应的显著性。这主要是指在一定的社会刺激下个人心理状态（情感，动机）所发生的某些变化，这种变化将随着个人对社会刺激的意义所理解的程度而转移。个体的认知总是伴随着一定的情绪体验的，当理解该社会刺激对自身有很大利害关系时，认知反应是十分显著的，亦即其情感及动机等心理状态反应强烈。如果认为该社会刺激与己无关或关系不大，则心情很少变化，甚至无动于衷。因此，组织在发布新信息、倡导新观念、推广新产品时要明确首要公众、目标公众，有针对性地刺激公众的认知，力求获得公众显著的认知反应，避免人力、物力、财力的浪费，同时达到最佳效果。

（3）认知行为的自我控制。这是自我意识发挥作用的结果，使个人认知体验不被他人所觉察，从而使个体与外界环境保持平衡。实验表明，凡是能激发个人产生焦虑的社会刺激，或者将要带来不愉快的刺激，在其生理反应、情绪反应上是非常敏感的。认知态度的不积极，是为了把这些刺激压抑下来，减少焦虑，适应社会。认知行为的自我控制这一特点，在人们社会生活中经常被利用。比如人们常常为了安慰他人或是为了某种避讳说一些善意的谎言，以避免认知者的消极反应。因此，公关人员在处理公共关系事务时，常常需要从公众的利益、立场、兴趣出发，自我控制认知行为，迎合公众的内心需求，以避免给公众带来不良的刺激，破坏组织形象。

3. 社会知觉的过程

社会知觉的过程实质上就是研究人们如何根据周围环境中的社会信息进行推理。这一过程可以划分为两个子过程，即搜集和选择信息的过程、整合信息的过程。

（1）信息的搜集和选择。社会信息的搜集和选择，受到主客观因素的制约。比如刺激的物理强度，刺激与刺激背景之间的差异，刺激的重复出现和运动特征，认知者的需要、兴趣、动机、认知风格以及刺激的情境等。除此之外，社会信息的选择途径也有独特之处。

人们要做出社会判断必须要获取足够的信息。在社会情境中，获取信息的途径是很多的，他人的言谈举止、表情、声调，扮演的社会角色，所处群体中成员相互之间的关系，群体的气氛等，都是信息的来源。人们的先前经验会影响他对信息的搜集和选择。一般而言，先前经验容易使人得出错误的判断，因为先前经验本身可能是错误的，而如果认知者意识不到自己的先前经验是在信息搜集时就产生了误差，下的结论则可能是不合适的。

认知者搜集到许多信息后，还要对其加以选择。这一过程往往也受到先前经验的影响。第一，个体根据先前经验决定哪些信息是有关的，而先前经验很可能是错误的或者有误差；第二，个体没注意到信息中的偏差。所搜集的信息往往是从少数人身上得到的，一个人在短时间内的行为表现，并不能代表一个群体或一类人的总体特征；第三，个体往往抓住那些最显著的个案信息，忽略基于多数人的统计信息。例如很多人都认为到沿海地区可以发大财，他们总拿某某人去南方一年赚了300万等作为论据，却忽视了大多数人都在那里辛苦打工的事实。

（2）信息的整合过程。完成了信息搜集、选择之后，人们就将信息整合在一起，对被知觉者进行判断和推测，以便形成关于人和事的完整印象。社会认知过程中的信息整合方式很独特，常常会有一些效应，使社会认知产生偏差，这些偏差会影响社会认知的结果。造成偏差的效应主要有：

①首因效应，也称为第一印象作用，或先入为主效应。它是指当人们第一次与某物或某人相接触时会留下深刻印象。第一印象作用最强，持续的时间也长，比此后得到的信息对于事物整个印象产生的作用更强。

②近因效应，是指在多种刺激一次出现的时候，印象的形成主要取决于后来出现的刺激，即交往过程中，我们对他人最近、最新的认识占了主体地位，掩盖了以往形成的对他人的评价，因此近因效应也被称之为“新颖效应”。研究发现，近因效应一般不如首因效应明显和普遍。在印象形成过程中，当不断有足够引人注意的新信息，或者原来的印象已经淡忘时，新近获得的信息的作用就会较大，就会发生近因效应。

③晕轮效应，当我们以个体的某一特征（如智力、社会活动力、外貌）为基础，从而形成对一个人的总体印象时，我们就受到晕轮效应的影响。晕轮效应并不是随机发生的，研究表明，当被知觉的物质在行为表现上模棱两可时、当这些物质含有道德意义时、当知觉者根据自己有限的经历来判断物质时，晕轮效应出现的可能性最大。

④社会刻板效应，是指人们对社会上某一类事物产生的比较固定的看法，也是一种概括而笼统的看法。人们由于地理、经济、政治、文化等条件聚集在一起，所以在进行社会认知的时候，人们也往往将聚集在一起的人们赋予相同的一些特征，对不同职业、地区、性别、年龄、民族等群体的人们形成较为固定的看法。当人们采用这些较为固定的看法去识别一个具体的人，去对他进行判断、推测和概括的时候，就有可能出现偏差，这就是社会刻板效应。社会刻板效应是对社会群体最简单经济的认识，它有利于对某一群人做概括的了解，但也容易使人形成“先入为主”的偏见，造成社会认知的偏差。

2.3.3 归因理论

归因是指人们对他人或自己的所作所为进行分析，指出其性质或推论其原因的过程，也就是对他人的行为过程或自己的行为原因加以解释或推测。

所谓归因理论（attribution theory），就是指为某种行为找出解释原因的理论。它最早是由美国心理学家海德（F. Heider，1896—1988）于1958年在《人际关系心理》一书中提出，在心理学界著名的归因理论是海德的朴素心理学。海德的归因理论引起了后来学者一系列的研究，如B. 维纳、L. Y. 阿布拉姆森、H. H. 凯利、E. E. 琼斯等人。

（1）海德的归因理论。海德的归因理论的主要内容是：人们对过去的成功或失败主要归结于四个方面的因素：努力、能力、任务难度和机遇。这四种因素又可按内外因、稳定性和可控性进一步分类：从内外因方面来看，努力和能力属于内因，而任务难度和机遇则属外部原因；从稳定性来看能力和任务难度属于稳定因素，努力与机遇则属不稳定因素；从可控性来看，努力是可以控制的因素，而任务难度和机遇则超出个人控制范围。

该理论认为：人的行为的原因可分为内部原因和外部原因。内部原因是指存在于行为者本身的因素，如需要、情绪、兴趣、态度、信念、努力程度等等；外部原因是指行为者周围环境中的因素，如他人的期望、奖励、惩罚、指示、命令，天气的好坏、工作的难易程度等等。归因理论认为，人们在进行归因时，通常使用不变性原则，就是寻找某一特定结果与特定原因间的不变联系。如果某特定原因在许多条件下总是与某种结果相连，即如果特定原因不存在，相应的结果也不出现。这就可把特定结果归结于那个特定原因。不变性原则的思想方法是科学的，用这种方法可找到某种行为或其结果的关键原因。

（2）维纳的归因理论。维纳（B. Weiner）及其同事在1972年发展了海德的归因理论。维纳认为，内因—外因方面只是归因判断的一个方面，还应当增加另一个方面，即暂时—稳定方面。这两个方面都是重要的，而且是彼此独立的。暂时—稳定方面在形成期望、预测未来的成败上至关重要。例如，如果我们认为甲工作做得出色是由于他的能力强或任务容易等稳定因素造成的，那么就可以期望，如果将来给予同样的任务他还会做得出色。如果我们认为其成功的原因是由于他心情好或机遇好等暂时因素造成的，那么就不会期望他将来还会做得出色。

人们可以把行为归因于许多因素，但无论什么因素大都可以纳入内因—外因、暂时—稳定这两个方面的四大类中（表2.2）。

表2.2　维纳的归因理论

	暂　时			稳　定	
内　因	努力	心情	疲劳	聪明	能力
外　因	幸运	机遇		任务难度	环境障碍

（3）阿布拉姆森等的归因理论。阿布拉姆森（L. Y. Abramson）、塞利格曼（Matin E. P. Seligman，1942—）和T. D. 提斯达尔等人于1978年进一步发展了维纳的理论。他们依据习得的无能为力的研究对失败的归因作了补充，提出了第3个方面，即普遍—特殊方面。如一个学生由于数学老师的偏见在数学考试上总是取不到好的分数，于是他放弃对数学的努力，这是习得的无能为力的表现。他的这种无能为力如果只表现在数学一门课程上就属于特殊方面，如果也扩散到其他课程上，则属于普遍方面（表2.3）。

表2.3　阿布拉姆森等的归因理论

	内部		外部	
	稳定	暂时	稳定	暂时
普通	一个充分出现的内部原因扩散到其他情境	一个非重复出现的内部原因扩散到其他情境	一个充分出现的外部原因扩散到其他情境	一个非重复出现的外部原因扩散到其他情境
特殊	一个充分出现的内部原因不扩散到其他情境	一个非重复出现的内部原因不扩散到其他情境	一个充分出现的外部原因不扩散到其他情境	一个非重复出现的外部原因不扩散到其他情境

（4）凯利的归因理论。凯利（H. Kelly，1921—2003）在1973年提出，知觉在运用共度原则时可以使用3种不同的解释说明行为的原因：①归因于从事该行为的行动者；②归因于行动者的对手；③归因于行为产生的环境。凯利认为具体归因时主要使用三种信息（三种标准）：

区别性指个体在不同情境下是否表现出不同行为。一名今天迟到的员工是否也常常被同事抱怨为“游手好闲之人”？我们想了解的是这种行为是否不同于平常。如果是，则观察者会对行为作外部归因；如果否，则可能将活动归因于内部原因。

如果每个人面对相似情境都有相同的反应，我们说该行为具有一致性。比如，所有走相同路线上班的员工都迟到了，则这一迟到行为进行外部归因；如果走相同路线的其他员工都准时到达了，你会断定迟到原因来自于内部。

最后，观察者需要考虑一个人活动的一贯性。是否无论何时此人都有同样行为？

如果一名员工并不是在所有情境下都上班迟到 10 分钟，则表明这是一个特例（比如，她有好几个月从未迟到过）；而对于另一种情况（比如，她每周都迟到两三次），则说明迟到行为是固定模式的一部分。行为的一贯性越高，观察者越倾向于其作内部归因。

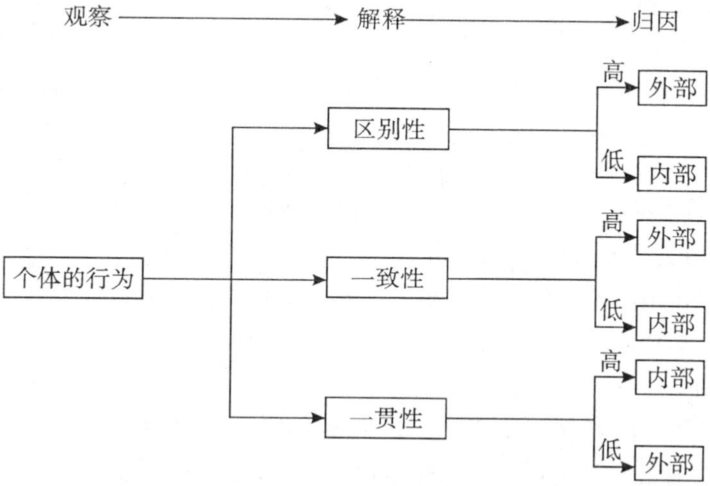

图 2.6　凯利的归因理论

在这个理论中凯利强调了三种信息的重要性，所以他的理论又称为三度理论。这个理论是个理想化的模型，人们实际上往往得不到这个模型所要求的全部信息。在这种情况下，人们如何解释行为呢？凯利提出了因果图式的概念。人们在生活经验中形成某种看法，即图式，以此解释特定的行为。因此，如果张先生完成工作的水平与其他类似的工作相同（低区别性），而在这项工作中其他员工的水平总是和张先生的水平十分不同（或低或高）（低一致性），并且张先生的这一工作绩效无论何时都是稳定的（高一贯性），则你或其他任何人在判断张先生的工作时都会认为他自己对这一工作绩效承担主要责任（内部归因）。

（5）琼斯和戴维斯的归因理论。琼斯（Edward E. Jones，1928—1993）和 K. E. 戴维斯于 1965 年提出的归因理论称为对应推论。这个理论主张，当人们进行个人归因时，就要从行为及其结果推导出行为的意图和动机。推导出的行为意图和动机与所观察到的行为及其结果相对应，即对应推论。一个人关于行为和行为原因所拥有的信息越多，他对该行为所作出的推论的对应性就越高。一个行为越是异乎寻常，则观察者对其原因推论的对应性就越大。

影响对应推论的因素主要有 3 个：①非共同性结果：指所选行动方案有不同于其他行动方案的特点。例如，一个人站起来，走去关上窗户，穿上毛衣，此时我们可以推断他感到凉了。单是关上窗户的行动也可能表示防止窗外噪音，而穿上毛衣这个非共同性结果就可以使人推断这个行动是由于凉。②社会期望：一个人表现出符合社会期望的行动时，我们很难推断他的真实态度。如一个参加晚会的人在离开时对主人说对晚会很感兴趣，这是符合社会期望的说法，从这个行动很难推断其真实态度。但是当一个人行为不符合社会期望或不为社会所公认时，该行为很可能与其真实态度相对应。如上述参加晚会的人在离开时对主人说晚会很糟糕，这是不符合社会期望的行为，它很可能反映出行动者的真实态度。③选择自由：如果我们知道某人从事某行动是自由选择的，我们便倾向于认为这个行为与某人的态度是对应的。如果不是自由选择的，则难于作出对应推论。

上述这些归因理论都是继承海德的“朴素心理学家”的传统，把人看作是理性的，在归因上是进行因果分析的。事实上人在归因时并非总是按理性行事。D. 卡内曼和 A. 特威斯基（1973）特别指出了这一点。他们不把人看成是“朴素心理学家”，而看成是认知经济学家，在归因上注意节约能量，走近路达到结论。卡内曼和特威斯基提出，在日常生活中人们往往利用两种启发法进行推理判断：一是代表性启发法，二是可得性启发法。前者指人们在进行推理判断时往往选择有代表性的事例。如某地家庭都有 6 个孩子，多数是 3 男 3 女。问你这 3 男 3 女的出生顺序，男男男女女女和女男女男女男哪个可能性大。一般倾向于认为是后者。实际上这两种顺序有同样的可能性。因为 3 男 3 女的出生顺序有 20 种可能，其中类似前者的只有两个，其余 18 个都是混合型的，混合型有代表性。可得性启发法指易于进入头脑的信息往往被利用。如果问你班上哪个同学影响大，那么你首先想到的那个人往往被认为影响大。可得性启发法可以解释归因上观察者和行动者的差别。对于行动者来说，情境是突出的，对于观察者来说，行动者是突出的。突出的东西容易被记住，从而容易回忆起来。这个例子也说明突出性影响归因，突出性使观察者倾向于个人归因，而行动者倾向于情境归因。

归因理论认为，人们在进行归因时，通常使用不变性原则，就是寻找某一特定结果与特定原因间的不变联系。如果某特定原因在许多条件下总是与某种结果相连，如果特定原因不存在，相应的结果也不出现。这就可把特定结果归结于那个特定原因。不变性原则的思想方法是科学的，用这种方法可找到某种行为或其结果的关键原因。

2.3.4 归因偏差

归因理论的构架是以人总是用理性的方法处理信息为假定的，因此它的一般形式中包含一种逻辑的、合理的机制。然而人的行为并非都是纯粹理性和逻辑的，归因过程往往产生偏差。有些偏差来自认知，有些偏差来自动机。为防止因错误归因而给自己和他人造成不利影响，了解导致归因偏差的因素与形成归因偏差的原因是非常必要的。

1. 基本归因偏向

基本归因偏向是指对人的行为进行归因时，高估内在倾向作用而忽视情境因素作用的一般倾向。简言之，是指个人归因多于或强于情境归因的现象。这正如凯利所说：“在评价他人的行为时，外在原因（前后关系的因素）只得到很少的考虑”。例如，某人从领导岗位上退下来之后，人们对他的看法会发生很大的变化，仿佛他原来具有的许多领导者的优秀品质一夜之间离他而去。事实上他还是他，只不过他的社会角色的变化使他的行为发生了变化。看来，将一个人的实际品质与他所处的环境条件使他产生的行为区别开来确非易事！

那么，是什么原因使人们产生了基本归因偏向呢？对此一般有两种解释：一种解释认为，人们之所以会强调行为的个人因素而忽视情境因素，是因为个人的内在因素比情境因素更突出、更显眼，更易引起人们的注意。将活动结果归因于活动者个人的特质反映了人们的一种自然的、习惯性的认识倾向；另一种解释认为，人们倾向于作出个人归因，是由于社会对该种归因的鼓励和赞许的态度使然。人们成长和生活于其中的社会是一个鼓励个人奋斗和成功的社会，它在给予个人充分自由或机会的同时，也要求个人对自己的行为负责。正是这种强调个人权利和义务，鼓励个人奋斗的社会标准或规范，使得人们倾向于作出个人归因而不是环境归因。

2. 行为者与观察者的归因偏差

归因分歧是常见于行为实施者与观察者之间的一种归因偏差，即对于同一行为，实施行为的人与旁观者所作的归因是不同的，有分歧的。研究表明，实施行为的人往往强调情境的作用，对自己的行为多强调外部原因，作外部归因，而旁观者常常强调并高估实施行为的人自身的、内在的因素。一般而言，虽然双方认知到的是同一行为，但行为者往往把自己失败的行为归因于情境，而他人则可能归因于行为者。

形成这种偏差主要是双方所站的角度和出发点不同。旁观者往往站在一个理想的角度，从常规的逻辑出发。例如，朋友就应该互相帮助，一旦发现不合常规，就归因于行为实施者的个人因素。而实施行为的人则更多地是从具体情况出发，强调实际行为的特殊情境。如，没及时帮忙是因为有急事走不开。可见，归因的分歧是造成人与人之间矛盾的一个因素。人们会把自己的成功归因于内部因素，如自己的能力、努力等，但对失败等则更多归因于外部因素，如考试没考好，常见的归因是题目太难、时间太紧或打分太严。但观察者却往往从行为者自身去寻找行为的原因，进行个人归因。如，你病得很厉害，可是却发现给你看病的医生显得很冷漠。实际上，你恰恰忽略了医生的职业特点，即每天他都在接触大量病人，对各种各样的痛苦已经习以为常，而且他的责任在于准确地作出诊断，并不是对你的病表示同情。

3. 利己主义归因偏差

利己义归因偏差是指人们有一种居功自赏而避免对失败负责的倾向。人们一般对良好的行为或成功归因于自身，而将不良的行为或失败归因于外部情境或他人。例如，员工往往喜欢将自己受到奖励归因于自己的努力，而将受到处分归因于管理者对自己有偏见甚至社会不公平。

产生这种归因偏差一是情感上的需要。因为成功和良好的行为总是与愉快、自豪的情绪相联系的，而失败和不良行为总是与痛苦、悲哀相联系的。处于情感上的需要，人们倾向于把成功留给自己，让情境或他人把失败带走；二是维护自尊心和良好形象的需要。因为成功能体现并维护自身的价值，可以维护自己的自尊心，也可以给别人留下良好的印象。

4. 低估一致性信息偏向

在凯利的方差分析模型中，将一致性、区别性和一贯性信息作为进行归因推断的重要信息依据，而且特别强调一致性信息作为进行归因推断的重要信息依据，而且特别强调一致性对于作出归因判断的重要性。从理论上看，这种推断是十分合理的，但在某些情况下，个体往往会忽视一致性信息，因而人们的判断就会偏离归因理论的预测。这种对一致性信息的忽视实际上就是忽视行为基线水平的典型情况。因为在给定情境的前提下，一致性信息就等同于行为的基线水平。

例如，在对员工的评估过程中，如果某一员工未能达成工作目标，管理者很可能首先考虑的是这个员工本身的问题，怀疑其工作能力差或者工作积极性不高等。然而，这一结果很可能是由多种原因引起的，管理者应该考虑的是：其他同等水平的员工是否能达成这一工作目标？如果大多数员工都不能按时完成这一工作任务，就说明工作目标的制定存在问题，而不应该一味指责未达成目标的员工；如果大多数员工都能按时完成这一工作任务，此时再进行个人归因也为时不晚。

5. 群体归因误差和利组归因偏向

群体归因在很多方面类似于个体归因，很多应用于个体的归因理论同样适用于群体。群体往往也会作出利己主义的归因，这种现象称之为“利组归因偏向”或“群体中心偏向”。

群体归因误差是一种利组归因偏向，它类似于基本归因误差，只是前者发生在不同的群体成员间，后者发生在不同的个体间。群体成员更可能将同一群体成员的行为归因于他们所处的环境，而将非群体成员的行为归因于他或她所属群体的内在特质。

利组归因偏向类似于利己主义归因偏向，对于所属群体的成功，群体成员倾向于从群体内找原因（如，群体成员有合作精神等），而对于群体的失败，群体成员倾向于从群体外找原因（如，领导不支持）。对于其他群体则刚好相反，他们的成功归因于外部原因（如，运气好、领导支持），而他们的失败则归于内部原因（如，不团结等）。

管理者或员工在对自己所属群体的行为和其他群体的行为进行归因时，往往会表现出群体归因偏向。例如，将自己公司的成功归因于所有组织成员的思维方式、智力水平、决策能力等组织内部因素，将失败归因于经济衰退、通货膨胀等一些外部因素；而作为旁观者对其他公司的成败进行归因或解释时，往往会表现出与之相反的倾向。适当的利组归因倾向有助于增强组织的凝聚力，但如果超过一定限度，就可能使组织成员养成推卸责任的毛病，当组织发展遇到障碍时不能够积极主动地提出一些应对措施，而采取一些消极被动的应对措施。

【本章小结】

组织中的个体由于先天遗传素质、后天努力、外界环境的不同而呈现出不同个性，即个体差异性。目前管理界对个体差异的研究主要包括两方面：一是个性倾向性差异，即在兴趣、需要、信念、理想等方面的差异；二是个性心理特征差异，即在气质、能力、性格方面的差异。本章主要涉及的是个性心理特征差异，即组织中的人格研究。

人格是个人各种稳定特征或特质的综合体，它显示出个人的气质、性格、能力、思想、情绪和行为等的独特模式。这种独特模式是社会化的产物同时又影响着他（或她）与环境的交互作用。在定义中，我们强调了人格的四个基本特性：整体性、稳定性、独特性、社会性。

人格是一个复杂的开放系统，只有对这个系统进行全方位的研究，才能对人格这一科学概念有一定的掌握。气质是人格发展的先天基础，性格乃是个人后天形成的道德行为特征，它们都属于人格所包含的内容，能力是人格结构的一个重要组织部分。

气质是指个体行为全部动力特征的总和。现代心理学认为，气质是人的高级神经活动类型的心理表现，是不以活动目的和内容为转移的典型的、稳定的心理活动的动力特性。这种心理活动的动力特性，反映了个体心理过程的强度、速度、稳定性、灵活性以及心理活动的指向性等特点。我们参照古希腊医生希波克利特的气质类型说，把人的气质划分为四种类型：胆汁质、多血质、黏液质与抑郁质。

性格是指表现在人对现实的态度和相应的行为方式中的比较稳定的、具有核心意义的个性心理特征，是一种与社会相关最密切的人格特征，在性格中包含有许多社会道德含义。性格是在后天社会环境中逐渐形成的，是人的核心的人格差异。性格有好坏之分，能最直接地反映出一个人的道德风貌。性格具有各种不同的性格特征，一般认为性格由以下四个方面的心理成分所构成：性格的态度特征、性格的理智特制、性格的情绪特征与性格的意志特征。心理学家们曾经以各自的标准和原则，对性格类型进行了分类。

能力，就是指顺利完成某一活动所必需的主观条件。能力是直接影响活动效率，并使活动顺利完成的个性心理特征。能力总是和人完成一定的活动相联系在一起的。而人的体力、知识以及人是否暴躁、活泼等，虽然对活动有一定影响，但不是顺利完成某种活动最直接最基本的心理特征，因此，不能称之为能力。人的能力是多种多样的，一般可分为以下几种：①一般能力和特殊能力；②模仿能力和创造能力；③认知能力、操作能力和社交能力。个体之间在能力上存在着明显的差异，这种差异主要表现在能力的水平、能力表现的早晚和能力结构类型等方面。

管理工作的对象是具体的活生生的人，管理工作必须要树立“以人为本”的思想。研究人的心理和人的个体差异，随着对个体人格研究的深入及人们在管理工作中对它的日益重视，它必将使管理工作更加科学、细致和有效。

知觉是指外界刺激作用于感官时人脑对外界的整体的看法和理解，它为我们对外界的感觉信息进行组织和解释。知觉有这样几个特性：整体性、恒常性、意义性、选择性，知觉适应。

社会知觉，是指个人在社会环境中对他人（某个个体或某个群体）的心理状态、行为动机和意向（社会特征和社会现象）做出推测与判断的过程。社会认知实质上就是研究人们如何根据周围环境中的社会信息进行推理。这一过程可以划分为两个子过程：搜集、选择信息过程和整合信息过程。

归因是指观察者为了预测和评价被观察者的行为，对环境加以控制和对行为加以激励或控制，而对被观察者的行为过程所进行的因果解释和推论。

归因理论最早是在研究社会知觉的实验研究中提出来的，但是，以后随着对归因问题研究的深入和发展，归因理论已超出了社会知觉的范围。它是组织行为学中的激励理论之一。很多专家对此理论有所贡献，较有影响的归因理论是海德的归因理论。

归因偏差，指的是认知者系统地歪曲了某些本来是正确的信息，有的源于人类认知过程本身固有的局限，有的则是由于人们不同的动机造成的。由于主观上的原因而造成的归因偏向和差别，是不当归因的主要形成原因。归因偏差主要包括：基本归因偏向、行为者与观察者的归因偏差、利己主义归因偏差、低估一致性信息偏向、群体归因误差和利组归因偏向。

【复习思考题】

1. 什么是人格？人格的基本特征有哪些？
2. 什么是知觉？知觉具有哪些特征？
3. 简述社会认识，并谈谈社会认知的过程。
4. 如何理解首因效应与近因效应。

【参考答案】

1. 人格是个体在行为上的内部倾向，它表现为个体适应环境时在能力、情绪、需要、动机、兴趣、态度、价值观、气质、性格和体质等方面的整合，是具有动力一致性和连续性的自我，是个体在社会化过程中形成的给人以特色的心身组织。人格的基本特征：独特性，稳定性与可塑性，统合性。

2. 知觉是指外界刺激作用于感官时人脑对外界的整体的看法和理解，它为我们对外界的感觉信息进行组织和解释。在认知科学中也可看作一组程序，包括获取感官信息、理解信息、筛选信息、组织信息。知觉的特征：整体性、选择性、意义性和恒常性。

3. 社会知觉是由美国心理学家布鲁纳于 1947 年首先在知觉研究方面提出的一个概念，它是指对人的言行、外表各方面的信息进行分析，进而推测判断其内心的活动、性格、兴趣、动机、态度等过程，即不仅对外部行为，也包括对行为动机的了解。社会知觉又被称为人际知觉、对人知觉和社会认知。社会认知的过程：搜集和选择信息的过程、整合信息的过程。

4. 首因效应，也称为第一印象作用，或先入为主效应。它是指当人们第一次与某物或某人相接触时会留下深刻印象。第一印象作用最强，持续的时间也长，比以后得到的信息对于事物整个印象产生的作用更强。近因效应是指在多种刺激一次出现的时候，印象的形成主要取决于后来出现的刺激，即交往过程中，我们对他人最近、最新的认识占主体地位，掩盖了以往形成的对他人的评价，因此近因效应也被称之为“新颖效应”。

【案例分析】

三星善用"个性"人才

三星注重吸纳"天才"，善用"个性"人才，敢用奇才、怪才。被誉为全球第一职业经理人的杰克·韦尔奇在参观完三星设在韩国的人力开发院之后感慨：三星已经走在了人才培养的前面。针对三星的人才战略，记者采访了三星集团中国总部社长兼三星电子大中华区总裁李相铉。

2004年春天，有两件事最令三星集团得意：2003年三星在中国内地的销售额已经达到近94亿美元，三星中国每年的增长率几乎达到了100%；三星电子在刚刚出炉的2004年美国《财富》杂志"世界最受尊敬企业"电子行业的排名榜上跃居第四。

李相铉告诉记者，"虽然很多人想了解关于三星中国的业绩'三级跳'之谜，但我们更愿意与中国的公众分享包括人才战略在内的三星中国成功的经验。"

吸纳天才是首要任务

李相铉告诉记者，三星的"人才经营"新战略是：注重吸纳"天才"；善用"个性"人才；敢用奇才、怪才。

掌握"天才"或"天才级"人才是人才战略的首位。三星目前已拥有不少具有世界一流技术水平的"准天才"级人才和一大批企业首脑、技术专家和专业经营者，正是这些人才支撑起了三星的大厦。三星物产株式会社人事经理金素英说："申请人越来越热切地希望加入三星。"当然，她只能挑选申请者中最优秀的人员，因此她不得不拒绝很多有天赋的应聘者，这的确是一件困难的事情。

"个性"人才 担当大任

另外，善用"个性"人才。所谓个性人才就是整体看起来不算十分优秀，但在特定方面兴趣浓厚，才能超人，能够在所在领域独树一帜的人。这样的人通常不合群，在组织内部协调共事方面存在缺陷，令许多企业经营者对其不喜欢，不爱用。但三星认为，"个性"人才对事业极为执著，有望成为特定领域的专家。一旦扬长避短，便可担当大任。

不同部门 大胆任用怪才

此外，敢用奇才、怪才。按照李相铉的表述，三星一直坚持在不同部门大胆任用多种类型的人才，甚至曾经做过电脑黑客的程序高手也因为技术出众而被聘请进公司从事开发工作。1999年，正当风险投资悄然兴起时，当时所属三星电子软件俱乐部聘请的"软件大玩家们"的薪金达到了2亿元。这些软件方面的专家们并不像人们想象的那样来自名牌大学，其实他们绝大部分都没有接受过正规的大学教育。他们靠在龙山电子一条街搞点组装电脑、编程等副业打"野战"居然渐渐打出了名气，有些甚至成为"黑客"或编程高手。

"中国有个词我非常欣赏，叫做'有容乃大'，三星便是一家包容性非常强的公司。"对中国文化了解颇深的李相铉如是说。

事实上，三星公司中，很多高层管理人员在学校中的专业和最初进入的领域，与他们现在的职位并不一样。但是，却在公司中得到了新的位置和更好的发挥。

三星电子（北美）市场营销策略高级副总裁彼得·维法德年轻时是一个音乐厅的钢琴师。他目前仍然喜欢弹奏钢琴，不过他在三星的职位不再是一个独奏者；相反，他领导着一批天才员工，在三星电子（北美）实施广泛的市场拓展策略。

案例思考题：

运用个体差异的知识来分析三星公司的人才战略。

【推荐阅读书目】

王彬．组织行为学［M］．大连：大连理工大学出版社，2007.

余凯成．组织行为学［M］．大连：大连理工大学出版社，2002.

【参考文献】

［1］王晶晶．组织行为学［M］．武汉：华中科技大学出版社，2008.

［2］斯蒂芬·P.罗宾斯．组织行为学［M］．孙健敏，黄卫伟，等，译．北京：中国人民大学出版社，2008.

［3］余凯成．组织行为学［M］．大连：大连理工大学出版社，2002.

［4］黄维德，刘燕，徐群．组织行为学［M］．北京：清华大学出版社，2005.

［5］荆学民．组织行为学［M］．北京：北京大学出版社，2003.

［6］张德等．组织行为学［M］．北京：清华大学出版社，2000.

［7］胡冶岩．行为管理学［M］．北京：经济科学出版社，2006.

［8］徐子健．组织行为学［M］．北京：对外经济贸易大学出版社，2005.

［9］肖志雄，刘宇璟．组织行为学［M］．北京：机械工业出版社，2007.

［10］曹威麟．组织行为学［M］．合肥：中国科学技术大学出版社，2007.

［11］戴维·迈尔斯．心理学［M］．黄希庭，等，译．北京：人民邮电出版社，2006.

［12］Jerry M. Burger．人格心理学［M］．陈会昌，等，译．北京：中国轻工业出版社，2000.

［13］黄希庭．心理学导论［M］．北京：人民教育出版社，2001.

［14］戴维·迈尔斯．社会心理学［M］．张智勇，乐国安，侯玉波，译．北京：人民邮电出版社，2006.

［15］Elliot Aronson，Timothy D. Wilson，Robin M. Akert．社会心理学［M］．侯玉波，等，译．北京：中国轻工业出版社，2005.

［16］格里格，津巴多．心理学与生活［M］．王垒，王甦，等，译．北京：人民邮电出版社，2003.

第 3 章　动机与激励

【本章结构图】

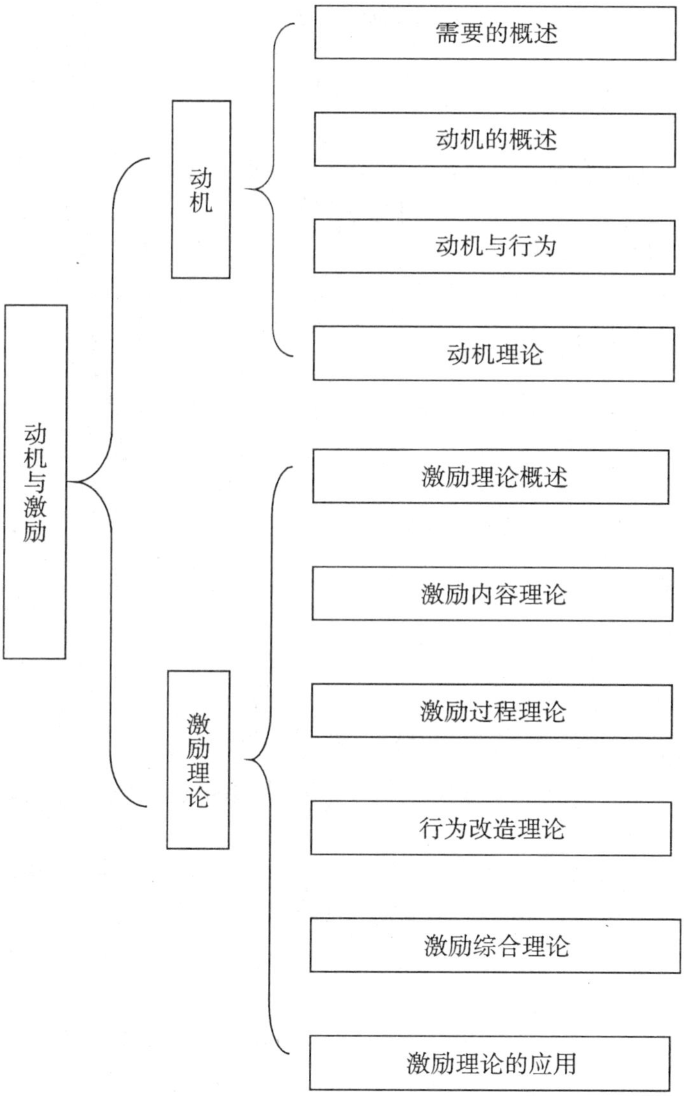

【本章学习目标】

本章对工作动机和激励理论进行系统介绍，通过本章学习，主要了解并掌握以下两方面的内容：一是动机及其对工作的影响；二是激励及其相关理论。学会在实践中运用这些激励理论激励员工，提高组织绩效。

【引导案例】

激励的作用

一个三国时期的故事：赵云在长坂坡为救幼主阿斗，在曹营杀了个三进三出，血满征袍。

当刘备见到儿子时却掷之于地，曰："为汝这孺子，几损我一员大将。"感动得赵云又哭又拜，直说："云虽肝脑涂地，不能报也。"从此，赵云更忠于刘备了。

刘备的这种做法就是在激励人心。俗话说："领导的艺术核心在于激励下属主动而积极的工作。"在我国企业中，大多采用消极的手法来刺激员工来完成工作，员工往往带有情绪，效果不是很好。在如今商家如云的竞争环境下，更应该讲究"人性化"、"以人为本"，尊重员工，下放权力，经常沟通，关心疾苦，重视员工利益。

就如松下电器的老总，每月都会给员工写一封信，非常注重团队力量。类似于这种精神激励在我国还不是非常广泛，中国的管理者如果能在这方面多下些工夫，也许就会事半功倍。

3.1 动机

3.1.1 需要的概述

1. 需要的定义

人为了求得个体和社会的生存和发展，必须要求一定的事物，例如，食物、衣服、睡眠、劳动、交往等等。这些需求反映在个体头脑中，就形成了他的需要。需要被认为是个体的一种内部状态，或者说是一种倾向，它反映个体对内在环境和外部生活条件的较为稳定的要求。

需求（need）一词最简单的狭义解释，是指个体生理上的一种匮乏状态（如缺乏维生素、矿物质、水分以及食物营养等），而这种匮乏状态如达到体内均衡作用必须调节的程度时，个体本身就会感到需求的存在。这是需求一词在生理上的意义。不过，在现代心理学上，需求一词的涵义已不限于生理上的应用，而扩大用以表示心理上的匮乏状态；诸如：友爱的需求、隶属感的需求、被人尊重的需求等等。

西方心理学中的各种需要概念，大体上归为两种解释：第一种解释重视它的动力性意义，把需要看作是一种力或紧张；第二种解释重视它的非动力性意义，把需要看作个体在某一方面的不足或缺失。前苏联心理学家波果斯洛夫斯基（b. b. bofocbo bck-hh）等指出："需要——这是被人感受到的一定的生活和发展条件的必要性。需要反映有机体内部环境或外部生活条件的稳定的要求。……需要是人的思想活动的基本动力。"

那么需要的涵义到底是什么呢？我们认为，需要是指有机体感到某种缺乏而力求获得满足的心理倾向，它是有机体自身和外部生活条件的要求在头脑中的反映。

需要是有机体内部的一种不平衡状态，表现为有机体对内部环境或外部生活条件的一种稳定的要求，成为有机体活动的源泉。需要的产生是有机体内部生理上或心理上的某种缺乏或不平衡状态。例如，血液中血糖成分的下降会产生饥饿求食的需要；而水分的缺乏则会产生口渴想喝水的需要；生命财产得不到保障会产生安全的需要；孤独会产生交往的需要等。一旦机体内部的某种缺乏或不平衡状态消除了，需要也就得到了满足。这时，有机体内部又会产生新的某种缺乏或不平衡状态，产生新的需要。

2. 需要的特点

需要是在个体反映有机体内部环境和外界生活条件的要求时产生的，并为自己感受和体验到的一种内心状态。这种内心状态常常通过外观方式被人间接认识。需要具有四个特点：

（1）对象性。需要总是指向某种对象，追求某种对象，并从对象得到需要的满足。没有对象的需要是没有的。例如，饿了有进食的需要，其对象是食品；渴了有解渴的需要，其对象是水。可见，需要总是对一定对象的需求。

（2）紧张性。需要是有机体内部的一种不平衡状态。一种需要的出现会使人产生某种"欠缺感"。人在力求获得满足而又未得到满足的过程中常会体验到一种特有的紧张感、不适感或无法实现的苦恼感等。例如，儿童因饥饿而啼哭，成人因工作受挫而烦恼、焦虑等，都是这种紧张性的表现。

（3）动力性。需要是人活动的基本动力。人的各种活动，从饥则食、渴则饮，到从事物质资料的生产，文学艺术的创作和科学技术的发明创造等，都是在需要的推动下进行的。需要一旦出现，就会成为支配人的行为的力量，推动人从事各种活动，以满足需要。需要越强烈、越迫切，其产生的动力就越大。

（4）起伏性。已经形成的需要通常不会立即消失，它作为一种实际上起作用的力量总是断断续续的，有时呈活跃的动态，有时转入潜伏的静态。需要的这种起伏性在生理需要方面表现得最明显。例如，人饿的时候会寻找食物充饥，饱食之后，纵然有美味佳肴也难以引起食欲。

3. 需要的种类

人的需要是多种多样的。可以按照不同的标准对它们进行分类。大多数学者采用二分法把各种不同的需要归属于两大类，例如划分为生物性（生理性）需要与社会性需要，或原发性需要与继发性需要或外部需要与内部需要，或物质性需要与心理性需要等等。也有的学者把人的需要划分为五大类——生理的需要、安全的需要、归属与爱的需要、尊重的需要和自我实现的需要（A. H. Maslow，1954）或三大类——生存的需要、相互关系的需要和成长的需要（Clayton Alderfer，1969）。下面，我们仅就需要的起源和其指向对象对人的需要作一简要的探讨：

（1）按需要的起源可分为生理性需要和社会性需要

生理需要是维持个体生存和种族延续所需求的事物的反映。包括对饮食、休息、运动、避痛、排泄、繁衍后代等的需要，这些需要称之为生理性需要或原发性需要。生理需要是人与动物共有的，但人的生理需要和动物的生理需要有本质不同。动物直接从自然界摄取物质满足需要，而人则使用工具改变自然物品的形式，并创造新的物品满足需要。

社会需要是维持社会生活所需求的事物的反映，是与人的社会生活相联系的需要。社会需要是后天习得的，是人所特有的高级需要。这种需要是从社会要求转化而来的，当个人认识到社会要求的必要性时，社会要求就转化为个人的社会需要。社会性需要也是个人生活所必需的，如果这类需要得不到满足，就会使个人产生焦虑、痛苦等情绪。社会性需要的种类很多，如劳动需要、交往需要和成就需要等。

（2）按需要指向的对象，可分为物质需要和精神需要

物质需要是指个体对物质对象的欲求，如对衣食住行的需要，对工作和劳动条件的需要等等。这些需要既包括维持生命机体的自然需要，也包括人的高级的社会物质的需要。

精神需要是指个体精神文化方面的欲求，如认识的需要、交往的需要、道德的需要、劳动的需要、美的需要等等。精神需要在人的社会生活中具有重要意义。

一般说物质性的需要大多属于生理性需要，而精神性需要基本是社会性需要。但有时物质性需要既是生理性需要，也包括社会性需要的成分。

本质上，人的需要是一个多维度多层次的结构系统。因此，当我们从某个维度来考察需要时，应注意人的各种需要都不是彼此孤立的，而是互相联系的。例如，进食需要，就其本性来说（新生儿时）是属于原发性的、生物性的需要，但后来经学习和社会因素的影响，成人的进食需要就包含有社会性的成分。心理需要是相对物质需要而言的，但满足心理需要也要有一定的物质条件。例如，为了满足知识的需要，就要有书籍、工具等。人的物质需要也往往要满足一定的心理需要和具有一定的社会意义。例如，在满足穿衣需要的同时，也包含着对美及社会意义方面的要求。满足社会需要的同时，也包含着一定的物质需要和心理需要。因此，对需要的各种分类仅具有相对的意义。

3.1.2 动机的概述

需要和动机是紧密联系的，但也有差异。人总是在追求，有很多不同的目标，有些是大目标，有些是小目标。我们可能由于不同的原因去追寻同一个目标，也可能由于同一个原因去追寻不同的目标。动机（motivation）就是用于解释人类行为这一基本特征的概念。更具体地说，动机是个体动力系统的重要组成部分，是行为的原动力，也是行为的直接驱动力量。

1. 动机的涵义

在柏拉图的灵魂由三部分组成的论述中已经存在动机观念了。epithumia 是进食或繁殖的欲望的起源，作为生理需要，这必须由 thumos 控制，而并非理性。因而这食欲或欲念的功效与认知相对立。用现代心理学词汇，thumos 可以解释为激情——欲望和理性之间的铰链。古代哲学，尤其幸福论认为对幸福感的迫切要求，是动机存在的根本。心理学所研究的主题是行为与心理历程，动机与行为和心理历程是相对的概念；行为与心理历程是指个体外显的或内隐的（譬如思考）各种活动（以下将“行为与心理历程”简述为行为或行为活动），而动机则是促使个体从事各种活动的内在原因。因此，一般对动机（motivation）一词的定义是：动机是激发和维持个体进行活动，并使该活动朝向某一特定目标的心理倾向或者动力。这一定义有四个要点：

第一，概念中的活动，是指行为活动。动机本身不属于行为活动，动机只是一种促进行为活动的内在作用。

第二，对个体的行为活动而言，动机不但具有内在的促动作用，而且在促动之后，对个体行为活动还具有导向作用与维持作用。例如：动物觅食活动是一种外显行为，而这一外显行为的背后，有一个发生内在作用的动机，那就是饥饿。动物饥饿时，它的觅食活动是有目标的，它的活动始终是朝向有食物的方向去进行。如果觅食活动没有结果，动物的饥饿不能解除，即表示原有的动机仍然存在。在这情形下，由动机促动的觅食活动仍将继续进行。

第三，动机是行为的原因，个体某种行为活动所持续的时间，可长可短，视其是否达到目的使动机获得满足而定。饥而觅食，渴而求饮，可能为时甚短。但人类求学、求职以至于追名逐利的活动而言，其动机就可能维持甚久。无论行为持续之久暂，行为背后的动机促动力是不可缺少的。

（4）动机虽可视为行为发生的内在原因，但它不属于自变量也不属于因变量，而是处于二者之间的中间变量。就心理学研究的对象而言，如食物是刺激，吃食物是反应，但只有在个体饥饿（动机）时才会吃食物。由于动机是中介变项，中介变项是不能直接观察测量的，只能根据自变项（刺激）或依变项（反应）去推测。推测的结果未必准确，因此，在心理学的各类主题中，动机是最不容易研究的。

2. 动机的特征与功能

动机，在心理学上一般被认为涉及行为的发端、方向、强度和持续性。自古以来，各门学科都在寻求解释产生行为和思想的原因，尽管对动机的定义众说纷纭，但对存在的动机现象和动机的作用是公认的。从动机与行为的关系上分析，动机具有下列特征和功能：

（1）激活功能

这表现出动机的启动性特征。动机会推动人们产生某种活动，使个体由静止状态转化为活动状态。动机的驱使下个体会产生某种行为并维持一定的行为强度。例如，饥饿会促使个体做出觅食的活动。生理的需求产生的动机往往比较急迫，需要立即获得满足。

（2）指向功能

这表现出动机的方向性特征。动机使个体进入活动状态之后，指引个体的行为指向一定的方向。例如，在成就动机支配下的人会积极的学习，主动选择有挑战性的任务去做。动机不同，有机体行为的目标也不相同，这就是动机的方向性在起作用。例如，同样是努力学习，有些孩子是为了获得教师和家长的赞赏，并不十分在意是否真的掌握了知识。而有些孩子则是对所学的内容本身有浓厚的兴趣。由于动机的不同，导致了行为目标的差异性。

（3）调节与维持功能

这表现出动机的强度特征。动机会决定行为的强度，动机愈强烈，行为也随之愈强烈。动机也决定个体行为的久暂性，在没有达到目标之前，行为会一直存在。有时行为看似不存在了，但只要动机仍然存在，行为就不会完全避免，它只不过是以别的形式存在，如由外显行为改为内潜行为。

3. 动机的种类

人的动机也是多种多样的。根据动机的起源，可把动机分为生物性动机（也称为生理性动机或原发性动机）和社会性动机（也称为心理性动机或习得性动机）。前者与人的生理需要相联系，后者与人的社会需要相联系。生理性动机也称为驱力，是由个体的生理需要所驱动而产生的动机。它以个体的生物学需要为基础，对维持个体的生存和发展有着极其重要的作用，如饥、渴、缺氧、母性、性欲、排泄、疼痛等，这些都是保证有机体生存和繁衍的最基本的生理性动机。生理性需要得到满足后，相应的生理性动机水平便趋于下降。20 世纪 20 年代，心理学家们曾用动物做一实验来验证不同驱力的相对强度。实验者设计了一种障碍箱，把有动机的老鼠和假定的动机物用电栅分开，老鼠必须忍受一定强度的电击才能通过栅栏以获取食物、水、性或子嗣。结果表明，母老鼠忍受的痛苦最多，越过栅栏的次数最多，这就是母性动机最强有力的证据。在人类的身上，纯粹的生理性动机很少见，因为人不仅是自然的人，更是社会的人。如上述生理性动机中的母性动机，一方面它是天生遗传的一种动机，另一方面也受社会文化、道德规范的影响和约束。在人类社会中，养育子女被认为是父母的义务和责任。因此人类所表现出来的母性动机已不再是纯粹的本能的动机了。社会性动机是人类所特有的，它以人的社会文化需要为基础。人在成长的过程中要逐渐社会化，接受其所在社会文化的熏陶。为得到社会的认同，同时也满足自己的社会文化需要，就会产生各种社会性动机，如工作动机、交往动机、成就动机、成长动机等。社会性动机是人的某些高级需要所产生的，所以，如果社会性动机长期得不到满足，虽然不会危及人的生命，但却有可能导致适应不良，出现某种心理障碍。如交往动机长期得不到满足，会使人倍觉孤独，并有可能进一步出现心理障碍。另外，在个体发展的过程中，高级需要出现得比较晚，因此，社会性动机也会比生理性动机出现得晚些。如成就动机要到个体成长到一定阶段才会出现。

根据动机的影响范围和持续作用时间，可把动机区分为长远的、概括的动机和短暂的、具体的动机。前者影响范围广，持续作用时间久；后者只对个别具体行动暂时起作用。例如，一位师范生想成为优秀的教师，为培养下一代作贡献。这个动机促使他努力学习科学知识、积极锻炼身体、参加学校的各项活动，这种动机是长远的、概括的动机。如果仅仅为了考试得高分数或应付老师的提问而努力学习，这种动机是短暂的、具体的。

在人的复杂活动（如学习、工作、求职等）中，通常不会只受单一动机的推动，而是受多种多样的整个动机系统的推动。这些形形色色的动机交织在一起，互相补充，处于一定的相互关系之中。它们对活动的驱动作用是不同的，其中有的起主导作用，这种动机称为主导动机（dominant motivation），另一些是次要的，称为次要动机（subordinate motivation）。在人的成长过程中，活动的主导动机也是不断变化和发展的。例如，同是学习活动，刚入学的小学生，其主导动机可能是出于学生的地位（“当个小学生”），以后其学习的主导动机可能是在班级中取得应有的地位（如“争当三好生”）。

动机可能是意识到的，也可能是意识不到的。实际上在活动的瞬间，动机通常是意识不到的。定势（set）就是一种未被意识到的动机。例如，连续 10 ~ 15 次用两个大小不同的球放在被试手中，让其抚摸并判断哪只手的球大些或小些。然后让被试摸同样大小的两个球，这时被试会觉得这两个球大小是不一样的。这是由于已经准备好了的、以一定方式进行比较的定势所产生的行为反应。对各类人的刻板印象，例如，把山东人看作豪爽、正直、能吃苦耐劳的人，把浙江人看作聪明伶俐的、随机应变的人，把学者看作文质彬彬的人，把商人看作唯利是图的人，这类社会定势可能或多或少被忽视。当然，大多数的目的性活动的动机则是我们能够意识到的。

根据引起动机的原因，还可将动机分为外在动机和内在动机。外在动机（extrinsic motivation）是指活动动机是由外在因素引起的，是追求活动之外的某种目标。例如，有的学生的学习动机是由学习者以外的父母或教师提出的，或学习只是为了获得一枚奖章。这种动机就是外在动机。内在动机（intrinsic motivation）是指活动动机出自于活动者本人并且活动本身就能使活动者的需要得到满足。例如，有的学生的学习动机是由学习者本人自行产生的，学习活动本身就是学习者所追求的目的。这种动机就是内在动机。外在动机是可以转化为内在动机的。例如，课堂教学中最初运用的是外在动机，教师和父母的表扬或批评、肯定或否定态度激起学生的学习活动，逐渐地，学生为了获得社会的承认和赞赏也能够专心致志地学习，并把学习看成一种乐趣。

对动机进行分类，目的是从不同的侧面来研究动机的性质、机制及其在活动中的作用。上述各种分类仅具有相对的意义，而不是绝对的。此外，根据研究的需要还可以从其他标准对动机进行分类。

4. 动机的形成条件

动机是由需要与诱因共同组成的。因此，动机的强度或力量既取决于需要的性质，也取决于诱因力量的大小。需要存在于有机体内部，诱因存在于有机体外部。动机行为具有明确的指向性，是由内驱力和诱因相互作用所决定的。

（1）内在条件

动机是直接推动人去行动以达到一定目标的内在动因，是使主体处于积极状态的心理动力，它是在需要的基础上产生的，可以说需要是动机形成的内在条件，二者可以说既紧密联系，但是又有差异的。

需要在主观上常以意向和愿望被体验着。模糊意识到的、未分化的需要叫意向。有某种意向时，人虽然意识到一定的活动方向，但却不明确活动所依据的具体需要和以什么途径和方式来满足需要。明确意识到并想实现的需要叫愿望。如果愿望仅停留在头脑里，不把它付诸实际行动，那么这种需要还不能成为活动的动因。因此，处于静态的需要，还不是动机。只有当愿望或需要激起人进行活动并维持这种活动时，需要才成为活动的动机。

换句话说，需要是行为的原始推动力，与需要相比，动机不是一种要求满足的匮乏或不足的主观感受，它是在满足需要的外部条件具备后产生的一种期望和信念，是驱动行为的一种驱力状态，它能引导行为朝着一定的方向和预期的目标进行，同时也能调整活动的强度。

（2）外在条件

饥饿会导致有机体去寻找食物，但并不饥饿者看见美味佳肴也会引起食欲，即使已吃饱也会再次进食。因此，外部刺激也是引起动机的一个原因。凡是能引起机体动机行为的外部刺激，均称为诱因（incentive）。诱因按其性质可分为两类：有机体因趋向或获得它而得到满足时，这种诱因称为正诱因。有机体因逃离或回避它而得到满足时，这种诱因称为负诱因。然而，外部刺激的诱因强度和性质也不是固定不变的，而是依机体的经验和需要等的不同而经常变化的，甚至会改变正负的方向。例如，各种与食物有关的嗜好受孩提时代所养成的习惯影响很大。又如，平时酒可能是正诱因，但是在酩酊大醉后的第二天，酒就转变成了负诱因，甚至一想起酒味，就会恶心发呕。诱因强度还依存于目标与有机体之间的距离。一般而言，时间和空间的距离越近，引起趋向目标的力量就越大。即是说，随着目标的接近，诱因强度有增大倾向。赫尔（Clark L. Hull，1943）把这种现象称为目标梯度。

实验表明，诱因引起的动机的力量依赖于个体达到目标的距离。距离太大，动机对活动的激发作用就很小了。人有理想、有抱负，他的动机不仅支配行为指向近期的目标，而且能指向远期的目标。因此，空间上邻近的目标，不一定具有最大的激发作用。动机的社会意义与动机的力量也有直接的关系。成就理论告诉我们，除了目标的价值以外，个体对实现目标的概率的估计或期待也有重要的意义。

可见，行为由动力推动，动力生于需求，但有时即使个体无内在需求，单凭外在的刺激，也会引起动机，从而产生行为，因此，外在刺激物也可能成为引起动机的原因。如此看来，构成个体行为动机的因素，事实上有两大类：一类是内发的，需求等属之；另一类是外诱的，具有正负诱因的外界刺激属之。

3.1.3 动机与行为

动机与行为的关系是辩证的，动机驱动行为，行为又能产生或增强后续的动机。动机对行为的影响，一般不直接卷入行为的认知过程，而是通过一些中介机制影响认知过程。强烈的动机有助于：①唤醒行为的情绪状态。可产生如好奇、疑惑、喜欢、兴奋、紧张、焦急或冲动等情绪。②增加行为投入的准备状态。易于激活相关背景知识，降低在行为过程中对事物的知觉和反应，缩短反应时间，从而提高行为效率。

③集中注意力。将行为指向认知内容和目标，克服分心刺激的影响。④提高努力程度和意志力。延长行为时间，增强认真程度，遇到困难甚至失败时坚持不懈，直到达到行为目标。

1. 动机与行为选择

动机除了具有激活和维持行为的功能以外，它与行为的关系是十分复杂的。同一种行为可能有不同的动机，即各种不同的动机通过同一种行为表现出来；不同的活动也可能有同一种或相似的动机。

不同个体虽具有不同的动机，但可以通过同一行为表现出来。例如，在同一个班级中，学生的学习动机可能是各种各样的。有的学生希望成为优等生，在班上拔尖，得到老师和同学的称赞；有的学生为了报答父母的养育之恩，不愿辜负父母、亲友的期望；有的学生是在英雄、模范人物的影响下，希望学好本领，将来为建设祖国服务；有的学生没有明确的动机，上学只是为了混日子等。这些不同的动机都表现在同一种学习行为中。学习动机不同，学习效果也会不一样。另外，同一种动机，也可以产生不同的行为。例如几个人都想休息，但有的去剧院，有的去散步，有的去划船等。

在同一个体身上，行为的动机也是多种多样的，其中有些动机占主导地位，称主导动机，有些动机处于从属地位，称从属动机。例如，一个学生的主导学习动机是学到真才实学，长大后为人民服务，但是，同时他也有成为优等生、报答父母养育之恩的愿望，这些动机则处于从属的地位。主导动机和从属动机的结合，组成个体的动机体系，推动个体的行为。因此，个体的活动往往不是受单一动机的驱使，而是由他的动机体系驱使的。

动机与效果的关系同样非常复杂。一般而言，良好的动机应产生良好的行为效果；反之，不良的动机则会产生不良的行为效果，这就是动机与效果的统一。但是，在实际生活中，动机与效果不一致的情况也常常发生。如一个孩子想帮父母干点家务活，但不小心打碎了窗户上的玻璃或撞到了桌上的花瓶。从动机讲无可非议，但由于其他因素的影响，却产生了不好的行为效果。

由此可见动机与行为的关系是异常复杂的，因此，只有了解一个人的动机，才能比较准确地解释其行为，并对行为做出比较准确的控制与预测。

2. 动机与工作效率

动机与工作行为的关系是辩证的，动机驱动工作行为，工作行为又能产生或增强后续的工作动机。动机具有加强工作行为的作用，一般来看，高动机水平的员工，其成就也高，反之高成就水平也能导致高的动机水平，成就动机强的员工比成就动机弱的员工更能坚持工作，工作效率更高。

动机对工作行为的影响，一般不直接卷入工作的认知过程，而是通过一些中介机制影响认知过程。强烈的工作动机有助于：①唤醒工作的情绪状态。可产生如好奇、疑惑、喜欢、兴奋、紧张、焦急或冲动等情绪；②增加工作投入的准备状态。易于激活相关背景知识，降低在工作过程中对事物的知觉和反应，缩短反应时间，从而提高工作效率；③集中注意力。将工作行为指向认知内容和目标，克服分心刺激的影响；④提高努力程度和意志力。延长工作时间，增强认真程度，遇到困难甚至失败时坚持不懈，直到达到工作目标。

在各种活动中都有一个动机最佳水平问题。动机最佳水平因工作的性质不同而不同，这种现象，是叶克斯和多德森（Yerkes & Dodson，1908）通过动物实验发现的，被称为叶克斯—多德森定律（Yerkes—Dodson Law，也称叶克斯—多德逊法则、叶杜二氏法则），这是一个反映动机水平与工作效率关系的定律。

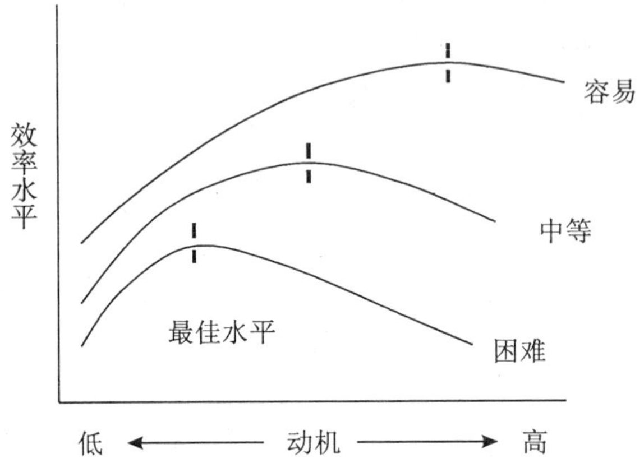

图 3. 1 叶克斯—多德森定律示意图

Yerkes—Dodson 定律认为，压力与业绩之间存在着一种倒 U 型关系，适度的压力水平能够使业绩达到顶峰状态，过小或过大的压力都会使工作效率降低。他们认为在一定限度内，随着动机水平的提高，工作效率也随之提高，超过这个限度，工作效率随之降低。最佳工作效率的动机水平为中等，但因工作复杂的程度而略有差异。研究发现，动机的最佳水平随任务性质不同而不同。随任务难度的增加，动机的最佳水平有逐渐下降的趋势。也就是说，在难度大的任务中，较低的动机水平容易完成认务。适度的动机水平，易于维持个人对工作的兴趣和警觉，同时减少焦虑对工作的不利影响。

3. 1. 4 动机理论

动机如何产生？它如何对人类的行为方式产生影响？动机理论对这些问题进行了回答。关于动机的理论主要有享乐理论、本能理论、驱力理论、诱因理论、认知理论、唤醒或激活理论等。各种理论从不同侧面对人类的动机作了不同的解释。下面主要介绍影响比较大的本能论、驱力理论、自我效能理论和认知理论。

1. 本能论

C. 达尔文的进化论从生物发展上证明人和动物是个连续的体系。许多人就把达尔文的生物进化观点机械地引进心理学中，从而把人的动机也还原到一般动物的动机，提出了本能论，用本能论取代意志论和理智论。W. 麦独孤是本能论的代表，他研究出人的 18 种本能。他主张本能是天生的倾向性，即对某些客体格外敏感，并在主观上伴随着一种特定的情绪。他认为本能是一种有目的的行为，虽然由于学习，引起本能行为的外界情景的性质可以改变，某些行为反应的模式也可以调整，但本能的核心情绪却是不可以改变的。

精神分析学说 S. 弗洛伊德（Sigmuncl Freud，1856—1939）认为人有两大类本能：一种是生存本能，如饮食和性等；另一种是死亡本能，如残暴和自杀等。但这两种本能在现实生活中都不能自由发展，而常常会受到压抑。这些被压抑下去的无意识冲动在梦、失言和笔误等以及许多神经症状中会显露出来，在日常生活中也会以升华或其他文饰的方式出现。弗洛伊德用本我、自我和超我 3 个层次来解释心理的动力关系。这样弗洛伊德的无意识动机也就从强调本能转移到了注意社会因素的影响。这种动向，在新精神分析的许多学派中成了动机理论的核心。弗洛伊德的精神分析理论，后由阿德勒（A. Adler，1870—1937）、荣格（C. G. Jung，1875—1961）和霍妮（K. Horney，1885—1952）等加以修正和发展。尽管他们的观点虽各不相同，但认为人类最基本的动机是无意识的，这一点却是相同的。

本能发展的习性学理论，特别是 K. 洛伦茨（K. Lorenz）和 N. 廷伯根（N. Tinbergen）的许多研究，受到广泛关注。他们主张满足需要的行为可以是本能的，也可以是对某一特殊对象习得的定向。如果没有特殊指向性的目标，行为就是随机的，只有当找到适当的符号刺激时，行为才会有固定的模式（见固定动作模式）。激素等内部刺激和外在动机都可以产生能量，而这种能量需要有外部的符号刺激（环境线索）才能释放出来。此后，行为便随环境的要求而改变。如果环境中出现两个矛盾的符号刺激，那么，固定的行为模式就会改变，廷伯根称之为易位。面对两种矛盾的符号刺激，行为会易位到另一个动机的本能系统。习性学派重视本能发展的关键期，认为在关键期的敏感阶段，如果用不寻常的符号刺激来代替本能的刺激，那么，前者也能取代后者成为强烈的激发对象。但这与条件反射有些不同，它侧重于在关键期对符号刺激比较敏感而错过关键期就会造成功能失效。例如就儿童的学习而言，某些学习在某一特定的时期内学习效果更好，更容易发挥个体的学习潜力，已有研究指出，2 岁是口头语言发展的关键期，4 岁是形状知觉形成的关键期，4 ~ 5 岁是学习书面语言的关键期，少年期以前是第二语言（主要是语音方面）学习及音乐听觉训练的关键期。

本能论在 20 世纪初叶风靡一时，据 L. 伯纳德（L. Bernard，1924）计算，当时提出的有上千种本能，实际上是有什么行为便有什么样的本能与其相应。例如，战争是由于好斗的本能，聚敛是由于储蓄的本能。不过一些学者也提出不同的见解，如 B. F. 斯金纳的操作条件反射理论强调强化的作用，认为本能是一种不能验证的假设，因此他根本否认这个概念。

2. 驱力理论

20 世纪 20 年代，心理学家用驱力解释动机，认为行为的动力是个体内部状况（如饥饿、口渴等）所产生的驱力或需要。美国心理学家赫尔（C. L. Hull，1884—1952）是内驱力理论的主要代表。驱力（drive）概念是由武德沃斯（Wodd Worth S.，1869—1962）提出的，他认为驱力是个体由生理需要（如食物的需要、逃避疼痛的需要）所引起的一种紧张状态，它能激发、驱动个体行为以满足需要，消除紧张，恢复平衡状态。赫尔认为，机体的需要产生内驱力。内驱力激起有机体的行为。内驱力是一种中间变量，其力量大小可以根据剥夺时间的长短或引起行为的强度或能量消耗，从经验上加以确定。但他认为，剥夺的持续时间是一个相当不完善的指标，因而强调用行为的力量来衡量。在赫尔的理论中，内驱力主要有两种：原始性内驱力和继发性内驱力。原始性内驱力同生物性需要状态相伴随，并与有机体的生存有密切的联系。这些内驱力产生于机体组织的需要状态，如饥、渴、空气、体温调节、大小便、睡眠、活动、性交、回避痛苦等。继发性内驱力是指情境（或环境中的其他刺激）而言，这种情境伴随着原始性内驱力的降低，结果就成了一种内驱力。也就是说，以前的中性刺激由于能够引起类似于由原始性内驱力所引起的反应，而具有内驱力的性质。

赫尔认为，要形成学习行为，必须降低需要或由需要而产生的内驱力；为了使被强化的习惯产生行动，必须要有与之相适应的诱因，而且必须引起内驱力。因此，产生某种行为的反应潜能（sER）等于内驱力（D）、诱因（K）和习惯强度（sHR）的乘积。这样，赫尔的理论体系可用下列公式来表示：

$$sER = D \times K \times sHR$$

这个公式表明，反应潜能是由内驱力、诱因、习惯强度的多元的乘积决定的。如果 $D=0$ 或 $K=0$，则 sER 也等于零而不发生反应。同时，不论驱力水平有多高，在未形成习惯的情况下也是没有行为反应的。相反，不论习惯强度多高，驱力水平低，反应潜能也低。由此，可以看出，赫尔的动机理论主要有两点：①有机体的活动在于降低或消除内驱力。②内驱力降低的同时，活动受到强化，因而是促使提高学习概率的基本条件。赫尔的动机理论也称为内驱力递减理论。

3. 自我效能论

社会学习论的创始人班都拉氏（Albert Bandura），从社会学习的观点，在 1982 年提出自我效能论，用以解释在特殊情境下动机产生的原因。所谓自我效能论（self - efficacy theory），是指个人在目标追求中面临一项特殊工作时，对该项特殊工作动机之强弱，将决定于个人对其自我效能（self - efficacy）的评估。自我效能与自信（self - confidence）有关，但二者并不相同。自信指个人对自己所作所为之事具有信心，是指个人对处理一般事务时的一种积极态度。自我效能是指根据自己以往经验，对某一特殊工作或事务，经过多次成败的历练后，确认自己对处理该项工作，具有高度的效能。因此，某人在面对某项具有挑战性的工作（如参加围棋挑战赛）时，影响他之接受与否，以及接受后是否全力以赴（动机）者，有两个因素：一是了解工作的性质（如系比赛则包括对手强弱），二是根据经验衡量自己的实力，亦即自我效能。自我效能是个人对其某方面工作能力的自我评估，自认在网球方面自我效能高者，未必觉得在游泳方面有何自我效能。

根据班都拉的自我效能论，个体行为后的动机，乃是个体在面对情境时的内在认知性活动。某人对挑战性的情境，敢于冒险一试（动机）者，乃是因其自认具有高度的自我效能使然。所谓“艺高人胆大”，“艺高”是自我效能，“胆大”即为动机。按班都拉的解释，正确的自我效能建立在正确的自我评估，正确的自我评估则得自下述四方面学习（Bandura，1982）。①直接经验：在多次同类工作的成败经历中，获得知己知彼的直接经验。②间接经验：经观察学习与替代学习历程，获得推论而来的间接经验。③书本知识：从有关某方面工作的专著及手册、图书、说明书中，获得精深的专门知识。④体能训练：经适当的体能训练，可对自己身体状况能否适应艰巨工作，获得清楚的了解。

班都拉的动机自我效能论，比较适用于解释具挑战性行为的动机。曾有学者以戒烟者为对象研究发现：戒烟看似是轻而易举的行为，但能维持长期戒烟行为，却非常困难。戒烟成败的关键因素，完全决定于当事人的自我效能；只有他自己肯定认为他有戒烟的能力，他才能达到戒烟的目的（Tiffany, et al. , 1986）。

4. 认知理论

认知论的动机理论认为，人类的动机行为是以一系列的预期、判断、选择，并朝向目标的认知为基础的。其主要有期望价值理论、动机的归因理论、自我功效论、成就目标论、认知失调理论等。

主张认知论的早期代表人物是托尔曼（E. C. Tolman，1886—1959）和勒温。美国心理学家E. 托尔曼通过对动物的实验研究提出行为的目的性，即行为的动机是指望得到某些东西，或者企图躲避某些讨厌的事物。凭借经验，我们还期望通过某些途径或手段来达到我们行动的目的。这就是期望理论的出发点。但是，动机理论不仅要解释人是如何被推动的，更要解释他为什么这样活动而不那样活动。达到目的的活动可以采取多种形式，有许多不同的途径，但一个人为什么采取这一条而不选取另一条？这就要追究他是怎样看待事物的因果关系了。因为人们是根据他们对因果关系的了解而采取达到目的的手段的。这就是归因理论。所以期望理论和归因理论可以说是认知的动机理论的连理枝。

期望理论原想解决动机的两个问题：期望什么，即实现目的的可能性有多大，以及目的的价值如何。美国著名心理学家和行为科学家E. 弗罗姆（Victor H. Vroom，1964）为了解决这两个问题提出了期望、效价的E（似然率）、V（效价）数字模型。简单地说，一个人的努力大小是达到目的的似然率和该目的的效价的函数。因为效价和似然率成反比，所以似然率等于0.5是最优的。一个成就动机高的人，往往就采取难度适中的目标。

美国心理学家E. 洛克（E. A. Locke，1967）最先提出“目标设置理论”（Goal Setting Theory），认为目标是动机的决定力量，要高标准才有最高的成就。不过这个目标一定要是自觉提出的，而且要求具体。如果只是提出“尽力为之”这样的笼统目标，结果就不会有提出具体指标时所取得的成绩。这样，洛克的理论就包含了弗罗姆期望理论中的“工具性”这一要素。因此，这两种理论并不完全冲突。

如果期望理论可以解释一个人这样做而不那样做，人们又不得不问：期望又是怎样形成的？归因理论对此作出了解释。F. 海德认为，日常的因果概念并不来自逻辑的推理。他从完形学派现象论的观点出发，认为一般人的因果观念来自对复杂现象简单化、笼统化的常识理解。例如一个人工作成功了，他可以归因于自己的努力或能力，失败了则归因于环境的条件或他人的过错。所以归因可以分为内源的（如自己的努力或能力）和外源的（如环境条件或机遇）。内外源的归因，还可以分为稳定的和不稳定的两种。同为内源，禀赋是属于稳定的归因，而努力则属于不稳定的归因。例如一个人把失败归因于不努力，另一个人则归因于禀赋，这样就会形成两种结果完全不同的动机。归因于不努力可以用振奋精神来挽回败局；归因于天生一副笨脑袋，便不肯努力了。显然，归因不一定是真正的原因，但只有主观上所归结的成功或失败的原因，才会规定一个人去怎样做。L. 费斯廷格把认知失调作为一种动力，认为它迫使人们改变态度以换取认知的平衡，有些类似精神分析学派的文饰作用。狐狸望着甜葡萄发馋，可是高不可攀，便说葡萄是酸的，以此来安慰自己。通过矛盾在认识上的通融，需要的驱动力便得到缓解。所以认知失调理论事实上也是一种动机理论。

人类的动机是很复杂的。心理学家对动机的理论探索也是多侧面的。上述各种动机理论都有一定的合理性，但又不能解释所有的动机现象，而都有其局限性。当代的动机理论研究已不再醉心于提出解释各种动机现象的大理论，而是侧重于探索各种活动领域中的动机作用规律，根据观察实验材料，建立各种小型的动机理论。

3.2 激励理论

3.2.1 激励理论概述

激励是组织行为学的核心问题。组织行为学的宗旨就是研究组织内部个体心理和行为的规律性，调动组织成员的工作积极性。企业为了自身发展，必须关注人力资源，要让他们发挥出最大作用，就必须采取有效的激励方法。同时员工的价值观念发生重大变化，他们的需求与以往相比更加丰富多样。因此在讨论组织行为与绩效时，激励研究越来越重要。

1. 激励的内涵

关于激励的定义，许多著名学者都给出了自己的观点。如弗鲁姆（V · Vroom）在1964年这样说明激励的实质：“激励是一个过程，这个过程主宰着人们…在多种自愿活动的备选形式中所做出的抉择。”1979年，斯蒂芬 · P. 罗宾斯（Stephen P. Robbins）在《组织行为学》中认为：“我们把激励定义为通过高水平的努力实现组织目标的意愿，而这种努力已能够满足个体的某些需要为条件。”中国学者赵振宇1995年在《激励论》一书中指出：“所谓激励，就是系统的组织者采取有计划的措施，设置一定的外部环境，对系统成员施以正强化或负强化的信息反馈（借助于一定的信息载体），引起其内部的心理和思想的变化，使之产生组织者所期望的行为反应，正确、高效、持续地达到组织预定的目标。”

种种激励的定义都体现出以下三个方面的内容：一是人们的行为是由何激发并具有活力；二是哪种因素把人们正被激活的行为引导到某一方向；三是这些行为怎样保持并延续。

在本书中，激励是使人产生一种积极向上的心理状态，推动和引导人产生积极行为的整个心理活动过程。在管理中，通常是指调动员工的积极性，鼓励员工朝着组织所期望的目标表现出积极主动的、符合要求的工作行为的问题。激励理论就是为实现这一目标的理论。

2. 激励理论的分类

行为科学认为，人的动机来自需要，由需要确定人们的行为目标，激励则作用于人内心活动，激发、驱动和强化人的行为。其目的在于激发人的正确行为动机，调动人的积极性和创造性，以充分发挥人的智力效应，做出最大成绩。

激励理论是关于如何满足人的各种需要、调动人的积极性的原则和方法的概括总结，是业绩评价理论的重要依据，它说明了为什么业绩评价能够促进组织业绩的提高，以及什么样的业绩评价机制才能够促进业绩的提高。它是行为科学中用于处理需要、动机、目标和行为四者之间关系的核心理论。自从 20 世纪二三十年代以来，国外许多管理学家、心理学家和社会学家结合现代管理的实践，提出了许多激励理论。常见的可以分为：①激励内容理论（Content Motivational Theory）。主要研究激励的内容和因素等。②激励过程理论（Process Motivational Theory）。主要研究从动机的产生到采取行动的心理过程。③激励强化理论（Behavioral Modification Theory），也可称为行为改造型理论。强调行为的结果对以后行为的影响。④综合激励理论。

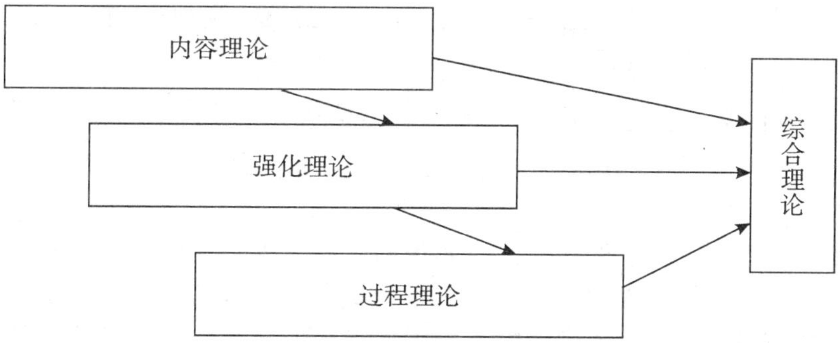

图 3.2　激励理论发展脉络

3.2.2　激励内容理论

激励内容理论主要是对激发工作动机的原因和引起激励作用的因素的具体内容进行研究。其主要有需要层次理论、ERG 理论、双因素理论、成就需要理论等。

1. 需要层次理论

由美国人本主义心理学家马斯洛（1943）提出。他把人类的基本需要归纳为五大类，这五类需要互相关联，按照其重要性和出现的先后次序，分别是：

（1）生理需要（physiological needs）：如对食物、水、空气和性等需要，这是最低层次的需要，人们在转向较高层次的需求之前，总是尽力满足这类需要。

（2）安全需要（safety needs）：如对人身安全、生活稳定、受保护以及免遭痛苦、威胁或疾病等的需要。如果生理需要相对充分地得到满足后，就会出现安全需要。

（3）爱和归属的需要（belongingness and love needs）：如对友谊、爱情以及渴望在团体中与同事间有深厚的关系等的需要。如果生理需要和安全需要都很好地得到满足，归属和爱的需要就会产生。

（4）尊重需要（esteem needs）：包括对成就或自我价值的个人感觉，也包括他人对自己的认可与尊重。这些需要一旦受挫，就会使人产生自卑感、无能感等等。

（5）自我实现的需要（self－actualization）：就是促使自己发挥潜能的趋势，这种趋势是希望自己成为所期望的人物，完成与自己能力相称的一切。各人满足自我实现需要的途径各不相同。这是最高层次的需要，其产生有赖于前面四种需要的满足。

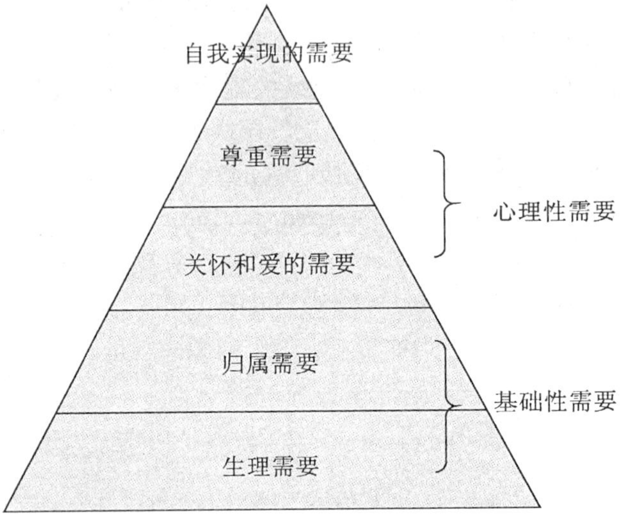

图 3.3　马斯洛需要层次理论示意图

在该理论中，某一层次的需要相对满足后，该层次的激励作用就会下降，从而逐渐向高一层次发展，因此人们始终处于追求满足需要的状态之中。另外，层次越低的需要越容易得到满足，层次越高的需要能得到满足的比率越小。同一时间内，可能同时存在几种需要，但每一时期内总有一种需要占支配地位，其他的需要暂时处于从属地位。

根据马斯洛的需要层次理论，在工作激励中考虑员工不同需要水平的差异，并根据员工的不同需要，不同时期采取不同的激励措施。比如高层次管理人员比低层次管理人员较少看重安全和保障的需要，而是更多地看重相对高级的需要，尤其是自我实现的需要。那么企业在制定激励机制的时候就要具有较强的针对性，不同管理层次运用不同的激励手段。

2. ERG 理论

行为科学家奥尔德弗（C. Alderfer，1969）赞同马斯洛需要具有层次性的说法，并对需求层次理论进行了修正。他在大量调查研究中指出，人的基本需要不是马斯洛提出的五种，而是三种，即：

（1）生存需要，又称为物质需要，指人在饮食、住房、衣服、工资、福利及工作条件等方面的基本需要，这种需要类似于马斯洛需要层次理论中的生理需要和安全需要中的物质需要部分，一般只有通过金钱才能满足。

（2）关系需要，指与其他人（同级、上司、下属、朋友和家人）和睦相处、建立和谐关系等。基本上与马斯洛的爱和归属需要相一致。

（3）发展需要，指个体在事业、能力等方面有所成就和发展，从而为个人成长寻求机会，相当于马斯洛的尊重和自我实现的需要。

他的三种基本需要理论，简称为ERG理论，E是existence（生存）的第一个字母，R为relatedness（关系）的第一个字母，G是growth（成长）的第一个字母。

奥尔德弗认为，这三种需要并不完全都是生来就有的，有的需要（如关系的需要和发展的需要）是通过后天学习才形成的；而且，人的需要并不一定严格地按照由低到高的次序发展，可以越级出现。例如，人可以在关系需要未得到充分满足的情况下，产生发展需要。每个员工的需要各不相同，如有的员工是生存需要占主导地位，有的员工是关系需要占主导地位，管理人员应该在了解每个员工真实需要的基础上，采取适当措施来满足员工的不同需要，以便激励和控制员工的行为，实现组织和员工的目标。

ERG理论以三个主要论点为基础：①某个层次的需要得到满足越少，则这种需要越为人所渴求。②较低级的需要得到较多的满足，对较高级的需要渴求就越强。③较高级的需要越是满足的少，则对较低级的需要渴求就越多。

奥尔德弗的ERG理论克服了马斯洛需要层次理论的局限性，认为任何一种需要在任何一个时刻获得满足都可以产生积极的作用，更符合实际。企业者应正确运用ERG理论，最大限度地发挥激励作用。

3. 双因素理论

双因素理论是由美国行为科学家弗雷德里克·赫茨伯格（F. Herzberg，1966）提出的。20世纪50年代末期，赫茨伯格在大量的调查之后，发现使员工感到满意的因素都是属于工作本身或工作内容方面的；使员工产生不满意的因素都是属于工作环境或工作关系方面的。他把前者称为激励因素，后者称为保健因素或维持因素，这就是双因素理论。这一理论不同于马斯洛需要层次理论从满足需要来调动人的积极性，而是从外在需要和内在需要的区分和两者在调动人的积极性方面起着不同作用的角度来探讨激发员工工作积极性的有效策略。

保健因素又称为维持因素，包括公司政策与行政管理、监督、工资、工作条件、人际关系等，这些因素对员工产生的效果类似于卫生保健对身体健康所起的作用一样，没有激励人的作用，但带有预防性，保持人的积极性、维持工作现状，防止员工对工作产生不满。

激励因素是影响员工工作的内在因素，包括工作富有成就感、得到上级的赏识、工作本身具有挑战性、负有重大责任、通过工作能取得进步等，这些因素对员工产生的效果类似于锻炼身体改变身体素质，增进健康的作用一样，可以提高员工的工作效率，促进工作进取心，激发员工做出最好表现，可以给员工带来满足感。

因此，赫茨伯格认为仅从传统的满意——不满意的观点（即满意的对立面是不满意）是错误的，满意的对立面是没有满意，而不满意的对立面是没有不满意，如图3.4所示：

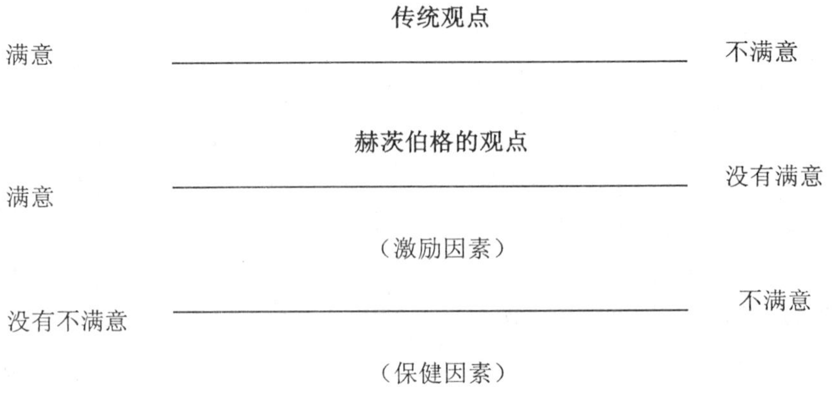

图 3.4　双因素理论及其与传统观点的对比

保健因素和激励因素对于调动人的积极性来说都起作用，但影响程度不同。在满足保健因素，使员工不致产生不满情绪的前提下，满足激励因素才能调动员工的生产积极性，从而提高企业生产效率。

双因素理论已广泛被各类组织的管理者所接受，特别是工作内容方面因素的重要性，如实行的工作丰富化、工作扩大化和弹性工时等激励形式，对提高员工工作积极性产生极大的作用。工作丰富化是组织让员工参加工作的计划设计等，扩大员工自主权，获得责任感和成就感。工作扩大化则是增加员工进行的活动数量和种类，扩大他们的工作范围，减少厌烦感，提高工作效率。弹性工时给予员工自由支配工作时间的权利，规定员工除部分时间必须在规定时间上班外，其他时间在一定范围内员工自行安排，这样员工会感到满意。

4. 成就需要理论

这是美国行为科学家戴维·麦克利兰（D. C. McClelland，1917—1998）在 20 世纪 50 年代提出。他认为人的需要是不断发展的，在生理需要满足之后，存在三种基本需要即成就需要、权力需要和友谊需要：

（1）成就需要，是指达到标准、争取成功、追求卓越的需要。具有高成就需要的人喜欢具有个人责任、能够获得工作反馈和适度冒险性的环境。一般会选择成功可能性中等（成功几率为 50%）的任务。反之，成就需要较低的人，喜欢选择成功可能性较难（成功几率为 10%）或较容易（成功几率为 90%）的任务。

（2）权力需要，是指影响与控制其他人，并不被他人控制的需要。权力需要是管理成功的基本要素之一，有个人权力和社会权力之分。具有高权力需要的人喜欢承担责任，影响他人，喜欢处于竞争性和重视地位的场合和环境，更关心威望和获得对其他人的影响力，会追求出色的成绩，以获得地位和权力或与自己已具有的权力和地位相称。

（3）友谊需要，是指建立友好亲密的人际关系的需要，是保持社会交往和人际关系和谐的重要条件。具有高友谊需要的人，努力寻求友爱，喜欢合作而不是竞争的工作环境，渴望有高度相互理解的关系，对环境中的人际关系更为敏感。有时，亲合需要也表现为对失去某些亲密关系的恐惧和对人际冲突的回避。

麦克利兰认为，所有的人都有这三种基本需要，但三种需要的排列层次和重要性因人而异。

该动机理论在企业管理中很有应用价值。首先在人员的选拔和安置上，通过测量和评价一个人动机体系的特征对于如何分派工作和安排职位有重要的意义；其次由于具有不同需要的人需要不同的激励方式，了解员工的需要与动机有利于合理建立激励机制；再次麦克利兰认为动机是可以训练和激发的，因此可以训练和提高员工的成就动机，以提高生产率；最后，激励具有成就需要的员工做出更大的成就。可以为具有成就需要的员工设置难度适中的目标，安排具有一定风险的活动和挑战性的工作。

5. 哈克曼和奥德海姆的工作特性模型

哈克曼和奥德海姆（Richard Hackman and Greg Oldham）于20世纪70年代提出，具有较高激励性的工作应具备以下五个特征：①技能的多样性；②工作的完整性；③任务的重要性；④主动性；⑤反馈性。此工作特性模型对工作设计有较大的指导价值。当员工在三种主要心态（感受工作的意义、感受到对工作的责任、了解活动的结果）下工作时，将产生四种好的结果：高度的内在工作积极性、高质量的工作绩效、对工作高度满意、辞职率和缺勤率低，只有高度重视和期望个人成就并满足于组织内部环境的人，才会对用这五个核心特征描述的工作做出积极的反映。

3.2.3 激励过程理论

激励内容理论着重研究“用什么去激励员工”，而激励过程理论讨论的是“怎么去激励员工”，即试图解释和描述激励行为的普遍过程。主要有期望理论、公平理论和目标设置理论等。

1. 期望理论

由美国行为学家弗洛姆（V. H. Vroom）于1964年在其《工作与激励》一书中提出。该理论认为，人们从事某项活动的动力或积极性取决于其对行动结果的价值评价和预期达成该结果可能性的估计。用公式可以表示为：

$M = f(V \times E)$

V（Valence）为目标效价，也称“诱力”，是指活动可能产生结果的价值评价，反映个人对某一成果或奖酬的重视与渴望程度。

E（Expectancy）为期望值，是指根据以往的经验进行的主观判断，达到目标并能导致某种结果的概率，是个人对某一活动导致特定成果的可能性或概率的估计与判断。期望值变动范围为0~1。

M（Motivation）为激励力量，是直接推动或使人们采取某一行动的内驱力，指调动一个人的积极性，激发出人的潜力的强度。只有当效价和期望值都比较高时才能产生较高的动机。

为使激发力量达到最佳值，弗洛姆提出了人的期望模式，如图3.5所示。

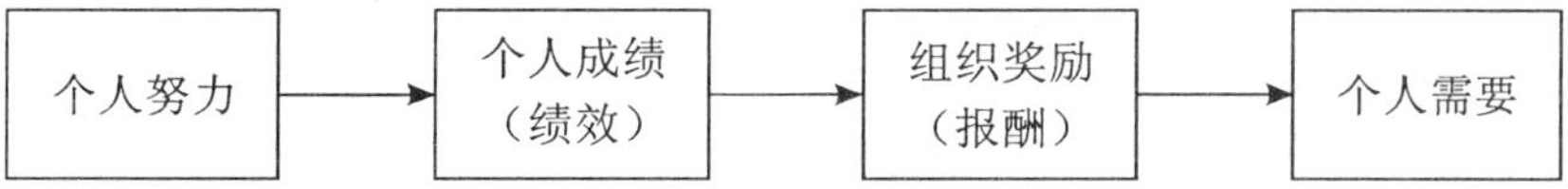

图3.5 人的期望模式

弗洛姆认为，根据人的期望模式，要有效地激发员工的工作动机，需要处理好以下三对关系，这也是调动工作积极性的三个条件。

（1）努力与成绩的关系。人们总是希望通过一定的努力达到预期的目标，如果个人主观认为达到目标的概率很高，就会有信心，并激发出很强的工作积极性，反之如果他认为目标太高，通过努力也不会有很好绩效时，就失去了内在的动力，导致工作消极。

（2）成绩与奖励的关系。人总是希望取得成绩后能够得到物质或精神上的奖，如果他认为取得绩效后能得到合理的奖励，就可能产生工作热情，否则就可能没有积极性。

（3）奖励与满足需要的关系。人总是希望自己所获得的奖励能满足某方面的需要。但由于人们在年龄、性别、资历、社会地位和经济条件等方面都存在着差异，对各种需要要求得到满足的程度就不同。因此，对于不同的人，采用同一种奖励办法能满足的需要程度不同，激发出的工作动力也不同。

期望理论阐述了个人目标以及努力与工作绩效、绩效与奖励、奖励与个人目标满足之间的关系，指出不存在一种普遍的原则能够解释所有人的个体行为，它对管理学的意义巨大。其主要表现在以下两个方面：一是激励的效应在于个人对激励的评价，因此管理者要奖励员工最期望的奖励以发挥最大激励效用。二是管理者可以通过培训、指导等方式提高员工对绩效的期望，以激发工作积极性。

2. 公平理论

又称社会比较理论，由美国心理学家亚当斯（J. S. Adams）于 1965 年提出。该理论侧重于研究工资报酬分配的合理性、公平性及其对员工生产积极性的影响。

该理论认为，每个人都有追求公平的倾向，而是否公平则是被激励者从自己得到的报酬与自己所做的贡献进行比较中得出的。一个人的工作积极性不仅取决于对其所得报酬的绝对值（实际收入），还取决于其所得报酬的相对值（自己收入与他人收入的比较）。每个人都会自觉地将自己付出的劳动和所得报酬与他人付出的劳动和所得报酬进行社会比较，也会将自己现在付出的劳动和所得报酬与自己过去付出的劳动和所得报酬进行个人历史比较。比较的结果如果均衡，则产生公平感，有助于维持或进一步激发其工作热情；反之，则会出现不公平感，从而影响其绩效的稳定或提高。

组织管理中存在两种不公平感，即分配公平和程序公平。分配公平是指薪酬数量上的分配公平性，而程序公平则指的是薪酬分配的方式公平性。分配公平影响员工的工作满意度，而程序公平则影响到员工对组织的承诺与信任，以及离职意向。作为管理者要借鉴的是，尽量使报酬分配公开透明，增加员工的程序公平感，这样即使感到分配不公平，仍能对组织抱以信任。

公平理论强调公平对激励效果和员工行为的影响，要求组织以尽可能公平的方式对待每位员工，且让员工感受到组织对他们真正的公平，要从组织的全局来考虑，给予他们公正的报酬和待遇，最大限度地消除员工的不公平感，从而更有效地工作。

公平理论为我们认识员工的激励问题提供了又一思路，在测缺勤和流动行为时最有效。但是，在大多数工作环境中，人们更能容忍甚至喜欢报酬过高带来的不公平。

其次，并不是所有人都对公平敏感。

3. 目标设置理论

最早由美国著名的管理学兼心理学家洛克（E. A. Locke）于 1968 年提出。该理论认为目标本身就具有激励作用。目标能把人的需要转变为动机，使人们的行为朝向特定的努力方向，并将自己的行为结果与既定的目标相对照，及时进行调整和修正，从而能实现目标。因此，把需要转化为动机，由动机支配行动以达到目标的过程就是目标激励。

洛克认为目标能促使人们对现实达到目标所需要的能力作出比较，从而能起到激励作用。目标设置一般可以从以下三个方面去研究：一是目标的具体性，即目标能够精确观察和测量的程度；二是目标难度，即目标实现的难易程度；三是目标的可接受性，即目标被员工认可的程度。

管理者应帮助下属设立具体的，有相对难度的目标，使下属认同并转化为自身目标，从而为指明行动的方面。同时也要做好目标进程的反馈工作，确保组织中人员心中时时有目标，并随着目标的实现进程不断反馈，进行反馈控制。

在实际管理过程中，目标管理有利于管理者重视目标所具有的动机作用，重视目标管理；有利于管理者提供了直接有效的激励方法和技术；为目标管理技术的应用提供了心理学上的理论依据。

3.2.4 行为改造理论

行为改造理论重点研究激励的目的（即改造、修正行为），主要包括斯金纳的强化理论和挫折理论等。

1. 强化理论

该理论最早由著名心理学家斯金纳（B. F. Skinner，1969）提出，他认为人的行为是由外界环境决定的，外界的强化因素可以塑造行为。人们的行为是对其以往所带来的后果进行学习的结果。如果一个人因为他的某种行为而受到了奖励（正强化），那么他很可能重复这一行为，如果没有人认可这一行为，那么这种行为便不太可能再发生。当人们因为某种行为而招致负面后果（负强化或惩罚）时，他们通常会立刻停止这种行为，但是惩罚并不能保证不受欢迎的行为将彻底消失。强化理论为分析控制行为的因素提供了有力的分析工具。但是该理论忽视了人的内部状态以及情感、态度、期望和其他已知的会对人的行为产生影响的认知变量。

2. 挫折理论

挫折理论是由美国的亚当斯（J. S Admas）提出的，挫折是指人类个体在从事有目的的活动过程中，指向目标的行为受到障碍或干扰，致使其动机不能实现，需要无法满足时所产生的情绪状态。挫折理论主要揭示人的动机行为受阻而未能满足需要时的心理状态，并由此而导致的行为表现，力求采取措施将消极性行为转化为积极性、建设性行为。在组织行为学中挫折理论是指是关于个人的目标行为受到阻碍后，如何解决问题并调动积极性的激励理论。

因此在企业安全生产活动中，职工受到挫折后，所产生的不良情绪状态及相伴随的消极性行为，不仅对职工的身心健康不利，而且也会影响企业的安全生产，甚至易于导致事故的发生。因此，应该重视管理中职工的挫折问题，采取措施防止挫折心理给职工本人和企业安全生产带来的不利影响。对此，可以采取的措施包括：

① 帮助职工用积极的行为适应挫折，如合理调整无法实现的行动目标；

② 改变受挫折职工对挫折情境的认识和估价，以减轻挫折感；

③ 通过培训提高职工工作能力和技术水平，增加个人目标实现的可能性，减少挫折的主观因素；

④ 改变或消除易于引起职工挫折的工作环境，如改进工作中的人际关系、实行民主管理、合理安排工作和岗位、改善劳动条件等，以减少挫折的客观因素；

⑤ 开展心理保健和咨询，消除或减弱挫折心理压力。

3.2.5 激励综合理论

“内容理论”和“过程理论”在广泛推广的同时，其不足也日益显现出来，这两类理论大都只研究了人类行为动机模式中的一个或几个环节，而没有将人类行为动机模式整体纳入研究的视野，因此显得有些片面。为弥补这一不足，美国管理学家波特（L. W. Porter）与劳勒（E. E. Lawler）于 1968 年在其著作《管理态度和成绩》一书中提出了综合激励理论。

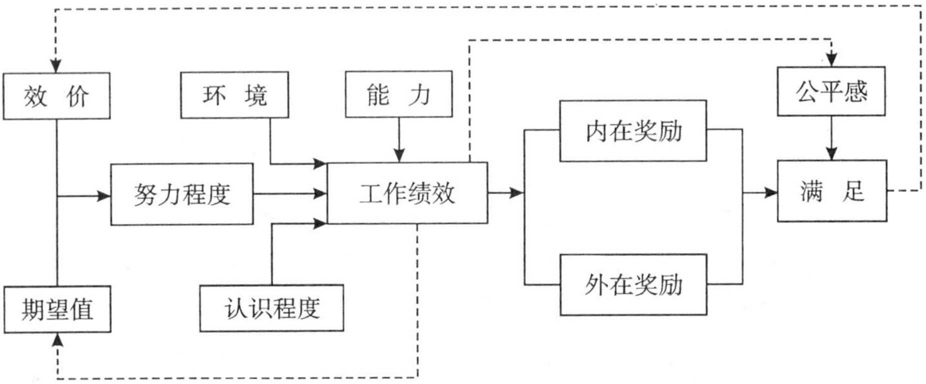

图 3.6 综合激励模型

该理论认为，一个人在取得成绩后所获得的报酬可以分为两类。一类是外在报酬，包括薪酬、晋升、安全感等，但这些都属于马斯洛需求层次理论中所描述的低层次需要。但需要指出的是，外在报酬可能并不与人的成绩完全相关，而是受多种因素的共同影响，例如奉行年功工资制的企业，员工的薪酬与员工在本企业工作的年限同步增长，所以成绩与外在奖励是分开的（如图 3.6 所示），表明二者之间不具有直接因果关系。

另一类是内在报酬。这是指个体由于取得了好的工作成绩而给予自己的报酬。与之对应的是一些高层次需要的满足，并且与工作成绩有直接相关关系。

“内在报酬”与“外在报酬”并不是此理论的全部，过程变量“个体所理解的公正报酬”是此理论的亮点。一个人会把自己的报酬与自己认为应该得到的报酬相比较，如果符合，他就会感到满足；如果不符合，他就会不满足，甚至产生失落感，从而影响他今后的工作。

3.2.6 激励理论的应用

将各种激励理论运用于实践是一个创造性的过程，理论归纳的是一般规律性，而在实践中，组织特点各异，应结合具体情况，探索最适合自身组织的激励方式组合。

1. 激励理论在应用中应注意的问题

（1）合理运用目标。目标设置理论要求组织制定目标时要具体且有一定难度，并对员工工作完成的情况提供及时的反馈，这样才能有效激励员工。目标制定后，管理者应确保员工有足够的信心和能力胜任工作。

（2）内在激励与外在激励相结合，且以内在激励为主。由赫茨伯格的双因素理论，工作本身所具有的内在激励是持久稳定的，而金钱、职位等外在因素的激励作用是暂时的。因此，组织管理者要对工作进行科学的设计，扩大化和丰富化，让员工从工作中获得成就感和成长等，从而具有长期有效的吸引力和激励作用。

（3）构建相对公平报酬体系。由于收获与付出是员工的一种主观感受，因而组织做到绝对公平几乎是不可能的事情。组织要更多考虑程序上的公平，使报酬分配公开透明，增加员工的程序公平感，这样即使感到分配不公平，仍能对组织抱以信任。

2. 实践中常见的激励形式

（1）工作激励

工作激励是一种内在激励。实践中组织常采用工作丰富化的形式来激励员工。实施工作内容丰富化主要包括以下几个方面：

① 技能多样化。运用不同的技能和才干完成工作中不同的任务。

② 任务整体性。这是要求员工把一项整体性的工作从始至终全部完成。

③ 任务重要性。扩大员工工作队组织其他人产生的实际影响力。

④ 自主性。员工自主决定完成工作所需的工具、条件等，拥有充分的自主权。

（2）经济激励

经济激励主要是指员工工作所获得经济报酬，如绩效工资、奖金、分红和员工持股计划等多种激励形式。其中，员工持股计划是给予员工部分企业的股权，允许他们分享改进的利润绩效，在中小企业中比较流行。

（3）组织文化激励

组织文化的价值观被员工认同之后，就会产生一种巨大的向心力和凝聚力，把员工团结到一起，形成“命运共同体”。它所产生的激励作用不是被动消极地满足人们对自身价值实现的心理需求，而是通过企业文化的塑造，让员工内心深处自觉产生为企业拼搏的献身精神，其激励作用非常之大。加强组织文化建设是组织形成持久激励力的一种长期投资。

【本章小结】

需要是有机体感到某种缺乏而力求获得满足的心理倾向，它是有机体自身和外部生活条件的要求在头脑中的反映。需要有四个特点：对象性、紧张性、动力性、起伏性。人的需要是多种多样的。可以按照不同的标准对它们进行分类。

动机，在心理学上一般被认为涉及行为的发端、方向、强度和持续性。动机是激励和维持人的行动，并将使行动导向某一目标，以满足个体某种需要的内部动因。动机具有激活功能、指向功能、调节与维持功能。人的动机也是多种多样的，动机除了具有激活和维持行为的功能以外，它与行为的关系是十分复杂的。只有了解一个人的动机，才能比较准确地解释其行为，并对行为做出比较准确的控制与预测。工作效率与动机强度有密切联系，这就是 Yerkes—Dodson 定律，它认为动机强度与工作效率之间的关系不是一种线性关系，而是倒 U 形曲线，中等强度的动机最有利于任务的完成。

动机对工作行为的影响，一般不直接卷入工作的认知过程，而是通过一些中介机制影响认知过程。强烈的工作动机有助于：①唤醒工作的情绪状态。可产生如好奇、疑惑、喜欢、兴奋、紧张、焦急或冲动等情绪。②增加工作投入的准备状态。易于激活相关背景知识，降低在工作过程中对事物的知觉和反应，缩短反应时间，从而提高工作效率。③集中注意力。将工作行为指向认知内容和目标，克服分心刺激的影响。④提高努力程度和意志力。延长工作时间，增强认真程度，遇到困难甚至失败时坚持不懈，直到达到工作目标。

动机理论是解释行为动机的本质及其产生机制的理论和学说，其理论基础为：X 理论、Y 理论、超 Y 理论和 Z 理论，主要的动机理论有：本能理论以及其发展理论、内驱力理论、社会自我效能论、认知期望价值理论。

动机为名词，在作为动词时则多称作“激励”。在组织行为学中，激励主要是指激发人的动机的心理过程。通过激发和鼓励，是人们产生一种内在驱动力，使之朝着所期望的目标前进的过程。组织行为学认为，人的动机来自需要，由需要确定人们的行为目标，激励则作用于人内心活动，激发、驱动和强化人的行为。

激励理论是组织行为学中用于处理需要、动机、目标和行为四者之间关系的核心理论。它是关于如何满足人的各种需要、调动人的积极性的原则和方法的概括总结。激励理论是业绩评价理论的重要依据，它说明了为什么业绩评价能够促进组织业绩的提高，以及什么样的业绩评价机制才能够促进业绩的提高。激励的目的在于激发人的正确行为动机，调动人的积极性和创造性，以充分发挥人的智力效应，做出最大成绩。自从 20 世纪二三十年代以来，国外许多管理学家、心理学家和社会学家结合现代管理的实践，提出了许多激励理论。这些理论按照形成时间及其所研究的侧面不同，可分为激励内容理论、激励过程理论和激励行为改造理论和激励综合理论等四种类型。

【复习思考题】

1. 什么是动机？什么是工作动机？
2. 工作动机是如何影响工作效率的？
3. 简述马斯洛需求层次理论，并对其进行评价。
4. 简述双因素理论，探讨如何确定对保健因素与激励因素的应用。

【参考答案】

1. 动机是激发和维持个体进行活动，并使该活动朝向某一特定目标的心理倾向或者动力。动机是导致个体行为产生的直接原因。所谓工作动机是指一系列激发和维持与工作绩效相关的活动，使员工努力去完成组织的任务，实现组织目标的内在推动力。工作动机可解释激发、指向与维持个体工作行为的原因。

2. 动机对工作行为的影响，一般不直接卷入工作的认知过程，而是通过一些中介机制影响认知过程。强烈的工作动机有助于：①唤醒工作的情绪状态。可产生如好奇、疑惑、喜欢、兴奋、紧张、焦急或冲动等情绪。②增加工作投入的准备状态。易于激活相关背景知识，降低在工作过程中对事物的知觉和反应，缩短反应时间，从而提高工作效率。③集中注意力。将工作行为指向认知内容和目标，克服分心刺激的影响。④提高努力程度和意志力。延长工作时间，增强认真程度，遇到困难甚至失败时坚持不懈，直到达到工作目标。

3. 由美国人本主义心理学家马斯洛提出。他把人类的基本需要归纳为五大类，这五类需要互相关联，按照其重要性和出现的先后次序，分别是：①生理需要（physiological needs）；②安全需要（safety needs）；③爱和归属的需要（belongingness and love needs）；④尊重需要（esteem needs）；⑤自我实现的需要（self - actualization）。

4. 双因素理论由美国行为科学家弗雷德里克·赫茨伯格提出。20 世纪 50 年代末期，赫茨伯格在大量的调查之后，发现使员工感到满意的因素都是属于工作本身或工作内容方面的；使员工产生不满意的因素都是属于工作环境或工作关系方面的。他把前者称为激励因素，后者称为保健因素或维持因素。保健因素又称为维持因素，这些因素对员工产生的效果类似于卫生保健对身体健康所起的作用一样，没有激励人的作用，但带有预防性，保持人的积极性、维持工作现状，防止员工对工作产生不满。激励因素是影响员工工作的内在因素，这些因素对员工产生的效果类似于锻炼身体改变身体素质，增进健康的作用一样，可以提高员工的工作效率，促进工作进取心，激发员工做出最好表现，可以给员工带来满足感。

【案例分析】

3M公司和“花王”公司：锐意创新，领先他人

美国的明尼苏达矿业制造公司（以下简称3M公司），几十年来锐意创新，总是以领先于他人的速度不断开拓新的技术领域，推出新产品。

新技术和新产品是人创造出来的，3M公司的超人之处在于它拥有一套完善的用人机制。具体做法是：

（1）企业内各部门规模小、人员精。部门企业领导对下属员工的姓名、工作态度、专长特长、学识水平等都了如指掌，以便各取所长，量才使用。

（2）充分给每一个员工施展才能、发明创造的机会，鼓励他们为研制新产品进行试验的冒险，允许失败而不挫伤其热情和干劲。

（3）要求研究人员、推销人员和管理人员经常接近客户，邀请他们帮助出主意开发新产品。

（4）奖励改进创新者。公司里的每一个员工在提出一个开发新产品的方案后，便由他组成一个行动小组来进行开发，薪金与晋升和这种产品的进展情况挂钩。优胜者总有一天能独立领导他自己的产品开发小组或部门。

（5）对开发性研究持科学态度，慎重对待，不轻易否定和扼杀项目。如果一个方案在某个部门不被重视，难以实施，提案者可用他15%的时间证明这个方案的可行性。对于提出最佳方案、需要创始资本的发明者，公司每次授予的发明奖多达90个，5万美元奖每年多达90次。

3M公司寻找发明家和创新家的简单准则是：不要妨碍他们的工作。

在日本，位居鳌头的“花王”化妆品公司提出了“依靠独创技术求生存”的经营战略，并把劳动工资的改革与开发职工的创造性紧密结合，以在高度饱和的化妆品市场激烈的竞争中求得发展。

“花王”公司要求每个员工都要“发奇想”、“闯新路”，千方百计创新，任何人在晋升、提薪和奖励时都要看他们的创造性如何，这个创造性包括能力和成果两个方面。人事部门还建立了一套对创造性的评分制度，由专家、领导和顾客对员工的思维、行动和成果进行综合评分。

在这种全公司重视创新的氛围中，该公司连续推出了“高效洗涤剂”、“生物技术洗衣粉”等前所未有的新产品，在竞争中占据了主动。

案例思考题：

1. 3M公司和“花王”公司对员工创新的条件提供取得了巨大的成功，对此你的看法如何？

2. 运用激励理论来分析两个公司的激励机制。

【推荐阅读书目】

1. 王彬．组织行为学［M］．大连：大连理工大学出版社，2007.
2. 关培兰．组织行为学［M］．北京：中国人民大学出版社，2008.

【参考文献】

［1］李剑峰．组织行为学［M］．北京：中国人民大学出版社，2000.

［2］斯蒂芬·P. 罗宾斯．组织行为学［M］．孙健敏，黄卫伟，等，译．北京：中国人民大学出版社，2008.

［3］余凯成．组织行为学［M］．大连：大连理工大学出版社，2002.

［4］黄维德，刘燕，徐群．组织行为学［M］．北京：清华大学出版社，2005.

［5］孙优萍，谢军波．组织行为学［M］．杭州：浙江大学出版社，2007.

［6］关培兰．组织行为学［M］．北京：中国人民大学出版社，2008.

［7］罗明亮．组织行为学［M］．南京：南京大学出版社，2007.

［8］陈国权．组织行为学［M］．北京：清华大学出版社，2007.

［9］袁凌．组织行为学［M］．长沙：湖南大学出版社，2008.

［10］周菲．组织行为学［M］．北京：机械工业出版社，2007.

［11］戴维·迈尔斯．心理学［M］．黄希庭，等，译．北京：人民邮电出版社，2006.

［12］Jerry M. Burger．人格心理学［M］．陈会昌，等，译．北京：中国轻工业出版社，2000.

［13］黄希庭．心理学导论［M］．北京：人民教育出版社，2001.

［14］戴维·迈尔斯．社会心理学［M］．张智勇，乐国安，侯玉波，译．北京：人民邮电出版社，2006.

［15］Elliot Aronson，Timothy D. Wilson，Robin M. Akert．社会心理学［M］．侯玉波，等，译．北京：中国轻工业出版社，2005.

［16］格里格，津巴多．心理学与生活［M］．王垒，王甦，等，译．北京：人民邮电出版社，2003.

第4章 价值观、态度与工作满意度

【本章结构图】

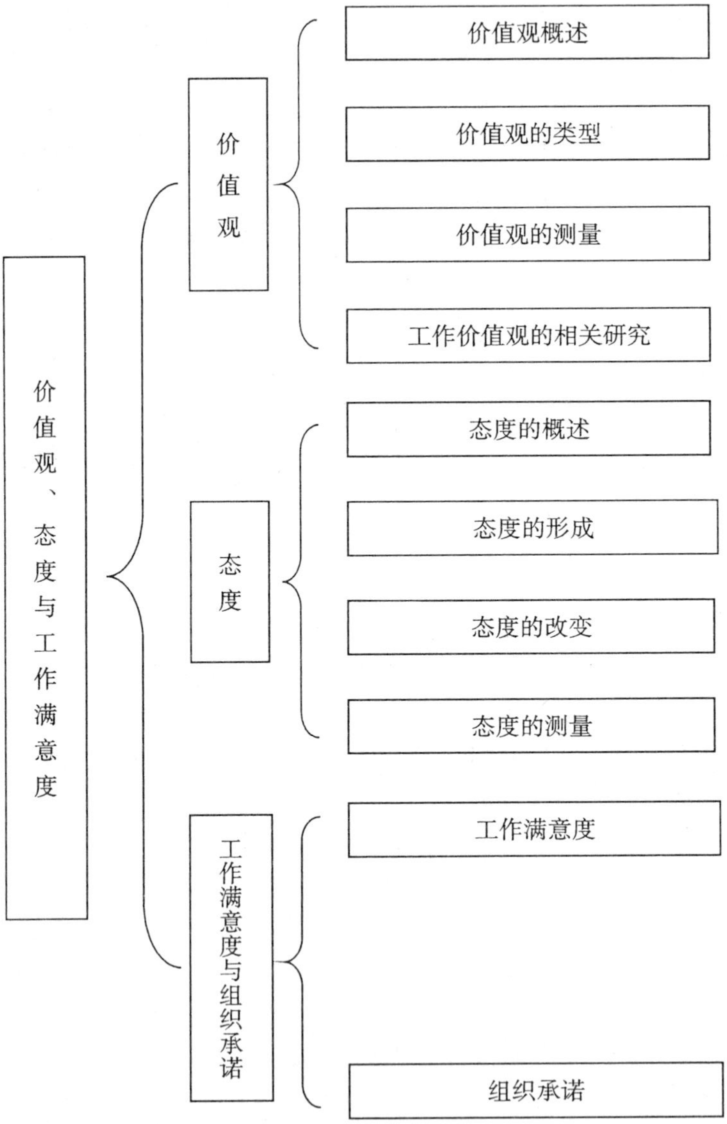

【本章学习目标】

通过本章的学习，主要了解价值观的涵义及其在管理中的作用和分类；熟悉态度的内涵及其形成和改变的相关理论；掌握工作满意度和组织承诺的主要内容。并学会运用这些理论来分析实际案例。

【引导案例】

皮格马利翁效应

这是一则古希腊神话故事。塞浦路斯的国王皮格马利翁是一位有名的雕塑家。他精心地用象牙雕塑了一位美丽可爱的少女。他深深爱上了这个“少女”，并给他取名叫盖拉蒂。他给盖拉蒂穿上美丽的长袍，每天都以怜爱的目光深切地注视着“她”，热切地希望“她”是个能和他谈心的人，希望“她”终有一天能变成真正的少女。终于，他的爱情感动了天神，天神使这位象牙少女拥有了真正的生命。“她”的脸颊慢慢地呈现出血色，“她”的眼睛开始释放光芒，“她”的嘴唇缓缓张开，露出了甜蜜的微笑。盖拉蒂向皮格马利翁走来，她用充满爱意的眼光看着他，浑身散发出温柔的气息。不久，盖拉蒂开始说话了。皮格马利翁惊呆了，一句话也说不出来。皮格马利翁的雕塑成了他的妻子。

这个故事说明：热切的期望能产生奇迹。而热切的期望正是我们对于某件事物或事情的态度。态度是影响人们行为的一个主要因素。它常常被用来解释人们的某些行为。比如：“他近来态度消极，工作常常出错。”

这样来看，理解某一态度是如何形成，如何影响行为，以及如何改变态度使其满意就十分必要，它可以帮助我们预测、解释并影响他人的行为。

4.1　价值观

4.1.1　价值观概述

1. 价值观的概念

价值观通过个体的行为取向及对事物的评价、态度反映出来，是世界观的核心，为个体的行为提供充分的理由，支配和调节一切社会行为，涉及社会生活的各个领域。其心理学解释为：价值观是个体用以区分好坏标准，并指导行为的心理倾向系统。

在这个层面上，对价值观的理解需要把握以下几点：

（1）价值观是个体对社会存在的反映。个体所处的环境（自然环境和社会环境）

决定着人们的价值观念。处于相同环境的个体，会产生基本相同的价值观念。

（2）价值观念是个体在社会化进程中，随着知识的增长和生活经验的积累而逐步形成的。家庭、学校、所处工作环境等对个人价值观念的形成起着关键的作用，其他社会环境也有重要的影响。个体的价值观一旦确立，便相对稳定性，形成一定的价值取向和行为定势，不易改变。

（3）价值观是指一个人对周围的客观事物（包括人、事、物）的意义、重要性的总评价和总看法。像这种对诸事物的看法和评价在心目中的主次、轻重的排列次序，就是价值观体系。价值观和价值观体系是决定人的行为的心理基础。

组织行为学中将价值观定义为：在多种工作情景中指导人们行动和决策判断的总体信念。人的价值观直接影响着工作态度和行为，它是了解员工的态度和动机的基础，并影响一个人的态度和行为。诺贝尔经济学奖获得者、著名心理学家西蒙认为，决策判断有两种前提：价值前提和事实前提。在这一著名论断中，价值前提置于事实前提之前，充分说明了价值观的重要性。

2. 价值观的特征

价值观念是后天形成的，是通过社会化培养起来的。家庭、学校、所处工作环境等群体对个人价值观念的形成起着关键的作用，其他社会环境也有重要的影响。个人价值观有一个形成过程，是随着知识的增长和生活经验的积累而逐步确立起来的。个人的价值观一旦确立，便具有相对的稳定性，形成一定的价值取向和行为定势，是不易改变的。但就社会和群体而言，由于人员的更替和环境的变化，社会或群体的价值观念又是不断变化着的。传统价值观念会不断地受到新价值观的挑战，这种价值冲突的结果，总的趋势是前者逐步让位于后者。价值观念的变化是社会改革的前提，又是社会改革的必然结果。因此价值观具有下列主要特征：

（1）主观性

个体根据自己内心的尺度来评价好与坏，虽然客体是客观存在的，但个体对客体意义的认识，对其好坏的评价却取决于主体自身的需要。

（2）选择性

个体的价值观是人出生后，在社会生活实践中逐渐习得的，儿童时期的价值观被称为价值感，是模仿和吸取父母及亲人的言行而形成的。随着自我意识的成熟，个体开始主观地、有意识地选择符合自己的评价标准，形成个体特有的价值观。

（3）稳定性

个体的价值观形成之后具有相对稳定性，往往不易发生改变，并从人的兴趣、愿望、目标、理想、信念和行为中表现出来。

（4）社会历史性

就社会和群体而言，由于人员的更替和环境的变化，社会或群体的价值观念是不断变化着的。传统价值观念会不断地受到新价值观的挑战，并逐步被新的价值观所代替。不同历史时代、不同社会生活环境里人们的价值观是不同的。

3. 价值观的影响效应

价值观不仅影响个人的行为，还影响着群体行为和整个组织行为。在同一客观条件下，对于同一个事物，由于人们的价值观不同，就会产生不同的行为。在同一个组织中，有人注重工作成就，有人看重金钱报酬，也有人重视地位权力，这就是因为他们的价值观不同。同一个规章制度，如果两个人的价值观相反，那么就会采取完全相反的行为，将对组织目标的实现起着完全不同的作用。因此可以说价值观是组织了解员工的态度和动机的基础，对组织行为的研究起到重要作用，其影响主要反应在：

首先，价值观影响个人的知觉和判断。在个体加入组织之前，就已经形成了什么是对、什么是错，什么应该、什么不应该的思维模式，其中包含着正确与否的解释，隐含着某种行为与结果比其他行为更可取的观念，这些都与价值观有很大的相关。

其次价值观影响着个体的态度和行为。在同样的组织中，由于人体的价值观不同，就会产生不同的行为。同一个规章制度，如果两个人的价值观相反，那么就会采取完全相反的行为，将对组织目标的实现起着完全不同的作用。

4.1.2　价值观的类型

价值观是一个多维度多层次的心理倾向系统，可以根据各种不同的标准对价值观进行分类。如 Firth（1963）也将价值观分为六类：经济的、道德的、审美的、工艺的、仪式的和社团的。而 Reascher（1969）将价值观分为 10 类，即经济的、道德的、社会的、政治的、审美的、宗教的、物质的、知识的、专业的和情操的等。比较而言，相对有影响的分类有以下几种：

1. Spranger 六种价值取向

斯普兰格（E. Spranger，1928）根据社会文化生活方式把人的价值观区分为六种价值观：经济的、理论的、审美的、社会的、政治的和宗教的 6 类并编制了“价值观研究”量表。

（1）理论型：这类人重视以批判和理性的方法寻求真理，对探究世界具有浓厚的兴趣，能客观而冷静地观察事物，力图把握事物的本质，尊重事物的合理性，重视科学探索，以追求真理为人生的目的。如爱因斯坦、牛顿等思想家和科学家。

（2）经济型：强调有效和实用。这种人注重实效，生活目的是为了追求利润和获得财富，比较现实，看重利益，如实业家、商人。

（3）审美型：重视外形与和谐匀称的价值。这类人对现实生活不太关注，富于想象力，追求美感，以感受事物的美作为人生的价值，如艺术家等。

（4）社会型：这类人强调对人的热爱，能关心他人，献身社会，助人为乐，以奉献社会为人生追求的最高目标。比如社会活动家等。

（5）政治型：又叫权力型，这类人重视拥有权力和影响力，倾向于权力意识和权力享受，支配性强，其全部的生活价和最高的人生目标就在于满足自己的权力欲望，得到某种权力和地位。

（6）宗教型：关心对宇宙整体的理解和体验的融合。这类人信奉宗教，相信神的存在，把信仰视为人生的最高价值。

当然，没有一个人是绝对属于某一种类型的，一个人并不是只具有一种类型的价值观。实际上，六种类型在不同人身上有着不同的配置。奥尔波特（Gorden Willard Allport，1960）等人发现：不同职业的人对这六种价值观的重视程度不同，从而形成不同的优先顺序，反映了人们不同的价值体系（见表4－1）。

表4－1　不同职业的六种价值观排序

排序	牧师	采购代理商	工业工程师
1	宗教的	经济的	理论的
2	社会的	理论的	政治的
3	唯美的	政治的	经济的
4	政治的	宗教的	唯美的
5	理论的	唯美的	宗教的
6	经济的	社会的	社会的

上表表明了牧师这一职业的人们宗教型价值观处于主导地位，而最不看重的就是金钱。采购代理商则是经济至上，社会公共服务价值观较低。工业工程师等研究型职业以理论为主导价值观，社会公共事务意识较低。

2. 莫里斯（Morris）的分类

社会学家莫里斯（Morris，1973）认为价值为个人选择或选取行为的基础，基本上都有所偏好，并且会因状况不同而分成三项不同的价值：第一是操作（operational）价值，即是选择行为时表现的实际偏好；第二是设想（conceived）价值，指的是对选择行为的后果所作的判断；第三是客体（objective）价值，根据客观条件选取对象的客观性质，与其实际运作价值不一定一致。价值观不同，人们的外在行为表现则不同，因此生活方式也会不同。莫里斯（Morris）（1973）根据其设想价值编制了生活方式问卷，将人们的价值观归纳为13种生活方式，这13种生活方式如下：

（1）保存人类最好的成就；

（2）培养人和物的独立性；

（3）对他人表示同情和关怀；

（4）轮流体验欢乐与孤独；

（5）通过参加团体活动来实践与享受人生；

（6）经常控制变化不定的环境；

（7）将行动、享乐和沉思结合起来；

（8）在无忧而卫生的环境中享受生活；

（9）在安静的接纳中等待；

（10）坚忍地控制着自己；

（11）静观内心的生活；

（12）从事冒险活动；

（13）服从宇宙的旨意。

莫里斯的13种生活方式与价值类型之关系如表4－2：

表 4－2　Morris 价值分类表

价　值　项　目	备　　注
保存人类最好的成就	偏世界大同
培养人与物的独特性	偏世界大同、道德遵守
对他人同情与关切	偏社会与家庭、能力表现
体验欢乐与孤独、将行动享乐沉思加以统合	偏个人生活
藉团体活动实践与享受人生	偏社会与能力表现
掌握变动不居的环境	偏个人生活
在无忧而卫生的享受中生活	偏个人生活
在安静的接纳中等待	偏安全与宗教
坚忍地控制着自己	偏社会与家庭、道德遵守
静观内心的生活、服从宇宙的旨意	偏世界大同、道德遵守
从事冒险性的活动	偏个人生活与能力表现

莫里斯的价值观与施普兰格有所不同。施普兰格的价值观主要是针对人的各种生活方式的态度而言的，而莫里斯的价值观则主要是针对人生意义的认识而言，因而按照他的价值观分类的性格类型亦可称人生观类型。虽然莫里斯的类型论很有创见，但却很难为人们所普遍接受，这或许是由于分型过多，较为烦琐，而又不能穷尽现实生活中人们的人生观的缘故。

3. Rokeach 的两种价值观

罗克奇（Milton Rokeach，1973）根据工具—目标维度把价值观区分为工具性价值观和终极性价值观。工具性价值观（instrumental values）是指偏爱的行为方式或实现终极价值观的手段。终极性价值观（terminal values）是指一种期望存在的终极状态，是一个人希望通过一生而实现的目标。

Rokeach 在其名著《人类价值的本质》中，提出了终极价值和工具价值的各 18 个成分（见表 4－3）。

表 4－3　Rokeach 的终极价值和工具价值

终极价值		工具价值	
舒适的生活	令人兴奋的生活	雄心大志	心胸开阔
成就感	世界和平	能干	乐观
世界美丽	平等	清洁	坚持信念
家庭安全	独立自由	原谅	助人
幸福	内心和谐	诚实	有想像力
成熟的爱	国家安全	独立	聪明
愉快	节俭	有逻辑性	热爱
自尊	社会认可	顺从	谦恭

我们可以把 Rokeach 的价值观层次因素看成表层的工具性价值观和深层的目的性价值观，前者是为了达到工作目标所采取的手段，后者表明了一种工作利益倾向。

4.1.3 价值观的测量

价值观的测量方法与价值观的概念界定和结构划分具有密切的关系，是建立在各个研究者不同的研究基础之上的。在心理学领域，心理学家根据自己的理论构架，尝试使用单测题和多测题、情景化测验、投射化测验、序列式或非序列式等多种量表编制技术，试图使价值观的测量具有良好的信度与效度。1990 年，Robinson，Shaver & Wrightsman 在《性格与社会心理测量总览》一书中汇集了 15 个价值观的测量工具，并对每一项测量工具进行了介绍和评价，如下表。

表 4－4　　15 个价值观量表目录

量表名称	编制者	年代
价值观研究（The study of Values）	Allport et al.	1960
价值观调查（The Value Survey）	Rokeach	1967
目标和方式价值观调查量表(The Goal and Mode Values Inventory)	Braithwaite & Law	1985
生活方式量表（Ways to Live）	Morris	1956b
生活方式量表简版（Revised Ways to Live）	Dempsey & Dukes	1966
价值观测描（Value Profile）	Bales & Couch	1969
生活角色调查—价值量表（Life Role Inventory-Value Scales）	Fitzsimmons,	1985
价值观念量表（Conception of Desirable）	Macnab&Casserly	1973
实证价值建构量表（Empirically Derived Value Constructions）	Lorr, Suziedelis & Tonesk	1967
东西价值观问卷（The East-West Questionaire）	Gorlow & Noll	1979a
价值取向量表（Value Orientations）	Gilgen & Cho	1961
个人价值量表（Personal Value Scales）	Kluckhohn & Strodtbeck	1965
人际价值观调查（Survey of Interpersonal Values）	Scott	1960
道德行为量表（The Moral Behavior Scale）	Gordon	1942
	Crissman	1959
争议性道德行为量表（The Morally Debatable Behaviors Scales）	Retting & Pasamanick	1986
	Harding & Phillips	

此外还有 Weiss，Dawis，England，& Lofquist（1964）发展的明尼苏达重要性量表（Minnesota Importance Questionnaire，MIQ），认为价值是需要结合，共分为 20 种量表，包含成就感，活动，报酬，独立性，安全感，变异性，创造性，能力运用，责任，公司政策，工作环境，升迁，权威，赞赏，社会地位，社会服务，工作伙伴，道德价值，督导，技术面等 20 项。每个份量表有五题，以五点量表，从“极不重要”到“非常重要”，其内部一致性非常高，却未得到较佳的稳定系数。

Wollack 等人（1978）针对后青春期至成人阶段所发展的工作价值调查量表（Survey of Work Values，SWV），其内容以新教工作伦理（Protestant work ethic）的概念为基础，测量受试者的内在（与工作有关）及外在（与报酬有关）的工作价值观，整份量表计有六个分量表，包含“由工作所得的荣耀”，“工作投入”，“对薪酬的态度”，“社会地位”，“上进”及“对工作的责任感”等六个维度，每个分量表有 9 题，共计 54 题。另外还有一些研究者们使用了不同的量表，如 Hales 和 Fenner 1973 编制的针对中学生编制的俄亥俄工作价值量表（Ohio Work Values Inventory，简称 OWVI）；Pryor 1979 编制的工作层面偏好量表（Work Aspect Preference Survey，简称 WAPS）；Jurgensen（1978）从 1945 年到 1975 年为明尼苏达瓦斯公司进行长达 30 年的工作价值调查，所用的调查工具工作偏好量表（Job Preference）。在此就不对其进行详细的介绍了。

国内学者宁维卫（1991）对 Super 的“工作价值观量表”制作了 WVI 中文版，把工作价值观分为进取心、生活方式、工作安全、声望和经济价值 5 个维度。

4.1.4　工作价值观的相关研究

在组织行为学领域，工作价值观的研究一直是学者们关注的对象，它是西方近 20 年来新兴的研究热点。工作价值观指的是个体对于工作意义的认识，包括工作倾向性、工作需求以及职业伦理系统等，是个体基本价值观在工作环境中的反映。

西方学者从各自的研究取向出发，形成和开发了各自对工作价值观的定义和测量工具。Super 于 1970 年编制的工作价值观量表（Work Value Inventory，WVI）应用最为广泛，这一量表经由参考工作价值观与工作满足相关文献后，编拟预测题目，经因素分析和效度检验，从原来的 225 个题目中，以项目分析筛选出 45 个题目，其中共分为 3 个群组，15 个维度，包含利他主义，独立性，审美，创造性，生活方式，智慧激发，变化性，成就感，安全感，声望，经济报酬，管理权力，工作环境，与上司关系，与同事关系等。该量表采用利克特五点量表计分方式，主要配合职业辅导工作所需。

Dose（1997）把工作价值观的研究归纳为以下 4 种研究取向：

第一类是关注于职业选择的职业价值观研究。这一类研究的重点在于将工作价值观看作选择工作的参考标准，认为工作价值观是介于个人内在需求与外在工作属性、工作目标的变量。个体选择的工作是否同他所追求的工作价值观相一致，则会影响其工作满意度。

第二类关注于工作行为的研究。这一类的研究关心并发现了工作价值与工作相关行为、态度、知觉等的关联性。例如人际关系、问题解决的知觉，决策行为，工作满足，工作选择，组织承诺，参与度等。

第三类关注于工作的意义和重要性。研究包含有工作伦理和工作意义的研究。

第四类是关注企业的伦理价值系统。伦理指的是判断好、坏，或道德责任的准则，指的是选择何种价值与行动的规定。研究表明，企业伦理影响决策行为，在组织中员工的伦理价值系统可能受到组织中重要他人，组织的伦理价值标准，社会的伦理价值标准，法律系统，职业伦理系统等的影响。

除了以上 4 种取向的研究，台湾学者洪瑞斌认为比较重要的研究还应包括 Elizur（1984，1996）运用层面理论进行的系列研究和 Hofstede（1980）进行的跨文化研究。

国内学者对于工作价值观的研究还不多，其中宁维卫（1991）针对 Super 的“工作价值观量表”制作了 WVI 中文版，把工作价值观分为进取心、生活方式、工作安全、声望和经济价值 5 个维度。马剑虹（1998）对企业职工的工作价值观和组织行为关系进行了分析，认为工作价值观主要由三个基本因素构成：工作行为评价因素，组织集体观念因素和个人要求因素。

4.2 态度

在管理工作中，要充分调动管理者的生产、工作积极性，态度问题是一个非常重要的因素。因为，一个人的态度与其行为积极性直接相关。一个人如果对自己的工作持轻视、反感甚至厌恶的态度，那么他的工作积极性就不会高，一个被管理者若对管理者持不满、反感或憎恶的态度，那么管理者所采取的激励积极性的措施，必然收效不佳。在管理工作中，培养被管理者对本职工作、对组织、对管理者的正确的、积极的态度，改变被管理者的一些消极态度，对调动被管理者的生产、工作积极性，提高生产、工作效率，无疑是有重要作用的，下面我们对态度的一般知识，态度的形成、态度的改变等规律性知识进行探讨。

4.2.1 态度的概述

1. 态度的概念

态度（attitude）一词，源于拉丁语 aptus，基本含义是指适合、适应，最早指身体姿势或身体位置 意为一个人的物理准备状态；在艺术领域中是指雕塑或绘画作品中人物外在的、可见的姿态。后来态度演变为专指心理状态的术语，特指对一个特定客体的反应准备（金盛华等 1997）。

在我们的现代词汇中，态度被用来特指人类社会生活中最为常见的一种心理现象。不同的学者有不同的定义，但是有代表性的概念包括以下三种：第一种定义在时蓉华、沙莲香等人的社会心理学书中都有提及，也就是较早的态度定义，它是 G. 奥尔波特 G. W. Allport 在 1935 年的一篇专论“态度”的《社会心理学手册》中提出的，他认为，态度是根据经验而系统化了的一种心理和神经的准备状态，它对个人的反应具有指导性的或动力性的影响。这个定义被社会心理学界誉为态度古典定义，它着重于态度是个人行为的内在结构，或强调态度是个人行为？的倾向性。它是对个人行为一贯地有规律地发生作用的心理结构。第二种定义是克雷奇（Krech）和克拉兹菲尔德（Crutchfield）1948 年在一本专著《社会心理学的理论和问题》中提出的，他们认为态度是，一种和个人所处环境有关的动机、情绪、知觉和认识过程所组成的持久结构。这一定义既强调态度构成中心理活动的过程、动机、情绪的一面，又强调了认知过程、知觉、认识的一面，但它撇开了态度形成的经验起源问题，着重的是个人当前对环境的主观反应，这一定义强调人作为有思想的、主动的生物不是被动地对环境作出反应的，着重在于人的主观内部的因素，不涉及人的行为反应问题。第三种定义是弗里德曼（M. Friedman）等在他们的《社会心理学》专著中以一种教科书的概括方式提出的。这一定义说明，对于任一特定物体观念和人的态度是一种带有认知成分、情感成分和行为倾向的持久系统，认知成分是由个人对于有关对象的信念构成的，情感成分是由和这些信念有联系的情绪感受构成的 行为倾向是指行为反应的准备状态。这三种定义，弗里德曼的定义强调了态度的组成及特性，是目前被大家公认的较好的解释。

可见，态度（attitude）在社会心理学中是一个很广泛的概念，它所涉及的方面很多，西方学者对它的定义不完全相同，各有侧重。它是社会心理学的一个中心概念，或者因为它太重要了，社会心理学家在给它下一个唯一的定义方面，一直没有达成共识。过大多数社会心理学家都同意态度由认知、情感和行为倾向三种成分组成。综合学者们对态度的各种解释，我们可以这样理解：态度是指个体对一定社会刺激所特有的，具有一定结构，相对稳定和内化了的心理反应倾向，它由认知、情感、行为倾向三个因素构成，是外界刺激与个体反应之间的中介因素。也就是是对人、事、物、观念等等的评价。从该定义中，我们需要明确以下几个方面的内容：

（1）态度的主体是个体，存在着性别、年龄、文化、民族、经历、工作、职务、个性、价值观的差异，因此不同个体对同一对象会产生各种各样不同的态度。

（2）客体是某一对象，包括一定的人、事、物或观念，同一个体对各种不同的态度对象会有不同的态度。此外，同一个体对同一态度对象在不同的时间内也会有不同的态度。

（3）态度是个体在社会实践中通过学习而获得的，并在劳动、学习、生活、交往等实践活动中表现出来。

（4）态度是影响个体对特定对象做出行为选择的，有组织的内部准备状态或反应的倾向性。在这些过程中，个体主动地通过自己的价值系统来衡量特定对象对自己有利与否，从而采取相应的行为倾向。

2. 态度的结构与特征

（1）态度的结构

态度是个体在社会生活中所形成的对某种对象的相对稳定的心理反应倾向。一般认为态度是由认知、情感、行动三种成分构成。

认知成分指在已往的经验与工作过程中形成的对某种对象的认识和判断，具体包括个体对某个对象的认识与理解，以及赞成或反对。如在工作态度中，就包含对工作的目的、意义与作用的认识等。

情感成分是包含于态度之中的情绪、情感成分，即个体对于态度对象的尊敬与轻视，同情与挑剔，喜欢与厌恶等。如在待人接物的态度中，包含着对有关人与物的感情，即喜欢与否、感兴趣与否。人在对某一事物表达态度时，都包含着一定的情感成分。

行动成分是指个体对态度对象将会采取某种行为的反应倾向，即准备对态度对象作出某种反应，表现为接近或回避、接受或拒绝、赞成或反对等行为趋势。

这三种成分中，认知是态度的基础，情感是核心，行动是外观，而其中情感成分是最主要的，是核心因素，例如许多态度测量仅仅测量喜欢不喜欢来测量一个人的态度。三种成分常常是协调一致的，如果你对一事物产生肯定的认知，也会对它产生正面的情感，从而作出接受或亲近的准备；如其中某一因素发生变化，其他两个因素也会随之改变。

（2）态度的特征

从态度的内涵及构成我们可以看出态度具有的以下特性：

第一，态度的对象性。态度总是要指向一定的对象。态度的对象相当广泛，包括人、事、物、群体、制度、民族、国家以及自我等一切社会存在，也可能是抽象的概念、观点、当前或历史事件等，由于态度对象的广泛性决定了人的态度的多样性，一个人的十分纷繁多样的态度形成了他的态度体系。态度的对象性决定了态度都有主体和客体的对应关系，如领导干部对下级干部的态度、干部对提升的态度等等。

第二，态度的内隐性。态度既然是一种心理反应倾向，它就不同于人的外显的行为。态度虽然与行为的联系非常紧密，但它却是内隐的，是人直接看不到、听不到的。因而对人的态度只能从人的言行及表情中进行间接的认识和了解。

第三，态度的后天性和社会性。人对世界上万事万物的态度都不是从遗传得来的，而是在后天的环境尤其是在后天的社会生活环境中形成和发展起来的。例如：人对公共财产的态度，对劳动、荣誉的态度等都是后天学习的结果。

第四，态度的相对稳定性。态度是在长期的社会生活中逐渐形成的，态度一旦形成就具有相对的稳定性。一些稳固程度高的态度作为性格的重要成分而进入人的个性，从而对人的行为产生更广泛、更持久的影响。态度的相对稳定性，还包括态度也是可以改变的。但是改变已形成的稳定态度需要创造较充分的条件，需要一个较长的过程。另外，各种态度在稳定性方面的差异也比较大，对意义比较重大、社会性较强的事物的看法比较稳定，对日常生活一般问题的态度较易改变。成人的态度稳定性较高，儿童的态度稳定性较低，可塑性大。

3. 态度的功能

态度的功能，即人为什么要保持某些态度，人之所以要持有某些态度，是因为态度具有能够满足人们某种需要的功能。

（1）适应（adjustment）

人的态度是在适应环境的过程中形成的，而在形成后态度又会反过 来帮助人们更好地适应环境。人们生活在社会之中，适当的态度会使其从重要的人，比如父母、老师、领导和朋友那里获得认同、赞同、奖赏。对不同的人应该持有不同的态度，例如对待师长应该恭敬有礼，对待朋友热心随和，对待晚辈关心照顾……这些都有助于人们更好地适应社会。

（2）自我防御（ego defense）

有句俗语："吃不到葡萄就说葡萄酸"，其实这就是态度的一种自我防御。态度作为一种自卫机制，能让人在受到贬抑时保护自己。比如，一个清贫的知识分子在看到富商们挥金如土，在生活中拥有许多物质享受时，为了保护自己的自尊心，常常会显示出自命清高和鄙视"为富不仁"者的态度，以保持心理平衡。

（3）价值表现（value express）

在很多情况下，特有的态度会表现出一个人的主要价值观和自我概念。比如一个人认为生命的意义在于对美的追求，那么他对艺术就会持有积极肯定的态度。又如一个人作为选民去参加某个政治集会，如果他支持某个竞选者，就会手持支持这个人的标语或采用其他方式来表明他对这个人的认同，这就体现着他的立场和态度。由此可见，态度能够表现出一个人的价值取向。

（4）认识或理解（knowledge or understand）

态度能提供给人一种作为评价世事的参考框架，以满足人们理解和支配自己所处世界的需要。比如在政治争论中你的态度常是为评价政治候选人提供一种参照框架。假如这些候选人支持争论朝你所持肯定态度的方向进行，你就会比他们反对这种争论似乎做出更为偏袒的行为。

态度的这些功能具体反映在其影响个体的社会判断、忍耐力、学校效果以及工作效率等方面。

4. 态度与行为的关系

态度在社会心理学领域中的特殊地位，是由态度可以预测行为的假设带来的。人们对于社会行为预测的普遍兴趣，导致态度研究受到特别的关注。然而，通过态度的确可以预测行为吗？态度和行为之间的关系对于态度的改变是相当重要的，然而态度和行为之间的关系并非我们认为的如此直截了当。

态度与行为是一致的，还是不一致的？态度决定行为，还是行为决定态度？对于这些问题的答案，社会心理学家们进行了大量的研究。现在人们一般认为，态度与行为是一种交互作用的关系，不但态度可以作用于行为，而且行为还可以反过来作用于态度。

（1）态度影响行为

我们的态度决定着我们的行为表现吗？就目前来说，人们一般都会给以肯定的回答。但是，在社会心理学研究的早期，却也有着完全不同的研究结果，它告诉我们，在考虑态度与行为的关系和相互作用时，应该认识到其中的复杂性。

①态度与行为的分离

当人们在行为和态度混为一谈时，常常看到某人有某种言谈和行动，就认为他持有某种与之一致的态度，或认为已知一个人对某事持有某种态度，也就一定会有某种行为紧随其后。这是一种简单的、不大合乎实际的推论，然而这种现象在生活中极为普遍。比如，我们常听到广播说，根据民意调查，我市市民有98.7%的人赞同在本市举办这一活动，而我们在与各区朋友交谈中了解到的情况却与此并不相符。是调查不精确，还是人们的表态并不能代表他们的真实态度，或说行为与态度无关？此外，1934年，拉皮尔（R. T. Laprere）作了一项态度与行为关系的著名研究，其实验结果，支持了态度与行为并不一致的观点。

②态度与行为一致

有许多社会心理学家，坚信态度在很大程度上可以预见行为，问题在于应该确定有关的变量，使之得到精确的测量和控制。不过，更多的社会心理学家认为，态度与行为存在着相互制约的关系。

1984年，凯利（H. H. Kelley）和米尔（Mire. r）作了一项关于投票行为的研究，他们分析了从1952年至1964年间，美国四次总统竞选所进行的民意调查资料。他们的研究发现，在选举前访问投票者所得到的关于他们的政治态度，与他们实际投票行为有着很高的相关，也即在投票日之前20天进行的访问者中，有85%的受访者，其政治态度与实际投票行为是相互一致的。

（2）行为对态度的影响

事实上，不仅态度能够影响我们的行为，而行为反过来也会影响到我们的态度，这在现实生活中以及科学研究中都已经得到了证实。人们的行动可以改变先前的认识、感受和意向，特别是当人们觉得自己对该行动负有责任的时候。两个本来互有偏见的社会群体，一旦有了相互间的更多接触和沟通，原有的偏见就可能会有所改变。承担新的社会角色，从事于该角色所规定的行为，也将使人们产生新的态度。

列伯曼（S. I. Jeberman）曾经对新升为“领班”和新升为“工会代表”的工人进行了实验考察，研究其角色改变后工作态度的变化。显然，新的角色要求新的行为，不久，这些人也就由于从事新的工作，而形成了新的工作态度。实际上，在日常生活中，我们也可以看到这种职业角色对人们态度的塑造和影响力。当了警察，就会形成对执法和违法的新的认识；作为教师，就会以身作则，为人师表。如此一来，由于职业角色上的要求，个人的人格和态度都会深受其影响。

（3）影响态度和行为关系的因素

为什么态度与行为有时候一致，有时候又不一致呢？在社会心理学的有关研究中，人们认为，态度这种内在心理反应倾向对行为仅起准备作用，只决定行为的一种倾向。也就是说，它只是提供了行为的一种心理上的可能性，并不是决定行为的全部因素。这种心理上提供的可能性要变成现实，即形成具体的行为，还必须在特定的社会环境中，依据一定的社会关系和规范来实施或表现。所以说，人们表达出来的态度和表现出来的行为，都要受其他方面因素的影响。

①态度结构方面的因素

从个体持有某一特定态度的角度看，态度与行为之间的关系，往往会受到态度本身构成的因素，包括其认知与情感的关系的影响。

1）个体对某一事物所持有的态度，如果在认知上的看法与在情感上的体验是保持一致的话，则这种态度与行为就能保持较高的一致性；但如果认知与情感并不一致，甚至相互矛盾，那么态度与行为之间的关系就常常是不一致的。

2）个体对某一事物所持有的态度，如果是以个体自身的亲身经历、以其直接经验为基础的，是通过个体对这一事物的亲身体验和了解形成的话，那么，根据这种态度来预料和推测有关的行为表现，就会有较高的准确性；反之，如果个体所持有的态度是道听途说而形成的，也即是通过获取间接经验的方式而形成的，那么这种态度就很难起到准确预测行为的作用。

3）个体所持的态度是比较一般的、笼统的，还是较为具体的、特定的，也与其行为表现密切相关。许多研究结果都表明：个体对某一事物所持的一般和笼统的态度，与个体对这一事物所作出的行为反应之间存在着低相关，两者之间的一致性程度很低；个体对某特定的具体事物所持的明确态度，与个体对这一事物可能作出的行为反应保持着高相关，两者之间的一致性程度很高。

②行为反应方面的因素

从行为反应所具有的特点来看，影响行为与态度一致关系的因素，至少有如下两种：

1）单一行为和多重行为。个体对某事物持有某种态度，但在表露这种态度时所采取的行为方式可能是多种多样的。换句话说，态度与行为之间的关系未必是一对一的。因此，在考察态度与行为的关系时，如果仅着眼于某一种行为，往往就可能得出态度与行为不一致、无关联的结论；但如果着眼于多种可能与态度保持联系的行为时，就不难得出态度与行为相一致，或有关联的结论。

2）即时行为与长久行为。即时行为指的是即刻和短时内作出的行为反应，长久行为指的是长时间和久远内作出的行为反应。研究表明，即时行为与态度保持较高的一致性，根据态度来预测即时行为则较为准确；而长久行为变化的可能性较大，因而其与态度的一致程度较低，根据态度来预测长久行为则较为困难。

③态度主体自身的因素

从体验态度的人自身的情况来考察态度与行为之间的关系，我们可以作如下的分析。

1）态度对象与个人关联的程度。态度所指的对象、事物，与态度持有者本人，往往会有着不同程度的关联。也就是说，态度的对象，对态度者本人的生活、工作和学习，具有或大或小的影响。如果态度所涉及到的对象、事物，与态度者本人的切身利益有着较高的关联，对其个人的生活、工作和学习有着较大的影响，那么人们对此所持有的态度，就会与其对此所作出的行为反应，表现出较高的一致性。反之，两者的一致性就较低。

2）个体自身的人格因素。有些人的态度与行为表现出较高的一致性，有些人则易受他人或环境的影响，其态度与行为之间的变化较大。这种个别差异，与态度者个体自身的人格因素有关。例如，自尊心强的人，就不会轻易受他人的影响，而自尊心较弱的人，则容易为他人所左右。另外有一些研究资料表明，具有较高自我控制行为能力的人，在某种程度上其行为会较少受自己情绪等内在心理因素的支配，而更多的是根据环境的要求去表现；而具有较低自我控制行为能力的人，其行为与态度的一致性则会相对高一些。

4.2.2 态度的形成

态度对人的行为、认知、情感等都有直接的影响，人对劳动、工作的态度与人的生产、工作积极性密切相关。因而，要做好管理工作，掌握人的态度形成的规律性知识，培养被管理者对本职工作、对组织、对管理者等的积极态度，对提高管理效能将是有益的。

1. 态度的形成过程

美国社会心理学家凯尔曼（H. C. Kelman，1958）曾说过："态度是在长期的生活环境、教育和社会实践中逐渐形成的，是一个从无到有，从简单到复杂，从不稳定到稳定的过程。"凯尔曼提出了态度形成的三个阶段。

（1）服从

服从，也叫顺从，即遵从他人的要求，从表面上转变自己的观点和态度的时期。指个体为了获得奖励或逃避惩罚而采取的与他人表面上相一致的行为，是态度形成的第一阶段。一般说来，这时人们会表现出一些顺从的行为，但这不是个体自愿的，是迫于外界的强制性压力采取的暂时性的行为。如刚进公司的员工因为考虑到奖励和惩罚的利益关系，在行为上表现出服从的样子。在个体早期的态度形成很大程度上依赖于服从。

（2）认同

认同是个体自愿地把别人或某个群体的态度变成自己的态度。这是多次服从所产生的直接结果。态度的形成过程一般都要经历从服从到认同的过程。如新员工在组织和同事的帮助、影响下，认同公司的企业文化，主动遵守公司的规章制度和要求。从认识过程来说，认同也就是与别人达成了共识。

（3）内化

内化是从内心深处相信并接受他人的观点，从而彻底地将外在的要求转变为自己的态度，即变成了自己内在的心理准备状态。内化在个体态度形成的过程中起着非常重要的作用。坚定的信念、理想、人生观和世界观等，都是内化之后形成的某种稳定的态度。内化标志着某种态度的真正确立，比服从和认同具有更高的自觉性和稳定性。

在一个人的某种态度形成过程中，这个三阶段过程，并不一定进行到底，可能在一定的主观条件影响下停留于某一种状态，或甚至退回到前一种状况。

2. 影响态度形成的因素

影响态度形成的因素有很多，主要有社会认识、知识和信息、个性心理、人的活动范围和交往对象、所属团体的影响等。

（1）社会认知对态度形成的影响

社会认知是指人对社会对象的了解、判断和分析。社会对象是人和由人组成的群体及组织，所以社会认知还可分为对人的认知、对人际关系的认知、对群体特性的认知以及对社会事件因果关系的认知等等。社会认知是人的各种社会态度形成的最重要的基础。对人、组织和社会事件等的社会认知是深刻还是肤浅，是全面还是片面，直接影响着人形成什么样的态度。因而，要掌握态度形成的一般规律，系统了解社会认知的途径、社会认知的特点以及如何获得正确的社会认知是很必要的。我国心理学学者周后良对人的社会认知曾作过系统的阐述。他认为，获得对人和人际关系的社会认知主要有三条途径。

①对他人表情的认知和判断。人的表情是其身心状态的一种客观显示，因而是了解人的一种相当重要的社会信息源。对表情的认知和判断又可以分为对面部表情的判断，对姿态表情的判断，对言语表情的判断。但不论哪一种判断，都只能作为了解人的思想和情感的线索，而不能作为唯一的依据，因为情感表现要受个体的个性特征和客观条件的制约。其次人的喜、怒、忧、惧表现只是形态，只有与特定的情绪背景相联系，才能了解其内容。从判断者方面说，还受本人社会经验的积累和社会文化因素的影响。

②对人的性格的认知。对他人性格的认知是很不容易的，一般须通过长期的共同生活。但共事的需要，又迫使人必须尽可能快地对他人性格作出判断。因此，人们往往采取如下途径：从相貌推测性格——如眉清目秀者善良、面目丑陋者阴险等，这常常发生认知偏差；从第三者的介绍了解性格——这比前一种好一些，可吸取第三者的长期观察所得，但评价受评价人主观因素影响很大；最后是评价者根据自己的社会认知能力（经验、心理学知识等）进行观察、判断——如依据说话的强弱快慢、脾气的躁静、做事的持久性、经历的逆顺、家庭的冷暖等，可能推知一个人的气质、意志力和性格。

③对人际关系的认知。这包括认识自己与他人的关系，他人之间的关系。这种认知比对个人的认识更加困难，因为影响人际关系的因素极为复杂。这种认知一般需依赖三个条件：敏锐的观察力；谙熟人情世故；客观的科学态度。

（2）知识的影响

人们已有的知识经验，必然影响着人们的态度。你通过教育所学到的知识一直在影响着你的态度。例如，你对环保知识的了解会使你对破坏人类生存空间的行为持否定态度。你所学到的关于管理心理学的知识，也将影响你在这一领域对事情的看法；

另外，你的态度也会随着你更多知识和信息获得的改变而改变。例如，员工可能在企业一项政策刚开始推行的时候，受过去经验和知识的影响，可能不能接受或不满，经过学习，以及政策推行后产生好的效果，给组织和个人都带来了利益的话，这名员工就会改变原来的态度，转而支持这一政策。

根据人的知识和所获得的信息对态度形成具有直接影响这一规律，在管理工作中，重视员工的知识、文化的培养，提高员工的知识、业务水平，另外，让员工充分了解企业的政策、方案，重视宣传和舆论的作用，有利于工作的开展和获得员工的了解和支持，提高工作效率。

（3）个性心理对态度形成的影响

人的行为反应是在外界刺激的作用下由需要引起的，是为了满足需要而发动的。态度是人对事物的比较稳定的心理反应倾向，所以它的形成必然在很大程度上受到人的需要的影响。凡能满足自己需要的对象或能帮助自己达到目标的对象必然产生喜好的态度，反之产生厌恶的态度。因而管理者就要了解被管理者的需要及特点，以预测被管理者对管理措施、改革措施的基本态度，及时调整策略或加强对员工的教育。

人的气质类型影响着人对客观刺激的反应的强弱和变化的快慢等。人的气质方面的一些特征对人的态度的形成也会发生影响。在一般情况下，抑郁质的人比胆汁质的人更容易形成对某些有伤害危险的事物的惧怕态度，多血质的人比黏液质的人某种态度的形成和转变都相对地快些。人的能力特点、能力水平、人的性格特征是影响态度形成的重要的个性心理因素。例如：分析水平高的人，善于把握新信息、新动态，容易形成某方面的新态度，改变旧态度，而分析能力差的人则容易固执己见，墨守成规。独立性很强的人不容易接受他人劝告，也不易受其他人行为的影响，形成新态度一般要难些、慢些，而依赖性强的人态度稳定性差，态度既容易形成，也容易改变。由上可见，在培养积极态度改变消极态度的工作中，应注意人的个性差异。

（4）团体的影响

人是群居动物，人们总是生活在各种团体之中，如家庭、学校、企业、机关等，也有一些小团体，如你加入了什么学生社团，或俱乐部等。团体能使个体产生归属感和认同感，人离不开团体，所以，人们为了维持团体的存在，就会遵守一定的规范制度，为团体的巩固和发展作出贡献，因此自然地就会形成与团体一致的态度。当两团队比赛，如班际比赛，各人会支持各自的班级，这就是集体主义观念。因此一个企业也应主义培养员工的集体主义观念和集体意识，即使有个别员工出现和集体的态度不一致的时候，可以通过集体的力量来改变员工的态度。

（5）人的活动范围和交往对象对态度形成的影响

一个人的态度总是在一定活动之中形成和发展变化的。人在游戏活动、家务劳动、学习活动、社会活动等活动范围中所接受的家庭环境影响、学校教育影响和社会环境影响，是人的态度形成的基本的客观因素。在人的各种各样的活动中，有利于活动进行并被环境所认同的态度会不断地得到强化，变得越来越稳固。人们对集体、本职工作和组织的方针、政策、管理措施的态度，往往与他的交往对象有直接关系。

（6）个人创伤或戏剧性经验的影响

在人的生活历程中，对人影响深刻的个人创伤或戏剧性经验等偶发事件，也会影响人们对某一类事物的态度的形成。所谓的一朝被蛇咬，十年怕草绳就是这个道理。

人的态度的形成和发展，从根本上讲，是在后天所经历的家庭环境影响、学校教育影响和社会环境影响过程中实现的。但要运用态度理论于管理，还很有必要了解某一方面的具体态度形成的具体过程：单就个体内部过程来说，一个具体态度的形成是经历一个认知－情感－意向－行为这样一个过程。但是单就内部过程来解释态度形成显然是不全面的，态度形成完全离不开外部影响和人与对象的相互作用。心理学家对态度变化的研究，揭示了态度的形成是从服从到同化，再到内化的过程。在一定情境条件下，使自己的行为与外部要求相适应，服从往往是在外界压力下，权衡利弊后所采取的行为反应。然后就到了接受他人的观点与行为的影响，使自己的态度与外界要求接近的阶段。这时在态度的认知成分和情感成分上都发生了很大的变化，“相信”他人的观点、态度、行为是正确的，情感体验也趋于一致。最后是内化阶段，这时新观点和新思想已经纳入了自己的价值体系之中，与情感体验完全融合一致，产生了强烈的行为意向，这就是新态度的完全形成和旧态度的彻底改变的阶段。

上述态度的服从、同化、内化过程，在一个人的某种态度形成过程中，并不一定进行到底，可能在一定的主观条件下影响下停留于某一种状态，或甚至退回到前一种状况。

4.2.3 态度的改变

态度一经形成就具有一定的稳定性，在管理工作中，要使改变态度的工作收到好的成效，就必须使改变态度的方法符合态度改变的规律。根据平衡理论和认知失调理论所揭示的态度改变规律，改变态度的方法，就是要运用一定手段，创造必要条件，使被改变者产生很强的改变态度的必要感，并创造条件使态度改变完成。

1. 态度改变的定义

态度的改变是指个体已有的态度在质或量上的变化，包括态度方向的改变和态度强度的改变。前者是指以一种新的态度代替旧的态度，或将本来反对的变 成赞成的，将本来喜欢的变成不喜欢的。后者是指态度的方向没有改变，而只是改变了态度的强度。

态度的形成是指人们对某些事物从不曾有态度到出现某种态度，而态度的改变是指人在对事物已有态度的基础上发生一定的变化。态度的形成和改变是有联系的。在某些情况下，改变一种旧的态度也就是在形成一种新的态度。一个人的态度是习得的，是不同生活经验的结果。态度受到生活中重要人物的影响，也受到信息加工方式的影响。

2. 态度改变的形式

态度的改变分为两种形式。一是改变原有态度的强度，方向不变，如从稍微反对到强烈反对，从些许赞成到坚决赞成，这种形式称为一致性的改变。态度发生一致性改变时，态度改变的方向与已有态度的表现一致，只是增加积极态度（或消极态度）的强度，使之成为一种更强烈的积极态度（或消极态度）。一致性的态度改变分为增强或减弱积极态度的程度、增强或减弱消极态度的程度。另一种态度改变的形式表现为以一种新的态度取代旧的态度，即方向上的改变。如从反对改为赞成，或从喜欢变为厌恶，这种形式称为不一致性的改变。我们通常所谓的态度改变更多是指后者，也就是方向上的改变，即质变。不一致的改变分为由积极到消极和由消极到积极的变化。态度强度上的变化存在着引起方向性变化的可能，而在方向性改变中也包括着强度的变化，两者是相互包容彼此关联的。同样，态度的形成与态度的改变之间也存在着这种辩证关系，因为态度一旦形成就意味着有改变的可能，而态度改变也许就预示着新态度的形成。

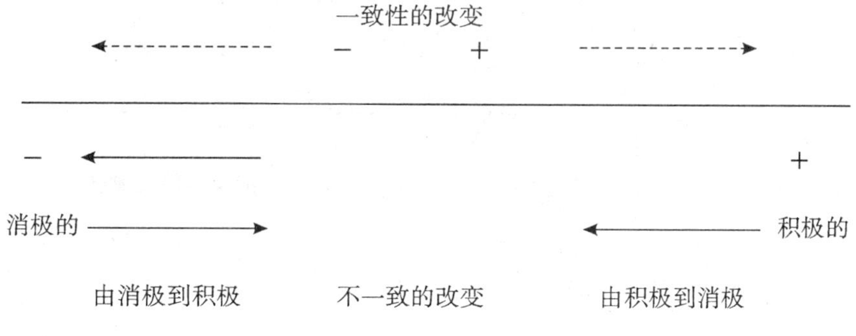

态度的改变形式

图 4.1　态度改变的形式

3. 态度改变的理论

（1）海德的平衡理论（balance theory）

美国心理学家海德（F. Heider）于 1958 年提出了态度转变的平衡理论。海德认为，我们的认知对象包括世界上各种人、事、物、概念等等，这些对象有的互不相关、有的互相联结。海德将构成一体的两对象的关系，称为单元（unit）关系，对于每个人认知对象的感情和评价（喜恶、赞成、反对）称为情绪（sentiment）。

海德认为个体对单元内两个对象的态度一般是趋向一致的。如一个人喜欢某明星A，则对A的穿着也感到欣赏，甚至去模仿；一个人讨厌B，则觉得某B的朋友也不好。这样，当对一个单元内两对象的看法一致时，其认知系统呈现平衡状态，当对两对象有相反看法时，就产生不平衡状态。这种不平衡将引起个体心理紧张，产生不满意（焦虑）的情绪。(认知不平衡——心理压力和焦虑——改变态度）

例如，P和O两人是良友，如果P赞成工资制度改革，O反对改革，P就会处于心理不平衡的状态，容易产生焦虑与不安，为了恢复平衡，消除矛盾，P可以：①劝说O改变态度，赞成改革。如果O改变态度，则冲突消失。②改变自己对O或对X的态度，即疏远O或自己转向反对改革。

海德从日常心理学出发，通过一系列的推论对人与人之间社会认知的相互关系提出O—P—X图式：图式中，P为主体，表示某人，O为对象中的人，X为P和O所共同认知的一个客体，它可以是一种现象，一件东西，一种观点等等。根据P、O、X三者之间的感情关系，推论出八种模式。如图4.2：

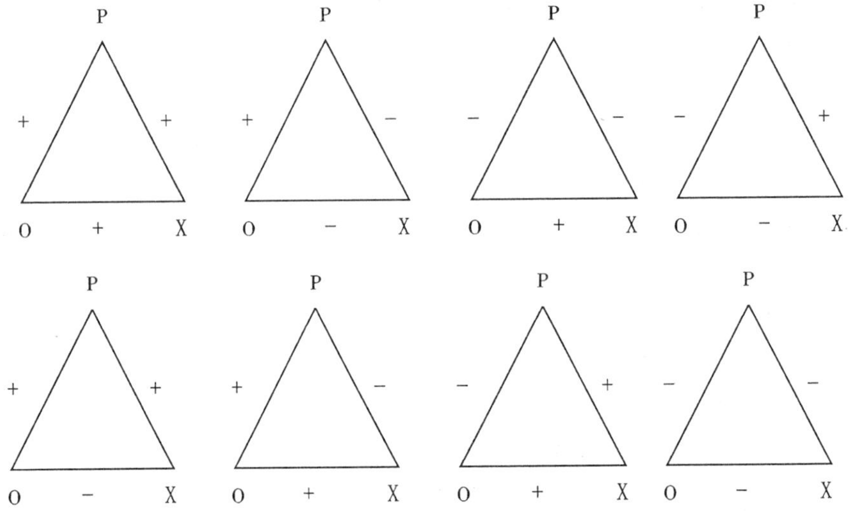

P——某人；O——有关系的另一人；X——有关系的某事物或观点

图4.2　P、O、X三者关系模式图

海德认为P、O、X三者之间的关系符号（+或−）相乘结果是正号时，三者处于平衡状态；相乘结果是负号时，则三者不平衡。不平衡会产生焦虑，驱使其恢复平衡。

实验证明，人们认为平衡关系比不平衡关系更令人愉快，不平衡状态比平衡状态更易改变。而且，改变更多的是P、O关系，P、O对X的各自看法较难改变。

平衡理论简单而直观地描述了通过改变认知从而改变态度的方法，说明了在现实中有多种改变不平衡状态的途径，所以，平衡理论成为解释态度改变的重要理论之一。不过在实际工作中，某些不平衡状态不一定就会引起压力，迫使人去改变认知，恢复平衡。例如：A喜欢B，而B喜欢喝酒，A则讨厌喝酒。这是一种不平衡状态。A并不一定因为喜欢B，而非要让B也戒酒，也不一定因为B喜欢喝酒，A就一定要改变对B的喜欢。

（2）认知失调理论

心理学家菲斯廷格（L. Festinger）1957年提出的认知失调理论认为，人的认知结构包括很多认知元素，如知识、观念、观点、信仰等等。以这些认知元素为基本单位两个单位之间的关系可以分为协调、不协调、不相关三种，例如：

认知元素A下星期要审查项目方案，应抓紧准备好可行性分析报告。

认知元素B我想通宵工作，准备好可行性分析报告。

认知元素C我感到疲倦，想休息。

认知元素D明天可能要来台风，下大雨。

以上认知元素A和B处于协调状态，两者是一致的；认知元素A和C处于不协调状态，是冲突的；认知元素D与A处于不相关状态。

费斯廷格认为，认知元素之间的矛盾和失调会造成心理上的不愉快和紧张，人们就会产生一种内驱力，驱使自己采取某种行动以减轻或消除这种不协调。认知元素之间的不协调强度越大，则人们想要减弱或消除不协调的动机越强烈。例如：上例中的认知元素A和C，如果为了准备下星期的审查，明天就要讨论可行性分析报告，那么就会迫使他很快作出选择，转变态度。如果还要过几天再讨论，两者矛盾不十分大，解决不协调的认知元素的动机强度就不那么强烈。

费斯廷格认为，减轻或消除认知元素之间的不协调心理可根据具体情况，选择采取下列方法。

①改变不协调双方中的任何一个认知元素，使双方趋于协调。以上例中的元素A、C为例，此人可以不休息，坚持工作；也可以设法推迟审查时间，从而协调认知元素的矛盾。

②增加新的认知元素，以缓和双方的矛盾。如认知元素A无法改变，不能延期，则此人可以喝咖啡，用冷水洗头等方法振奋精神，使不协调的强度降低。

真实的谎言

费斯廷格等人曾以大学生为被试做了一项著名实验。他们先让所有被试参加一个小时单调枯燥的活动，而后把被试分成三组。第一、二组被试完成任务后被要求对门外的一位女性撒谎，说刚才的活动非常有趣、愉快。其中第一组被试说谎后得到了一美元奖励，第二组被试说谎后得到了20美元奖励。第三组被试没被要求说谎。最后这三组被试要求真实回答在多大程度上喜欢该项活动。结果发现，第二、第三组被试大多认为活动枯燥无味，而第一组被试大多认为活动生动有趣。

研究者分析说，第三组被试没有说过谎，因而回答真实可信。第一、二组被试均经历了活动单调的认知与撒谎行为的知觉失调。对于第二组来说，由于说谎得到了高报酬，认为说谎值得而活动的确是单调乏味的。对于第一组来说，由于认为不值得为一美元撒谎，于是改变了自己对活动的认知，认为活动不单调乏味。

（3）参与改变理论

参与改变理论是勒温（Lewin）于20世纪40年代提出的一种态度理论。该理论强调个体在参与群体或团体的活动中改变态度。该理论来源于他的一项实验研究。他在群体动力学的研究中发现，个体在群体中的活动可以分为主动型和被动型两大类。主动型的人主动介入群体活动，他们参与政策的制定，参与权力的推行，自觉遵守群体规范，等等，被动型的人则被动地介入群体活动，他们服从权威，服从别人制定的政策，遵守群体规定等。

为了研究个体在群体中的活动对改变态度的影响，他作了个美国家庭主妇对食用动物内脏的态度转变的实验。实验中，他把一批家庭主妇分为两组：一组为控制组，一为实验组。对控制组被试，勒温用演讲的方式，亲自讲解动物内脏的营养价值、烹调方法、口味等，要求他们改变对食用内脏的厌恶态度，并把动物内脏作为日常食品。而对于实验组被试，勒温则组织她们开展讨论，共同议论动物内脏的营养价值、烹调方法和口味等，并且分析使用动物内脏做菜可能遇到的困难，如丈夫不喜欢吃的问题、清洁问题等，最后由营养专家指导每个人亲自实验烹煮。实验结果发现，控制组只有3%的人采用动物内脏做菜，实验组则有32%的人采用。这个实验有力地证明了勒温的观点。他认为，改变态度的方法不能离开群体的规范和价值。个体在群体中的活动的类型和性质决定其态度，也能改变其态度。参与改变态度的理论在西方已得到较为广泛的应用。

4. 态度改变的方法

根据前面的理论所揭示的态度改变规律，提出态度改变的具体方法有：

（1）通过改变认知因素来改变态度

在构成态度的三因素中，认知因素是从根本上影响情感因素和意向因素的最基本的因素。认知的改变是使态度改变的一个极为重要的条件，改变态度中认知因素的基本手段是宣传和说服。沟通者的特点、沟通方式、接受者的特点和情景因素通常会影响沟通和说服的效果。

①沟通者的特点

宣传说服者有无权威及权威的大小对态度改变具有重要的影响。宣传说服者的威信由专业和可信性两个方面组成。心理学家伯洛（Bello）在研究了宣传说服者本身的威信与态度改变之间的关系后指出，其中有三个因素对宣传者的威信有重要影响。一是宣传者态度的公正与不公正，友好不友好，是否诚恳等，这是可靠性因素；二是宣传者有无经验，有无技术，知识是否丰富，这些即是专业性因素；三是宣传时语调坚定与软弱、勇敢与胆小、主动与被动，精力充沛与否等，这些是表达方式因素。伯洛认为，可靠性因素与专业性因素对宣传说服者的威信影响更大。

②沟通方式

沟通本身的方式也制约着沟通的效果。例如，同小孩子打交道。要先赞美她，才能取得他的兴趣和信任。现在研究较多的变量有：①强调不改变态度的后果的可怕性。也叫恐惧唤醒。②单面或双面沟通。信息沟通时是只讲自己的观点好还是同时介绍反对意见好呢？社会心理学家霍夫兰德发现，当接受者原有的态度与沟通者的观点一致时，单向沟通效果好；反之，双向沟通好。当接受者对所说问题缺乏信息或意见时，单面沟通效果好；反之，双面沟通好。③新颖和重复。一般而言，新颖的观点容易给人以较深的印象。但重复必不可少，因为大部分情况下，人们不太可能第一次就被新观点说服。但是，重复次数过多，会使人产生逆反心理。

③接受者的特点

接受者原有态度与沟通信息的差异制约着说服的效果。研究发现，中等差异度引起的态度变化量大。此外，接受者态度的特点也影响沟通的效果。如从小形成的、根据亲身经历形成的、高度承诺的态度不易改变。独立性强的人，智商高的人，自信心强的人不易被改变态度。反之，则容易被改变。

④情景因素

影响态度改变的沟通情景因素有强化、预先警告和分心等。加尼斯和吉尔摩发现，欢快、愉悦的气氛会对被试态度的改变起强化作用。预先警告则会使人产生防御心理，影响态度的改变。在沟通时如果有情景因素使接受者分心，无关刺激的干扰导致接受者的注意力分散，也会影响沟通的效果。

（2）在活动中，从改变行为入手来改变人的态度

由参与改变理论可知参与活动可改变认知，知行相互影响。我们知道，与行为紧密相连的意向因素是构成态度的重要因素。在态度改变中，有时宣传说服作用不大，但若引导或迫使其参加有关活动，往往能收到很好的效果。例如：一些干部对企业中实行优化组合，持观望或反对态度。但当组织作出决定后，安排他参加这项改革的具体工作，这就非常有利于他改变原态度。因为，一方面在工作中，具体的事实会改变他原态度中的认知因素；另一方面，当他的内在态度与外显行为处于不一致状态时，他的心理上会感到不平衡，并力求改变这种不平衡。因而从改变行为可改变人的态度。

（3）运用集体的力量，促进个体态度的改变

个体的态度比较容易受他所归属的集体的影响。一个人所在的群体通过规范、压力等机制约束着他的一言一行，为了在群体中不被孤立或者适应这一群体，就会迫使其行为和态度符合群体成员的期望。集体的性质、规范、舆论和人际关系等，对人抛弃旧态度，形成新态度都是有重要影响的。例如：一个轻视纪律、不爱助人的人，进入一个人人遵守纪律、助人为乐的集体，他就显得不协调，容易被孤立，为了适应环境，个体就可能改变自己的行为和态度。所以，运用集体的力量可以改变一个人的态度。

4.2.4　态度的测量

态度是个人的一种比较持久的内在结构，它无法被直接观察到，但可以从人们的言语、行动以及其他方面表现出来。凡是社会中各种社会角色、各个社会群体、家庭、学校等组织、各种制度以及各种社会问题（如生育、战争、宗教等），都是人们态度的对象。要研究人们的态度，就必须对之进行测量。

态度测量（the measurement of attitudes）的技术是在 20 世纪 30 ~ 40 年代兴起的。目前常用的测量技术有：

1. 态度量表法

态度量表通常由一系列有关所研究态度的陈述或项目组成，被试就每一项目表达

自己同意或不同意的方向以及同意或不同意的程度。把反应分数加以整理得出一个表明态度的分数。该方法是最常用的态度测量方法，其使用的前提是假定被试意识到并愿意表达他的态度。常见的态度量表有：

（1）瑟斯顿量表

瑟斯顿量表（Thurstone Attitude Scale）由瑟斯顿（L. L. Thurstone）及其同事 E. J. 蔡夫（E. J. Chave）于 1929 年提出的，称之为瑟斯顿量表法。该方法先收集大量的与要测量的态度有关的陈述或项目，一般应在 100 条以上，保证其中对主题不利的、中立的和有利的语句都占有足够的比例，并将其分别写在特制的卡片上。而后邀请 20 人以上的评定者将这些陈述按从最不赞同到最赞同方向分为若干类，如归入 11 类，则第一类代表最不利的态度，依次递推……第六类代表中立的态度……第十一类代表最有利的态度。经过计算、淘汰、筛选，从每个类别中选出一、二条代表语句（各评定者对其分类的判断最为一致的），将这些语句混合排列，形成一套沿着由最不赞同到最赞同的连续统分布开来，约 20 条意义明确的陈述。要求参加态度测量的人在这些陈述中标注他同意的陈述，标注的陈述的平均量表值就是他在这一问题上的态度分数。瑟斯顿量表法提出了在赞同或不赞同的因次上测量态度的方法，迄今仍是多数量表的基本特点。但是由于这个方法复杂、费时和不方便，今天已很少使用了。

（2）李克特量表

李克特量表（Likert scale）由美国社会心理学家 R. 李克特（R. Likert）于 1932 年提出一个简化的测量方法。它不需要收集对每个项目的预先判断，只是把每个项目的评定相加而得出一个总分数。

李克特量表也是由一系列陈述组成，利用 5 点或 7 点量表让被试作出反应。5 点量表是从强烈赞同、赞同、中性、不赞同到强烈不赞同。7 点量表则分为强烈赞同、中等赞同、轻微赞同、中性、轻微不赞同、中等不赞同、强烈不赞同。这两种量表是使用得最广的。李克特量表的一种改进形式是强迫选择法，为了使被试一定作出选择而排除了中性点，如把原 7 点量表改为 6 点量表。李克特量表法的结果与瑟斯顿量表法的相关系数约为 0. 80。

（3）社会距离量表

又称博加德斯量表，由美国社会心理学家鲍格达斯（Bogardus）于 1925 年创用的。这种量表过去一直广泛用于测量人们对种族群体的态度，现在该量表主要用于测量人际关系亲疏态度。

J. L. 莫雷诺（J. L. Moreno，1930）的社会测量是测量人际亲疏态度的一种形式。E. S. 博加德斯 1929 年提出的社会距离测量主要是用来测量种族之间的社会距离的。

博加德斯量表由一组表示不同社会距离或社会交往程度的陈述组成。按从最近社会距离到最远社会距离排列开来，如：

可以结亲（1）

可以作为朋友（2）

可以作为邻居（3）

可以在同一行业共事（4）

只能作为公民共处（5）

只能作为外国移民（6）

应被驱逐出境（7）

括号内分值越大表示社会距离越大。

（4）语义分化法

语义分化法由C. E. 奥斯古德（C. E. Osgood）等人1957年提出的一种较为全面的测量方法。已往的态度测量基本上是在赞同或不赞同一个维度上的测量，不易表达出态度的复杂性。语义分化法提出了3个不同维度的态度测量，所以又称为多维度量表法。这3个维度是评价、强度和活动。在这个方法中，态度对象的评定是通过由对立形容词构成的一些量表进行的，如好—坏，强—弱，主动—被动。好—坏是评价方面，强—弱是强度方面，主动—被动是活动方面（见表评价、强度和活动的语义分化测量）。

测试时给被试提出一个态度对象，要求他按照自己的想法在有关系列中圈定一个数字，各系列分值的总和就代表他对有关对象的总态度。上述表格中3个维度是不变的，但各维度中的项目是可变的。3个维度中评价维度被认为是主要的。

上述态度测量方法是具有代表性的几个，其他方法，如投射测验、行为观察、生理记录等，也是常常被采用的。

2. 投射法

投射法是一种利用相关材料引起受测者自由联想，做出无拘束而不受限制的反应，从而间接分析投射至其中的心理状态及有关态度的方法。由于受测者事先不知道测量者的意图，因而很难作假，有一定可靠性。只是对相应反应进行分析评估时，测量者的主观性较大。使用投射法的基本假设是，世界上任何刺激物本身并不一定具有某种含义，而是每个人根据自己的需要、希望、焦虑以及过去经验赋予它以特定含义。在众多投射方法中，用于测定态度的投射法主要有下列几种。

（1）主题统觉测验

主题统觉测验（马立骥，2004）（TAT）是由一系列图画构成的，是现在通用的人格测验。TAT的大多数图画展示人们正在进行着的某种活动，而活动本身的意图通常并不清楚。测验要求被试讲述或写出自己认为每个图片正在发生的事情，心理学家对被试的回答进行分析，从而确定被试在生活中的主要兴趣、希望、焦虑、挫折等。最初的TAT是心理学家摩根（C. D. Morgan）和默里（H. A. Murray，1935）设计的，对成人适用。后来，心理学家又设计了适用于儿童的其他类型的TAT测验，试图根据受测者投射到故事编撰中的自己对某一事物的态度来推测个体的真实态度。

（2）造句测验

造句测验（SCT）或称句子完成法，通常是事先准备好几个关于某一事物的未完成句子，如“我觉得写工作……”“一想起主管，我首先想到的词语就是……”，要求员工进行填补。在这种情况下，员工会不自觉地将自己的内心情感、态度、需要等情意因素投射到反应之中。这种情意评价的方法实施起来很简便，不需要什么特殊训练，但在结果解释时要特别谨慎，一般要结合其他评价方法获得的信息，才能作出合理推论。

例：如果管理者想了解员工对本团队中特定人或其他团队的态度如何，就可以要求员工完成下列自由结尾的句子。

——假如我要完成某项一般性任务，我将会……

——假如我要完成某项重要的工作，我将会……

——假如我外出办事，我将会……

——＊＊总是试图去………

在上述试题中，员工有可能表明或不表明自己对某个特定对象的态度。员工答案的真实性与深度取决于他对刺激作出的个人反应。

3. 行为观察法

行为观察法也称行为评价法、行为观察量表法、行为观察量表评价法，美国的人力资源专家拉萨姆（Latham）和瓦克斯雷（Wexley）在行为锚定等级评价法和传统业绩评定表法的基础上对其不断发展和演变，他们于1981年提出了行为观察法。行为观察法适用于对基层员工工作技能和工作表现的考察。行为观察法包含特定工作的成功绩效所需求的一系列合乎希望的行为。运用行为观察，不是要先确定员工工作表现处于哪一个水平，而是确定员工某一个行为出现的频率，然后通过给某种行为出现的频率赋值，从而计算出得分。

行为观察法具体指出了员工需要做什么才能获得高绩效得分。经理也可以根据行为量表去监控员工行为，并用具体的行为条件给出反馈，这样员工们便知道他们正在做什么正确的事，哪些行为需要加以矫正。

行为观察法包含特定工作的成功绩效所需求的一系列合乎希望的行为。运用行为观察量表，不是要先确定员工工作表现处于哪一个水平，而是确定员工某一行为出现的频率，然后通过给某种行为出现的频率赋值，从而计算出得分。

在使用行为观察法时，评估者通过指出员工表现各种行为的频率来评定工作绩效。其研制步骤如下：

（1）将内容相似或一致的关键事件归为一组形成一个行为标准。例如，一个主管对工作做得好的员工的进行表扬或鼓励。

（2）由在职员工成分析人员将相似的行为指标归为一组。形成行为观察法中的一个考评标准。

（3）评估考评者内部要一致，以判断另外一个人或另外一组是否会根据工作分析中得出的关键事件开发设计出相同的行为考评标准。

（4）检验行为观察法各个考评标准的相关性，或内容的效度。

检验内容效度的一种方法是：对关键事件分类前。挑出10%的事件不参加分类，按照步骤1完成分类后，检查挑出10%的事件。看看这些事件所描述的行为指标是否还未出现。

检验内容效度的另一种方法是：记录随着被分类的关键事件的增加而增加的行为指标的数目，如果对75%的关键事件分类后90%的行为指标已经出现，那么可以认定行为观察量表内容的效度是令人满意的。

与其他态度测量技术相比，行为观察法的优点表现在：

（1）有助于员工对考评工具的理解和使用。它基于系统的工作分析，是从员工对员工所做的系统的工作分析中设计开发出来的，因此，有助于员工对考评工具的理解和使用。

（2）行为观察法有助于产生清晰明确的反馈。因为它鼓励主管和下属之间就下属的优缺点进行有意义的讨论。因此。避免了一般化。

（3）从考评工具区分成功与不成功员工行为的角度来看，行为观察法具有内容效度。考评者必须对员工做出全面的评价而不只是强调考评他们所能回忆起来的内容。

（4）行为观察法关键行为和等级标准一目了然，由于行为观察量表法明确说明了对给定工作岗位上的员工的行为要求，因此其本身可以单独作为职位说明书或作为职位说明书的补充。

（5）它允许员工参与工作职责的确定，从而加强员工的认同感和理解力。

（6）行为观察量表法的信度和效度较高。

相对而言，行为观察法还存在一些不足之处：

（1）有时不切实际。

（2）行为观察法需要花费更多的时间和成本。因为每一工作都需要一种单独的工具（不同的工作要求有不同的行为），除非一项工作有许多任职者，否则为该工作开发一个行为观察量表将不会有成本效率。

（3）行为观察法过分强调行为表现，这可能忽略了许多工作真正的考评要素，特别是对管理工作来说，应更注重实际的产出结果，而不是所采取的行为。

（4）在组织日益趋向扁平化的今天，让管理者来观察在职人员的工作表现，这似乎不太可能，但却是行为观察量表法所要做的。

上述态度测量方法是具有代表性的几个，其他方法，如生理测量技术、内在偏好测量技术、概念联结技术等，也是常常被采用的。

4.3　工作满意度与组织承诺

人们对组织的态度体现在工作满意感和组织承诺上。研究表明工作满意和组织承诺对员工的工作投入、员工绩效、离职、缺勤以及压力等都有重要的影响作用。近年来，学术界和实践者们对此的越来越关注，掌握工作满意和组织承诺的相关知识，探索员工的工作满意感和组织承诺的提高策略，对人力资源管理和提高组织绩效有重要的作用。

4.3.1　工作满意度

1. 工作满意度的内涵

工作满意度一词首先是由Hoppock在1935年在《工作满意度》的论文中明确提出的。Locke（1976）把工作满意度定义为“来源于组织成员对其工作或工作经历的评估的一种积极的情绪状态”。而众多学者根据研究意图的不同，对工作满意度下了不同的定义，可归纳成下列三种：

（1）综合性的定义：对工作满意度作一般性的解释，认为工作满意度是一个单一的概念，是对工作本身及有关环境所持的一种态度或看法，是对其工作角色的整体情感反应，不涉及工作满意度的面向对象、形成的原因与过程。

（2）差距性的定义：指工作满意的程度视个人实得报酬与其认为应得报酬之差距而定。也就是“他们所得到”与“他们期望得到”之间的差距。差距愈小，满意的程度愈大，因此这种定义又被称为“需求缺陷性定义”。

（3）参考架构性的定义：支持此定义的学者认为影响人的态度及行为最重要因素，是人们对于这些客观特征的主观知觉及解释，这种知觉与解释则受个人自我参考架构的影响。因此，此类定义可以说是特殊构面的满意，其特征是工作者对特殊构面的情感反应。

在本章我们认为工作满意感是一种主观的心理感受，是指人们对其工作的一种情感上的反应。因为态度决定人的行为，同样也影响着行为的结果，一个人能否取得较高的工作绩效，既受周围工作环境的影响，也受其主观态度的影响。例如，他对自己的工作是否满意，是否喜欢自己的工作。

2. 工作满意度的意义

在组织之中，管理层了解员工的工作满意度信息，对于搞好人力资源开发与管理具有重要的意义。大量的实证研究表明工作满意感对员工的工作积极性和工作绩效有一定的影响。如对工作投入、员工绩效、离职、缺勤以及压力等的影响。

（1）工作满意与员工状态

当员工对他们的工作表示出满意时，会进入良好的工作状态，这样有助于员工表现出建设性行为，如，工作投入等；否则，如果员工对他们的工作长期且强烈地不满意，那么就会产生消极的工作态度，缺乏工作投入及降低对组织的忠诚度，导致不良后果。

（2）工作满意与员工绩效

关于工作满意感和工作绩效之间的关系一直存在争论，赫茨伯格（F·Herzberg）认为，工作满意感可导致工作绩效的提高，而有人持反对意见，认为高绩效是导致工作满意的原因。有人对74项相关研究进行了总结，并对一万多名员工进行了调查，结果发现满意感与工作绩效之间存在有正相关。另外，美国最近有一项研究调查了298所学校的13808名教师，发现员工满意感与组织绩效之间存在显著的正相关。因此，在管理过程中，可以通过提高员工的满意感而提高工作绩效。

（3）工作满意与离职

一般说来，工作满意与员工的离职率成负相关关系。低满意感的员工通常不能达到自我实现，工作上也很少得到认可，与主管、同事的关系不和谐甚至发生冲突，结果可能会导致员工选择离职，而离职可能会打乱组织工作的连续性，给组织带来一定的损失。因而提高员工的工作满意，降低离职率是企业管理的一个重要方面。

（4）工作满意与压力

工作满意感能够减少员工的心理压力。我们知道压力过大会严重影响员工的身心健康，研究表明，压力与缺勤、离职等因素之间也存在正向相关。因此就要求管理者通过提高员工的满意感来减少由压力带来的负面影响。

3. 影响工作满意度的因素

工作满意感是人们对自己工作不同层面上的情感反应，它受多方面因素的影响，如外在社会文化因素、工作本身的因素和个体本身的因素等。

（1）社会文化因素

个体本身所处的社会环境因素，如社会制度、道德规范、国家法律、风俗习惯、经济形势、宗教、种族环境等文化因素都对人的态度和价值观的形成起了极大的作用，因而不可避免地影响到人的工作满意感。例如，在一个物质财富极大丰富的国家或地区，个体看中的可能不仅仅是工作所带来的物质回报，更多的是精神的或个人成就和贡献等方面的满足感和成就感；相反，在物质匮乏的国家或地区，仅是物质上的激励就可能使个体对工作产生满意。

（2）工作本身的因素

首先是工作回报。工作回报包括物质报酬（薪酬、福利等）、精神回报以及回报与绩效评估的公正性。

第二是工作内容。工作内容的重要性、多样性、挑战性、自主性、交际性等各个方面，都会影响到员工的满意感。

第三是工作条件。工作场所是否安全、工作环境是否舒适、工作负荷和心理压力的大小、工作的稳定性、是否有个人学习发展的机会等等都会影响员工的满意感。

第四是人际关系。人际关系不仅是员工之间的关系，更重要的是上下级之间的关系以及政治、宗教、种族环境等因素对员工的工作满意有很大的影响。

（3）个体的人格特质

我们会发现，在同样的工作环境下，有的人会经常表现出对工作的满意感，而有的人似乎总在抱怨工作中的不满意。有的研究就认为，个体的人格特质和遗传因素也会影响一个人的工作满意感。

4. 工作满意度与工作绩效的关系

常见的工作满意度与工作绩效的关系组合有以下几种：

（1）低满意度、高绩效

出现这样的情况，通常有以下原因：①对于组织中的一般员工来说，生产效率并非最主要的目标，只是他们借以达到目标（如工资、奖金等）的手段。因此，即使一个人对工作持消极态度，但为了达到自己心中的目标，还必须以高生产率为手段；②人的需要是多方面的。当主体在生活上的基本需要获得满足之后，其目标便转移到自尊或自我实现需要上来。目前工作不满意的员工，为了不让别人小瞧自己而加紧工作，从而工作绩效很高。

（2）高满意度、低绩效

出现这种状态通常有以下原因：①主观上，员工对当前的奖酬待遇和工作环境，以及目前的职业或所干的工作感到很满意；②客观上，该员工没有任何压力，一旦进入了企业，企业就会对他们的一生进行负责，包括医疗、住房、退休等，员工每天只是按部就班的工作和生活，没有设想自己的未来和发展。

（3）低满意度、低绩效

这种状态在组织中并不多见，一旦出现会令组织和员工都感失望。出现这种状态通常有以下两方面的原因：①主观上，员工不满当前的奖酬待遇和工作环境，或者员工对当前的奖酬待遇和工作环境很满意，但不喜欢目前的职业或所干的工作，同时没有调换工作或职业的机会，因此无时无刻不在想着怎样改变目前的工作环境或者寻找另外的工作机会；②客观上，该员工没有任何压力，感觉不到生存的压力和被解聘的危险。

（4）高满意度，高绩效

这是现代企业管理所追求的最理想的状况。实施的关键是工作任务完成的同时，又不断满足员工的，多样化多多变的需要。

通过以上的分析可见，满意度和工作绩效之间的关系，远比一般管理人员设想的要复杂。因此，管理人员应该重新审视“满意的员工生产率一定高”的传统信念，注重员工的满意度是正确的，但不要妄想对所有的员工都通过提高满意度来提高其绩效，应该具有权变的思想，对不同类型的员工采用不同的管理和激励方式。

5. 工作满意度的测量

工作满意度的维度是指影响工作满意度的主要因素，不同的测量方法把工作满意度的组成成分归结为不同的方面。最早研究工作满意度的Hoppock（1935）认为可能影响工作满意度的要素包括疲劳、工作单调、工作条件和领导方式等，他更多的是从工作内容、工作条件等物质属性角度定义员工工作满意度的维度，随着社会环境的变化，有许多缺陷；后来，Friedlander（1963）从社会环境和员工的心理动机出发。认为社会及技术环境因素、自我实现因素、被人承认的因素是工作满意度的组成维度；Vroom和Weiss（1964）等不同学者也从不同视角研究了员工工作满意度的维度组成，不断丰富了工作满意度维度的研究内容。

对工作满意度的测量既包括对整体满意度的测量又包括对构成工作满意度若干关键因素的测量，如薪酬、管理水平、提拔、同事与工作本身。有时可将对各个因素的测量合并为对整体工作满意度的综合测量。一些研究使用的测量，既评估了整体满意度，又评估了某些构成工作满意度的特定方面。针对工作满意度某个方面的测量能更好地反映工作条件等因素，而对整体满意度的评估则有利于反映个体对特定项目的反应差异。例如，沃森等使用工作描述指数评估了几个特定方面的满意度，比如工作本身、薪酬、提拔、管理与同事。这项研究使用明尼苏达满意问卷测量了整体工作满意度。满意度各纬度与整体满意度之间存在着最大的正相关，而对薪酬的满意度与整体满意度之间的相关则相对来说最弱。泰伯和阿莱格的研究发现，职务分析时的任务水平经验、工作满意度的一方面（工作本身）与整体工作满意度之间存在显著相关。员工在工作中体验到的愉快时光越多，他的整体工作满意度纬度之间存在的正相关就越高。这或许是因为员工对工作的知觉模式受他们工作体验影响。霍华德等发现组织遇到变革的时候，意识到潜在职业机会的个体总体来说对他们的工作更满意。尽管同事因素比管理人员因素在保持员工工作动机时更重要，但是在保持员工满意度的时候，管理人员更关键。

由于问卷测量法最易于施测与衡量，所以衡量工作满意度大多采用问卷测量法进行。国外常用量表主要有以下3种：

工作描述指数（JDI），它是由Smith等（1969）设计的，包括5个部分：工作、升迁、报酬、管理者及同事。每一部分由9个或18个项目组成，每一个项目都有具体分值，将员工所选择的描述其工作的各个项目的分值加起来，就可以得到员工对工作各个方面的满意度。

明尼苏达工作满意调查表（MSQ），它是由明尼苏达大学Weiss等人（1967）设计的。它分为长式量表（21个量表）和短式量表（3个分量表）。短式量表包括内在满意、外在满意和一般满意3个分量表。长式量表包括100个题目，可测量工作人员对20个工作方面的满意及一般满意。

彼得需求满意度调查表（NSQ），它典型地适用于管理人员。需求满意度调查的提问集中在管理工作的具体问题和异议上，NSQ每一项有两个问题：一个是“应该是”；另一个是“现在是”。抽样中的每项得分是员工对“应该是”所选择的数值减去员工对“现在是”所选择的数值的差，离差越大，说明员工对工作中的这一方面越不满意。

除此以外，还有一些测量方法如关键事件测量法与面谈测量法等也运用较多。

4.3.2 组织承诺

1. 组织承诺的概念

组织承诺是工作满意度之后新兴的涉及员工态度的热点研究课题，它是工作承诺概念的扩展。美国社会学家贝克最早提出这一概念（Becker，H. S.，1960）用于反映雇员和组织之间的心理契约，能稳定地预测个体的离职和缺勤等行为。他将承诺定义为由单方投入（side— bet）产生的维持“活动一致性”的倾向。在组织中，这种单方投入可以指一切有价值的东西，如：福利、精力、已经掌握的只能用于特定组织的技能等。他认为组织承诺是员工随着其对组织的“单方投入”的增加而不得不继续留在该组织的一种心理现象。此后，组织承诺的概念引起了越来越多的注意，学者们根据各自的研究对它提出了不同的看法。

现在大多数学者比较认同的概念认为：组织承诺（organizational commitment）是指员工对组织的归属、认同、忠诚和投入的程度。高组织承诺意味着一名员工愿意继续作为组织的一员；认可组织的价值观和目标；愿意付出高水平的工作努力。

研究表明，组织承诺对工作绩效和员工退缩行为的影响最大。

工作绩效与组织承诺之间的关系已受到很多实证研究的支持，Dubin，Champoux & Porter（1975）的研究发现组织承诺越高，工作绩效也越高。Johnston（1986）的研究也表明组织承诺是高度复杂的，而且是影响人事异动与绩效的重要因素。Randall（1999）的研究则发现低组织承诺者，其工作品质也较低，并且发现组织支持与工作绩效有关。

员工退缩行为主要表现在离职意向、出勤率、工作变动等方面。Steers（1977）的研究结果表明员工对组织的承诺比工作满足更能预测员工的离职率，并且组织承诺与离职意愿呈负相关，即组织承诺越高，离职意愿越低。组织承诺能够增强员工留在企业的愿望和意愿，而且组织承诺与员工的变动意向有着密切的关系。Porter 等的研究结果发现，高组织承诺者的缺勤率以及人事变动率普遍较低。但是，这一问题在学术界仍存在争议，有部分学者认为组织承诺不能预测缺勤率以及迟到率。

2. 组织承诺的结构与测量

国外学者们在各自研究的基础上提出组织承诺结构的不同观点以及在此基础上开发了不同的测量工具。

Ritzer&Trice 于 1969 年开发出 RT－S 量表（Ritzer－Trice Scale）来测量员工的这种损失，Hrebiniak &Alutto 于 1972 年修订了该量表，即 HA－S 量表（Hrebiniak－Alutto Scale）。但是该量表的内容效度和区分效度并不理想，很难证明这些预测变量影响的是知觉到的损失还是情感承诺。

1984 年，Allen & Meyer 正式提出了持续承诺的概念，并开发出持续承诺量表（Continuous Commitment Scale，CCS）。Porter & Mowday 于 1979 年开发的组织承诺量表（QCQ）即是从三方面测量情感承诺：一是对组织目标和价值观的一种强烈的认同和接受；二是愿意为组织贡献自己的力量；三是愿意留在组织中。该量表由 15 题组成，有较好的信度。

Wiener & Vardi 于 1980 年开发了一份包括三道题目的量表来对规范承诺进行测量，但除了内部一致性系数外，没有发现该量表的心理测量指标。

梅耶（Meyer）和艾伦（Allen）的三维结构模式是现在普遍被认同的组织承诺的结构，他们于 1990 年在综合其他学者研究的基础上对以往单维、二维结构进行了修正，把社会学家 Wiener 重视规范的思想吸收进组织承诺的结构，形成了组织承诺的三维结构，即情感承诺、持续承诺和规范承诺。感情承诺（affective commitment），是指组织成员被卷入组织、参与组织社会交往的程度，它是个体对一个组织的情感，是一种肯定性的心理倾向，员工之所以留在组织内是由于情感而非物质利益的考虑；持续承诺，是指员工为了不失去已有的位置和多年投入所换来的福利待遇而不得不继续留在该组织内的一种承诺，这种承诺建立在经济原则的基础上，具有浓厚的交易色彩。持续承诺又包括两个因素，一是个人牺牲，是指如果离开某组织，代价太高，二是缺乏选择，是指暂无更佳的工作机会；规范承诺，是指员工受社会一般行为规范的约束，对组织产生责任感、义务感，从而感到必须为组织工作的一种承诺。

Mayer & Allen 于 1990 年开发出持续承诺量表（Continuous Commitment Scale，CCS）、情感承诺量表（Affective Commitment Scale，ACS）、规范承诺量表（Normative Commitment Scale，NCS）。这三种量表在 1997 年压缩为 18 道题，采用的是 7 点计分法，且具有较高的信效度。

另外，我国学者凌文辁、张治灿、方俐洛等人于 2001 年对国内企业员工的组织承诺进行了系统性的研究，并发现中国职工的组织承诺中还要是由感情承诺、理想承诺、规范承诺、经济承诺和机会承诺所构成。感情承诺是指对单位的认同，愿意为单位的生存与发展做出贡献，甚至不计较报酬；理想承诺重视个人成长，追求理想的实现，关注个人的专长在企业能否得到发挥以及企业是否为员工提供工作条件和学习提高以及晋升的机会，以实现其理想；

规范承诺是指对企业的态度和行为表现均以社会规范和职业道德为准则，对组织有责任感，对工作和组织尽到自己的责任和义务；经济承诺是指因担心离开企业而受到的损失，如经济损失等，所以才留在原单位；机会承诺是指继续留在单位的原因是找不到更好的单位，或者是自己的能力不够因此没有另找工作机会。中国企业员工组织承诺结构中与西方同样具有感情承诺和规范承诺因子，其含义与 Meyer & Allen 的模型中一致，经济承诺和机会承诺也体现在持续承诺因子中，然而，理想承诺因子是西方模型中为涉及到的。

近年来，王重鸣等的研究认为，组织承诺可以分为两类：态度承诺和权衡承诺。态度承诺是指员工对企业投入、参与程度以及由于长期受社会影响形成的社会责任而留在企业内的承诺；权衡承诺指员工为了不失去已有位置和多年投入所换来的福利待遇而不得不继续留在该企业内的一种承诺。态度承诺侧重承诺的社会性交换过程，权衡承诺侧重承诺的经济性交换过程。另外他们的研究还表明，以下的组织承诺因素结构可以较好地测量组织承诺度：

一是情感承诺因素，包括工作单位能激发员工的潜能；员工的价值准则与组织相似；员工已经选择最佳的单位；员工对组织形成自豪感；员工庆幸选择了这家单位。

二是规范承诺因素，包括员工为组织成功付出努力；很愿意留在组织工作；关系组织发展的前途；感到马上离职会难受；对于组织缺乏忠诚感。

三是持续承诺因素，包括其他工作机会较少；可供选择单位较少；离职造成个人损失；离职会使生活混乱；为留任可做任何工作。

3. 组织承诺的决定因素

研究表明，组织承诺会受到多种因素的影响。员工自身的个人特点、工作因素、组织因素、个体在组织中的角色状况甚至组织所处的整个社会文化价值观对会对对组织承诺产生重要的影响。

（1）个人特点。研究发现，组织承诺也受个体自身因素的影响。个人因素包括年龄、工龄、婚姻状况、受教育程度以及工作经历等。Meyer & Allen（1991）认为，年老的员工更有可能对企业产生情感承诺。Mowday（1979）认为，组织承诺与个人的受教育程度也有关，即学历越高，承诺越低。高学历的员工可能觉得自己有更多的选择机会，所以对某一组织的承诺不高。此外，资历与组织承诺存在正相关，即在某组织的工作时间越长，组织承诺越高。资历深，表明一个人已为某一组织付出了大量的时间与努力，更可能已晋升到某一重要职位，所以不愿轻易流动。我国学者崔勋的研究发现，性别差异、学历、户口的差异以及本地员工与外地员工的差异对情感承诺有显著的影响。

（2）角色状况。角色模糊与角色冲突都会影响员工的组织承诺。因为角色模糊与冲突会使员工之间角色不清、互相推诿，这既影响员工的成就感，又导致工作压力，从而使员工对组织产生消极情绪。

（3）工作因素。工作因素包括工作的挑战性、职位的明确程度、目标难度等都会对组织承诺产生影响。研究发现，组织承诺与工作自发性、更高质量的工作关系呈正相关，与工作地点大小、工作—家庭冲突的发生频率呈负相关。Meyer & Allen 等人的研究发现，满意感、工作的挑战性等会影响情感承诺。

（4）组织因素。组织因素主要包括组织支持、组织可依赖性、公平性、管理层对新观点、新思想的接纳程度、集体工作精神等。Eisenberger（1997）认为当员工当员工感觉到组织对他关心、支持和认同时，员工就会有很好的表现。肖（Lynn McFarlane Shore，1993）和韦恩（Sandy J. Wayne，1993）的实证研究发现，员工感知到来自组织的支持越大，则情感承诺越高。另外，分配是否公平，组织气氛、管理行为等都会对员工的组织承诺产生重要的影响。

（5）文化价值观因素。一些学者探讨了社会文化价值观对组织承诺的影响。刘小平、王重鸣（2002）认为不同国家、社会和组织间的文化差异会影响成员组织承诺水平。他们认为，在西方文化背景下，人们避免不确定性的倾向较低，衡量经济效益的参照时间较短，调换工作比较容易；而在中国文化背景下，人们避免不确定性的倾向较高，计算各种经济效益所使用的参照时间较长，轻易不调换工作。在西方文化背景下，其员工只要有机会就会离职，而中国员工不到万不得已不会离职。

4. 组织承诺的管理学意义

对于管理者而言，了解员工的组织承诺对于制定政策和改进管理至关重要。沃森·怀亚特公司的一份对美国7500员工的调查显示，拥有高承诺员工的公司三年内对股东的总体回报（112%）要远大于员工承诺水平低的公司（76%）（Whitener，2001）。可见员工对组织的承诺对于公司是何等重要。

我国学者凌文辁、张治灿、方俐洛（1998，2000，2001）等人在 Meyer 与 Allen 的三因素组织承诺模型基础上对国内企业员工的组织承诺进行了系统性的研究。他们采用访谈、半开放式问卷调查和结构化问卷调查等方法，编制了“中国员工组织承诺问卷”，探索中国企业员工的承诺结构。研究发现，中国员工组织承诺的结构模型中包含5个因子。中国企业员工的组织承诺结构中与西方同样具有感情承诺因子和规范承诺因子，其含义也是与 Meyer 和 Allen 的模型中一致的。经济承诺和机会承诺的意义也体现在了三因素承诺模型中的继续承诺因子中。然而，理想承诺这一因子却是西方的模型中未涉及到的。

（1）重视情感体验成分，为赢得员工的感情承诺，需要员工在工作实践中体会到组织的关心和厚待。因此，管理者要从员工的需要出发，悉心设计对员工的各项政策，营造适宜的工作环境，为员工能高度卷入并努力达成组织目标创造条件。对员工的付出，管理者要予积极肯定，并通过公平的分配和晋升系统给予回报。

（2）做好员工职业生涯管理，建立组织内部职业生涯发展体系。为员工的发展提供更多的培训和晋升空间，满足员工的理想承诺要求，建立员工的工作远景，帮助员工进行自我实现。

（3）信任管理。要赢得员工的感情和忠诚必须给予员工信任。管理者要通过诚实与公开的沟通，与员工建立相互信赖的关系，给予员工归属感，消除雇佣不稳定因素对组织承诺的消极影响。

（4）对不同承诺的员工施以不同的管理策略。对以经济承诺为主导的员工，可依据他们的绩效表现和组织需要，采取有针对性的措施来挽留其中需要的人才，对机会承诺者可让其自然流失。当组织内员工总体承诺水平较低时，意味着高度的人才流失危险，这就要求管理者高度警觉和反省，并调整管理措施。

最后，我们需要明确一点：作为工作态度之一的组织承诺，受到组织成员所处的组织文化和社会文化的影响。已有学者研究证实文化社会化是组织承诺的前因变量（Clugston，2000）。一些跨文化的研究也显示出由于文化的影响，不同国家之间组织承诺的内涵可能并不一致。

【本章小结】

价值观是指一个人对周围的客观事物（包括人、事、物）的意义、重要性的总评价和总看法。像这种对诸事物的看法和评价在心目中的主次、轻重的排列次序，就是价值观体系。价值观和价值观体系是决定人的行为的心理基础。价值观是人们对社会存在的反映。是社会成员用来评价行为、事物以及从各种可能的目标中选择自己合意目标的准则。价值观通过人们的行为取向及对事物的评价、态度反映出来，是世界观的核心，是驱使人们行为的内部动力。它支配和调节一切社会行为，涉及社会生活的各个领域。

价值观是一个多维度多层次的心理倾向系统，可以根据各种不同的标准对价值观进行分类，常见的类型有：① Spranger 六种价值取向——经济价值观、理性价值观、审美价值观、政治价值观、社会价值观、宗教价值观；② Morris 的三种价值——操作价值、设想价值和客体价值；③ Rokeach 的两种价值观——工具性价值观和终极性价值观。

建立在各个研究者不同的研究基础之上的价值观的测量方法与价值观的概念界定和结构划分具有密切的关系，常见的有 15 种价值观的测量工具。

态度是人们在自身道德观和价值观基础上对事物的评价和行为倾向。态度表现于对外界事物的认知、情感和行为三方面的构成要素。激发态度中的任何一个表现要素，都会引发另外两个要素的相应反应，这也就是这三个要素的协调一致性。

西方社会心理学家自从第二次世界大战以来，对态度问题的研究远远超过了对其他问题的研究。而企业的经营与管理本无技巧可言，关键在于态度。态度的形成是指人们对某些事物从不曾有态度到出现某种态度，而态度的改变是指人在对事物已有态度的基础上发生一定的变化。国内外心理学家提出了许多有关态度的改变理论，其中比较著名的有平衡理论、认知失调理论、参与改变理论等。而根据其理论有不同的态度改变方法。

态度是可以测量的。在社会心理学中常用的态度测量方法是态度量表、问卷等。态度量表最常用的态度测量方法使用的前提是假定被试意识到并愿意表达他的态度。但是在某些敏感问题上被试可能不愿意表达自己的态度，这时就需要采用间接方法，间接方法是使被试不意识到自己受到评价，或者虽然意识到但不知道评价的是什么。可以假借评价其他方面如逻辑思维能力的名义评价态度。态度量表通常是由一系列有关所研究态度的陈述或项目组成，被试就每一项目表达自己同意或不同意的方向以及同意或不同意的程度。把反应分数加以整理得出一个表明态度的分数。常见的态度量表有：瑟斯顿量表、李克特量表、社会距离量表与语义分化法；此外还有一些其他的测量技术，比如：投射法、行为观察法等。

一般意义上的工作满意度，通常是指某个人在组织内进行工作的过程中，对工作本身及其有关方面（包括工作环境、工作状态、工作方式、工作压力、挑战性、工作中的人际关系等等）有良性感受的心理状态。而其综合性的定义：对工作满意度作一般性的解释，认为工作满意度是一个单一的概念，是对工作本身及有关环境所持的一种态度或看法，是对其工作角色的整体情感反应，不涉及工作满意度的面向、形成的原因与过程。

影响工作满意度的主要因素主要有五个方面：①工作的挑战性；②报酬；③工作环境；④人际关系；⑤人格因素。

从组织的角度看，个人工作满意度的高低，不仅是影响组织业绩的重要因素，而且是影响人才是否流动的重要因素，也是影响个人职业生涯发展路径的重要因素。员工的流动与工作满意度之间存在着紧密的反向联系，而与抓工作、与绩效之间的关系则较小。而根据态度的测量也可以对工作满意度进行测量。

高组织承诺的员工对组织有非常强的认同感和归属感。组织承诺也有译为“组织归属感”、“组织忠诚”等。组织承诺一般是指个体认同并参与一个组织的强度。它不同于个人与组织签订的工作任务和职业角色方面的合同，而是一种“心理合同”，或“心理契约”。在组织承诺里，个体确定了与组织连接的角度和程度，特别是规定了那些正式合同无法规定的职业角色外的行为。

国外学者们在各自研究的基础上提出组织承诺结构的不同观点以及在此基础上开发了不同的测量工具。加拿大学者 Meyer 与 Allen 对以前诸多研究者关于组织承诺的研究结果进行了全面的分析和回顾，并在自己的实证研究基础上提出了组织承诺的三因素模型（Meyer & Allen，1991），并成为目前西方广为接受的组织承诺结构。我国学者凌文辁、张治灿、方俐洛等人对国内企业员工的组织承诺进行了系统性的研究，编制了“中国员工组织承诺问卷”，探索中国企业员工的承诺结构。

员工自身的个人特点、工作因素、组织因素、个体在组织中的角色状况甚至组织所处的整个社会文化价值观对会对对组织承诺产生重要的影响。对于管理者而言，了解员工的组织承诺对于制定政策和改进管理至关重要。

【复习思考题】

1. 什么是价值观？简述价值观的主要特征。
2. 什么是态度？简述态度的结构。
3. 简述态度的形成和改变理论。
4. 什么是工作满意度？
5. 简述工作满意度与工作绩效的关系。

【参考答案】

1. 价值观是个体用以区分好坏标准，并指导行为的心理倾向系统。价值观具有四个主要特征：主观性、选择性、稳定性和社会历史性。

2. 态度是个体在社会实践中形成的对某一对象所持有的心理倾向或心理准备状态。态度的结构由认知、情感及行为三个成分构成。

3. 态度的形成和改变理论主要有态度形成三阶段理论、平衡理论、认知失调理论、态度的社会学习理论、信息沟通理论等。

4. 工作满意度是指个人对他所从事的工作的一般态度，是组织成员态度的一个特殊部分。

5. 常见的工作满意度与工作绩效的关系组合有：低满意度、高绩效；高满意度、低绩效；低满意度、低绩效；高满意度，高绩效。

【案例分析】

80后员工管理重在情绪和态度

80后员工完全以快乐为导向，讲求个人实现，职业流动性高，喜欢频频跳槽。情绪和态度问题，是管理80后最大的问题，是一个管理的时代难题。

为80后提供四种机会

企业提倡员工的忠诚和奉献。不幸的是，对80后说，从一而终是不可能接受的，奉献更无从谈起。对于他们，忠诚的定义是在公司干一天，就替公司说话、替公司做事、维护公司的利益。谈到奉献，他们会问：为什么一提到奉献就要求员工而不是要求企业呢？

面对这样一群充分接受市场经济价值观、自我意识强的年轻人，“主观为自己，客观为公司”的理念更实际也更有意义，即在实现自己人生成长的目标下，为公司带来价值——工作越投入，自己学到的越多、能力成长越快；拓展企业的业务，也是在建立自己的人脉和资源等等。《笑着离开惠普》中的建议很适合，在工作中为年轻人提供四种机会：做事、学习、赚钱和晋升——让他们从事感兴趣的工作，并且有机会按照自己的思路去做，同时被允许有犯错误的机会；让他们感觉能学到东西，包括工作中的学习和额外的培训机会；至少应该有合理的底薪保证生活同时业绩做得好有成比例的回报；企业要有耐心预留出一些职位供年轻人成长。对于刚入职的80后来说，前两种机会最重要，是他们决定去留的关键因素。

要人性化，但不要纵容

企业提供给80后的往往是他们第一份工作，在这份工作中学习到的东西将会在很大程度上影响他们在未来职业生涯的表现；从员工自己的角度，80后的员工其实也要求身处在一个有规矩、有条不紊的工作环境中，特别是对于优秀的80后员工。

所以，对于80后的约束是必要的，而不能因为他们自由散漫的特点而为他们安排弹性工作制或者考勤豁免制等等。其中，考勤制度是80后员工每天都会面临的制度约定，对于他们形成良好的职位习惯显得尤为重要。

必要的加班影响第二天准点上班，在企业规模不大的时候可以被接受，这具有人性化。随着企业规模的扩大，管理者无法准确掌握谁是因为加班才迟到的。我的公司碰到了这种情况。这时候，考勤变得重要。在反复强调没有收到预期的效果后，我们决定采用罚钱的原始办法。同时，考虑到80后员工的特性，每人每月有15分钟的免罚时间，每月的罚款奖励给当月全勤的员工。结果，效果非常不错。后来，我们干脆将“15分钟免罚时间”这种潜意识里纵容的机制也废除了，员工的考勤情况又有了进一步改进。

管理者要推动80后间的合作

80后员工强调独立，负面效果就是合作性差。一次，我把一项任务交给了5个80后员工共同负责。结果，没有一个人真正愿意被人领导着去做事，下班时间一到，5个人都早早地离开了办公室。后来，把这项任务交给了一个80后员工，结果这个员工主动加班到深夜把事情弄完了。

解决80后间的合作问题，是目前管理者感觉最棘手的难题之一。我明显的感觉到，80后主管管理的部门，是全公司效率最低的地方。跨部门员工的调配，经常出现被调部门的主管完全不知情导致耽误自己部门工作而出现矛盾的情况。70后的经理，往往能在合作中采取宽容、退让的态度。

解决这个问题，有两个方法：一就是分解任务，增加独立工作的机会，充分激发80后员工的责任心和积极性；二就是想办法推动员工间的了解和互动。

第一个方法，能解决一部分问题，但终究是一种逃避。第二个方法则比较积极。

首先要创造尽可能多且又为80后接受的交流机会。比如，在部门经理层次上，定期举行“批评与自我批评交流会”。只要对自己的批评全面而中肯，80后的员工通常更容易接受。

其次，我们建立起员工互评机制，从定量和定性两个方面，让每一位员工接受全体员工的考核。各部门主管每月除了对本部门员工出具评价外，还要选择一定数量的外部门优秀和落后员工进行评价，提交给最高管理层。具体到某一员工的奖励结果上，比如，考虑某位员工加薪问题时，除了本部门主管的调薪建议外，得有2/3其他部门主管的非反对性意见才能得到最终的批准。这样，员工如果在部门合作中不能表现出积极的态度，配合其他部门完成任务，在互评中就不能得到支持性的评价，这将直接影响他的经济利益和在公司的地位。

案例思考题：

1. 80后的员工有怎样的态度和价值观？
2. 结合所学知识，你认为该如何管理80后员工。

【推荐阅读书目】

1. 斯蒂芬·P. 罗宾斯. 组织行为学［M］. 孙健敏，黄卫伟，等，译. 北京：中国人民大学出版社，2008.
2. 俞文钊. 管理心理学［M］. 大连：东北财经大学出版社，2008.

【参考文献】

［1］黄希庭. 心理学导论［M］. 北京：人民教育出版社，2005.

［2］彭聃玲. 普通心理学［M］. 北京：北京师范大学出版社，2008.

［3］Elliot Aronson，Timothy D. Wilson，Robin M. Akert. 社会心理学［M］. 北京：中国轻工业出版社，2005.

［4］章志光. 社会心理学［M］. 北京：人民教育出版社，2008.

［5］斯蒂芬·P. 罗宾斯. 组织行为学［M］. 孙健敏，黄卫伟，等，译. 北京：中国人民大学出版社，2008.

［6］卢盛忠. 管理心理学［M］. 杭州：浙江教育出版社，2001.

［7］俞文钊. 管理心理学［M］. 大连：东北财经大学出版社，2008.

［8］朱永新. 管理心理学［M］. 北京：高等教育出版社，2006.

［9］关培兰. 组织行为学［M］. 北京：中国人民大学出版社，2008.

［10］石巨涛. 组织行为学［M］. 北京：北京师范大学出版集团，2008.

［11］戴维·迈尔斯. 心理学［M］. 黄希庭，等，译. 北京：人民邮电出版社，2006.

［12］Jerry M. Burger. 人格心理学［M］. 陈会昌，等，译. 北京：中国轻工业出版社，2000.

［13］黄希庭. 心理学导论［M］. 北京：人民教育出版社，2001.

［14］戴维·迈尔斯. 社会心理学［M］. 张智勇，乐国安，侯玉波，译. 北京：人民邮电出版社，2006.

［15］Elliot Aronson，Timothy D. Wilson，Robin M. Akert. 社会心理学［M］. 侯玉波，等，译. 北京：中国轻工业出版社，2005.

［16］格里格，津巴多. 心理学与生活［M］. 王垒，王甦，等，译. 北京：人民邮电出版社，2003.

第5章　群体行为的基础

【本章结构图】

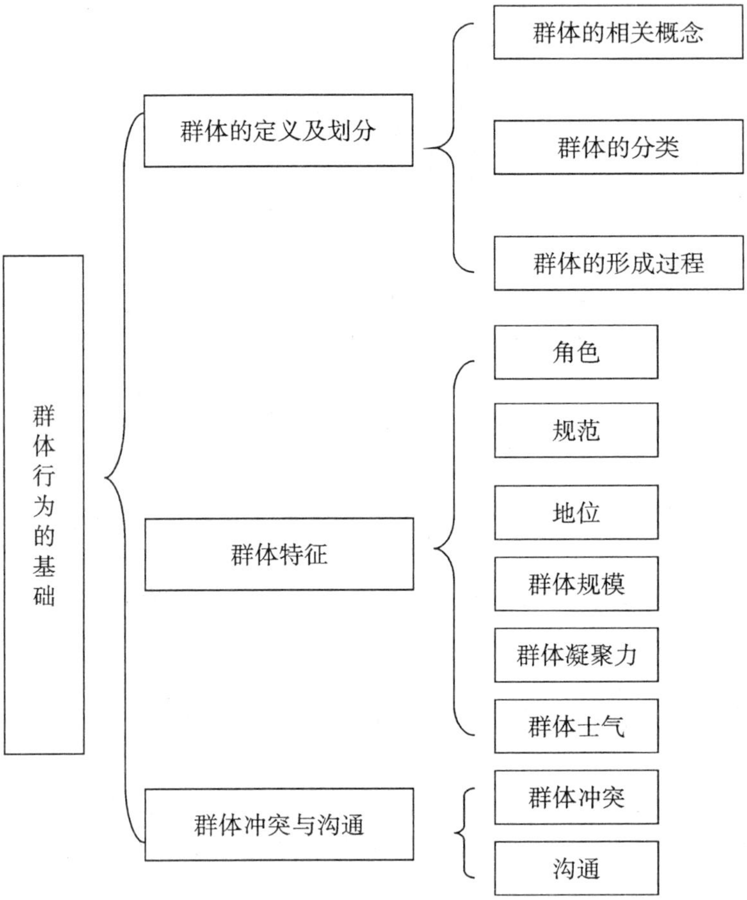

【本章学习目标】

了解群体的内涵与特征，掌握群体冲突的解决方法与群体的沟通方法，能够利用群体的某个或某几个特征对群体进行分析。

【引导案例】

赤壁之战是我国历史上著名的以少胜多的战例之一。为防止曹操大军渡过长江，侵入江东，保存实力，刘备与孙权联手，建立了反曹联军。虽然孙刘联盟的目标很明确——抵抗曹军的入侵，但孙刘联盟内部却不时传来不和谐音符，草船借箭、祭东风等脍炙人口的故事都源于孙刘联盟内部的冲突。曹操兵败赤壁后，孙刘两家的冲突有增无减，随后上演了关云长的单刀赴会与败走麦城，以及刘备为报一箭之仇而发动的彝陵之战。孙刘联盟从联合、隐性冲突到冲突公开化，经历了诸多波折，并最终奠定了三国鼎立的格局。

在刘备与孙权构成的群体中，群体成员扮演了不同的角色；成员之间因为对任务目标、行动方案的不同理解而产生冲突，但冲突并未导致群体的解散，是由于群体拥有所有成员共同认可的规范；此外，群体的凝聚力与士气也成为孙刘联盟在赤壁中最终取胜的主要因素。

5.1　群体的定义及划分

5.1.1　群体的相关概念

1. 群体的定义

搭乘同一班次飞机的旅客，或者在同一家影院观看《死亡诗社》的观众，他们是一个群体吗？从表面上来看，他们似乎的确构成了群体，但通过对群体的学习，就会发现其实这些旅客或观众并未构成群体。

群体（group），顾名思义就是由两个以上的人组成的一种组织结构，但是否任意两个以上的人组合在一起都是群体呢？显然实际情况并非如此，这从群体的定义中可以得到解析。群体是指为了达到特定的目标，由两个或两个以上的人组成的相互影响、联系、制约、依赖的人群结构。

通过群体的定义就可以理解孙刘联盟为什么是一个群体，因为他们都有抵抗曹操的目标，且双方都拥有文臣武将，孙刘两家相互影响、联系、制约或依赖，又同时伴随着冲突与沟通。同样，上面提到的旅客或观众并未构成群体，他们仅仅是在一次随机的事件中同时出现的因子。组织、群体和个体是不可分割的整体，群体介于组织与个人之间。作为群体的一个显著标志是群体内成员在心理上是否有一定的联系，是否有共同的需要和共同的目标。

2. 群体的特征

从对群体的定义中，我们还可以归纳总结出群体所具有的特征：

（1）群体成员的共同目标性。但凡一个组织能够称之为群体，最明显的特征就是组成这个群体的个体都具有一个共同的目标，整个群体为了达到这一共同目标而为之奋斗。也正是由于为同一目标的奋斗，产生了组织内部个体之间更为复杂的互动关系，可以说共同目标性是群体得以存在并丰富其内涵的最直接动力。

（2）群体成员间的有机组合性。一方面，每个群体中的组成人员都有明确的群体身份，他们以这种身份参与到群体中去，也就是说参加群体活动是群体成员所具有的一种“资格”；另一方面，群体内部有比较频繁的互动关系，群体成员可以通过人对人（P2P）的相互作用，确保在为达到群体目标的过程中保持有用信息的通畅，有助于组织目标的实现。

（3）群体成员具有共同行动的能力。这一特征是群体成员目标共同性的具体体现，即群体全体成员会根据外界环境的影响或挑战，针对本群体的设定目标采取相应的行动，并做出反应。群体之外的人会把这些具有共同行动能力的人看成属于同一群体。

（4）群体意识的一致性。群体之所以能够有效持续地运转，关键在于群体内部有一个大家共同遵守的自成体系的道德标准和特定的沟通机制与约束机制。道德标准是群体成员行为的准绳，它告诉群体成员可以做些什么。群体的机制，也就是群体的规范，可以最大限度地起到避免群体的行为超出正常范围的作用。

3. 群体的功能

群体之所以存在，关键在于其所具有的功能对组织、个体都有正效应，这些功能主要包括：

（1）汇聚个体力量。随着科学技术日新月异，组织目标的达成越来越依赖于不同个体力量的合力，只有一种高度合成化的、系统化的力量以及整合这些力量的恰当组织结构才能适应当前科学发展的趋势。群体是实现这一目标的最佳载体，它可以通过汇聚内部个体的力量，以实现 1 +1 >2 的目标。

（2）完成组织任务，实现组织目标。群体以完成组织的目标或任务为存在的基础，这是群体存在的最基本的意义。一个庞大的组织如果要想有效地达到其目标，必须通过群体间的分工协作，把任务逐层分解，交给具体的部门或团体去完成。“群体对组织来说，主要就是承担、执行和完成组织所分配的任务，以保证组织目标的实现。”①

（3）满足群体成员的需求。群体的这一功能与马斯洛的需求层次理论有契合的关系，因为群体从安全需要、地位需要等六个方面满足了群体成员的不同需要，这也可以解释人们为什么要加入群体（见表 5. 1）。

事物一般都具有两面性，群体也具有负面的功能，例如社会惰化。社会惰化是一种倾向，即一个人在群体中工作不如单独一个人工作时努力。对社会惰化效应有两种解释，一种是群体成员认为其他人没有尽到应尽的职责。如果你把别人看作是懒惰或无能的，根据亚当斯的公平理论，你可能就会降低自己的努力程度，这样你才会觉得公平；另一种解释是群体责任的扩散。因为群体活动的结果不能归结为具体某个人的作用，个人投入与群体产出之间的关系不清晰。在此情况下，个人就会降低群体的努力。

① 余凯成，等. 组织行为学［M］. 大连：大连理工大学出版社，2002：185.

表 5.1　人们为什么要加入群体

安全需要
通过加入群体能够降低个体独处时的不安全感。当个体成为群体的一部分后，会感到自己更为强大，因而减少了自我怀疑感，面对威胁更有能力抑制。
地位需要
加入一个被大家认为十分重要的群体，能够使个体获得该群体成员所拥有的社会认识和社会地位。
自尊需要
群体能使其成员感受到自我价值。也就是说，群体成员的身份除了能向外人传递自己的地位之外，还能够增强群体成员的自我价值感。
归属需要
群体能够满足社交需要。人们往往会在群体成员的相互作用中得到满足。对许多人来说，工作中的人际互动是满足他们归属需要的最基本途径。
权力需要
有些东西是单个人无法实现的，但是通过群体活动却可能实现。权力就是其中之一。
目标实现的需要
有时，为了完成某个具体目标只有一个人的努力是不够的，它需要汇集众人的智慧、知识和力量来完成这项工作。此时，管理者就要依赖正式群体来完成目标。

资料来源：Stephen P. Robbins. Organizational Behavior（10th edition）[M]. Pearson Prentice Hall, 2005：244.

5.1.2　群体的分类

根据不同的划分标准，群体可以有不同的分类，主要可以划分为：

（1）根据群体的规模，群体可以分为大群体与小群体。大群体也被称之为第二级群体，这类群体成员间的关系松散，互动较少，群体成员间的相互联系主要是通过组织的机构或部门、组织目标等形式。小群体的成员数目往往不确定，但它与大群体最大的不同在于小群体的成员可以不必借助于其他结构，直接相互交流和沟通。社会学家雷曼斯认为，小群体“是一群人，他们通常可以相互沟通。由于人数是那么少，每个人都可以与他人直接地面对面地沟通，而不需通过其他人员。”

在组织行为学中，小群体是研究的重点对象，因为在小群体中存在直接的沟通与交流，各种群体行为与个体行为表现的比较充分。学校里的班级、工厂车间的班组、军队里的排或班等都是小群体。

（2）根据群体的组织属性，可以将群体划分为正式群体和非正式群体。正式群体是指由组织结构界定的、工作分配很明确的群体。在正式的群体中，个体的行为由组织目标规定，并且指向组织目标，这类群体往往为组织所正式承认。例如工厂的生产车间中某个车床生产班组，就是一个正式群体，这一群体的成员按工种的分工各司其职，以保证工作的顺利进行。

非正式群体是那些没有正式结构，也并非组织指定的联盟关系，它们是组织成员为了满足社会交往的需要而在工作环境中自然形成的，非正式群体往往不为组织所承认。还是上述例子中的场景，如果换成几个车床班组的部分工人一起聚餐而形成的群体，则是非正式群体。

（3）根据群体所处的不同组织，可以将正式组织中的群体分为命令型群体和任务型群体。命令型群体是由组织章程规定的，它由直接向某个管理者汇报工作的下属组成。例如大学中某个系的系主任和全系的老师就构成了一个命令型群体。

任务型群体也是由组织确定的，它指的是为完成某一具体的任务而共同工作的群体。任务型群体与命令型群体最大的不同之处在于其不仅可以包含上下级关系，还可能超越出这种关系的边界。例如，工厂中的某项产品需要进行技术攻关，因此生产部门、设计部门、技术部门、工艺部门，包括人力资源部门、后勤部门都会有人员参与其中，他们之间需要团结协作才能尽快完成任务。根据上面的分析，命令型群体都是任务型群体。

（4）根据成员之间的关系特征，群体可以分为利益型群体和友谊型群体，它们都存在于非正式组织中，这两类群体是对非正式组织的一种分类。在利益型群体当中，群体为了某个共同关心的具体目标走到一起，例如为了要求资方加薪，部分工人团结起来组成的一个共同体，以实现他们的共同利益。

友谊型群体则是因为群体成员拥有某种或某些共同的特点。这种群体的构成有可能超越了工作的界限，可以因各种原因组合成一个群体，例如都喜欢林俊杰的歌迷组成的林俊杰后援会就是这样一种群体。

（5）根据成员的归属来划分，可以将群体划分为实属群体和参照群体。实属群体是指个体实际归属的群体，参照群体则是个体在心理上“向往”的群体，个体把这个群体的行动准则与价值标准等作为自己行动的指南和学习的参照物。个体并不归属于参照群体，而且参照群体还有可能是虚拟的，并不客观存在。

5.1.3 群体的形成过程

一个群体从雏形初具，到最后进化成一个团结、高效的群体，究竟遵循着一条怎样的路径呢？而群体是不是按部就班地沿着这条路径发展下去的呢？塔克曼（Bruce Tuckman，1965）提出群体发展阶段模型，为群体的发展勾勒出了一个清晰的脉络。

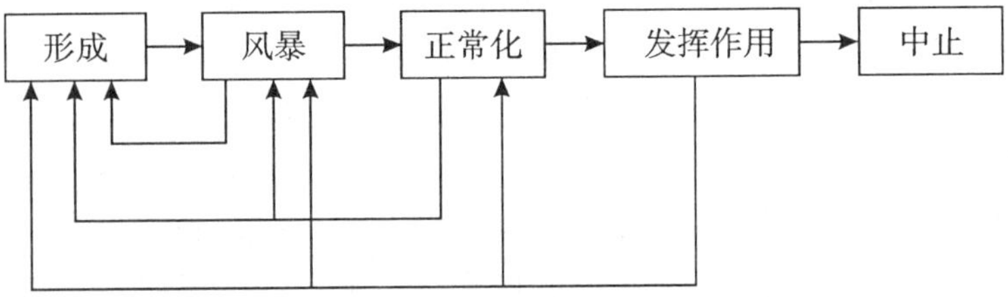

图 5.1　塔克曼群体发展阶段

第一阶段：形成阶段。此阶段亦称为创建阶段。群体存在的目的、结构及领导都尚未确定，群体成员的主要工作是了解和明确本群体需要完成的任务。这期间，整个群体易产生“不确定性焦虑”。这一阶段结束的标志是：群体成员开始把自己当作该群体的一员来思考和行动。

第二阶段：风暴阶段。此阶段亦称为震荡阶段。这一阶段的显著特征是群体内部的冲突开始凸显出来，因为群体会重新明确自己的任务，试图就群体的各项事务达到一致。此阶段虽然有冲突，但群体成员的意见在充分激荡后，群体的角色、规范等就可以随之确定下来了。

第三阶段：正常化阶段。此阶段亦称为规范阶段。群体在此阶段的发展趋于深化，成员之间的协作感和成员对群体的认同感都不断增强，群体结构日趋稳定。

第四阶段：发挥作用阶段。此阶段亦称为成熟阶段或执行阶段。在此阶段以前几个阶段的群体共识为基础，发挥的作用达到极致，群体一致的最终目标指向了圆满完成任务。

第五阶段：中止阶段。此阶段亦称为解体阶段。并不是所有的群体都会经此阶段，只有那些执行某项具体任务、临时性任务的群体才会经历此阶段。而那些执行长期任务的群体在第四阶段就已经是其发展历程的最后一个阶段了。

一些研究者认为，群体在经历了上述发展阶段后，它会变得更加有效。从图5.1可以看出，群体并非是逐次地经过这几个阶段，而是有穿插、有跳跃，且群体究竟处在哪个发展阶段也不是泾渭分明的，可能存在几个阶段并存的局面。例如有些群体处于风暴和正常化阶段，但其仍然在发挥作用，在完成组织的目标或任务。

5.2 群体特征

5.2.1 角色

1. 角色定义

上一节介绍的塔克曼群体形成阶段模型告诉我们群体中的“角色”形成于风暴阶段，那么角色在群体的诸多特征中有着怎样的地位呢？在组织行为学中，角色是指人们对于某一社会单元中占据特定位置的个体所期望的一套行为模式[①]。如果一个人在一生中只扮演一种角色，那么对角色的研究就相对容易得多，但正如莎士比亚所说的，“世界是个大舞台，所有的人不过是舞台上的演员”。这句话告诉我们每个人在不同的组织结构中，不同的情境下，不同的年龄阶段，都会扮演不同的角色。因此要弄清一个人的行为，关键要看清其当前扮演的角色。

例如一个工厂生产车间中的男性生产技师，他在生产现场是技术指导者和困难解决者，也可能承担起生产协调组织者的角色；在家庭中，他是父亲、丈夫、儿子等；在他的社交圈子中，他是朋友、同学、同乡。同样的一个人，由于时空的不同，他扮演的角色也会随之发生变化。

2. 角色认同

角色认同是指个体在承担的一种角色当中，其态度与实际行为保持一致，这只是

① Stephen P. Robbins. Organizational Behavior (10th edition) [M]. Pearson Prentice Hall, 2005: 250.

角色认同的一方面。另一方面则是，如果承担角色的个体发现情境发生重大改变后，他能迅速调整自己的角色行为，使自己的行为与新的情境相适应。这种角色认同的情形在中小民营企业与我国国有企业中很常见，在“以工代干”的制度下，一些工人会离开生产岗位，承担起日常的企业管理工作，这就需要个体迅速转换自己的行为，适应新的工作岗位。

3. 角色知觉

角色知觉是指个体在特定情境中对自己应当如何采取行动的认知。这种认知极易受外部环境的影响和刺激，且影响和刺激的来源多样，朋友、同学、书籍、电影等都构成这些影响和刺激的因素。例如某些立志考上法学院从事法律工作的女生，在观看了《律政俏佳人》这部电影后，他们的角色知觉可能在一定程度上会受到影响。在部分生产型企业中，对新进员工的培训方式中有一种师带徒的制度，这种制度设计的初衷就是让新进员工通过观察师傅的行为，从而学会按照企业期待的方式来行动。

4. 角色期待

角色期待是指在某个特定的情境中别人认为个体应该表现出怎样的行为。个体的行为在很大程度上由个体做出行为的背景所决定，角色期待的概念是一个被动的概念，是个体在其他人意识中的期待或情形。例如在企业中，高级管理层的角色被视作具有战略眼光，且果断刚毅；中级管理层的角色则更多地被看作耐心细致，善于处理各种来自基层的问题。

当前对角色期待的研究中，人们将关注点放在了心理契约上。心理契约的核心思想就是领导和下属对彼此的角色期待都有一种默认，这种默认并不规定在书面的约定中，而是上下级彼此在心里达成的一致意见。这样一种契约维系着组织的有机运转，一旦心理契约中蕴涵的角色期待没有得到满足，对下属来说，则会有消极怠工等影响组织绩效的消极情形出现；对上级来说，可能是下级会受到诸如解雇之类的处分。

5. 角色冲突

角色冲突是集中于某一个体的内在性矛盾。它是指个体面对众多角色期待时，这些角色期待彼此间存在分歧，因而产生角色冲突。当个体已经扮演了一种角色而很难扮演其他角色时，就出现了角色冲突。这种角色冲突的情形发生到极致时的情况就是个体扮演的角色彼此之间是相互矛盾的。

例如工作和家庭都在西安的一名分公司的主管得到提拔，将赴上海公司总部任职，他就面对协调两个角色期待：一方面要维护家庭的稳定，教育孩子；另一方面，他要为自己的职业生涯带来更多的亮点，且收入水平的提高也是一个不争的事实。这样，家庭和职业两种角色期待之间便起了冲突。

5.2.2 规范

1. 规范的定义

学生在上课的时候未经老师允许是不得讲话的；在人多的场合下属也不会公开谈论或评价自己的领导。是什么使得人们如此行事呢？是规范。

群体规范是群体成员共同遵守的行为标准的总和。每个群体都有自己的规范，它规定了群体成员可以做什么，不可以做什么。规范是一个群体的自有特征，不遵循规范就要受到谴责或惩罚。

从角色期待的角度来看，群体规范就是在特定的情境之下，群体对个体的一种角色期待。一旦群体中的成员认可并接受了群体规范，它就可以成为影响群体成员的手段。虽然各个群体的规范不尽相同，但不可否认的是每个群体都有自己的一套行之有效的规范。

2. 规范的类型

虽然每个群体的规范都是唯一的，但根据组织行为学的研究，仍然能够对群体的规范划分出不同的类型。

（1）群体绩效规范。这类规范是群体中最常见同时也是最关键的规范，它是群体完成任务的重要保障之一。绩效规范告诉群体成员应该做哪些工作，怎样去完成任务，取得怎样的成果，如何与他人沟通等。因为这类规范对群体的绩效影响显著，所以称之为绩效规范。

（2）形象规范。此规范是组织表层文化的保障机制，这类规范往往包括应当怎样着装、对群体或组织的忠诚感、在什么时候应该忙碌、什么时候可以放松等。例如一些组织制定了正式的着装制度，但即使没有此类制度，群体成员对工作期间的着装也会有心照不宣的标准。

（3）社交约定规范。这类规范来自于非正式群体，用于约束非正式群体内部成员的互动。例如群体成员应与谁一同聚会，上下班与谁交往等，都会受到此类规范的制约。

（4）资源分配规范。这类规范往往存在于正式群体中，此规范涉及到群体成员的根本利益，包括员工的薪酬、工作任务的难易程度比重等。

3. 规范的功能

无论何种规范，其都有助于确保群体成员采取合乎群体利益的、积极一致的行为。总的来说，规范主要有以下四个方面的功能。

（1）群体的支柱功能。群体规范是群体得以维持、巩固和发展的支柱，群体规范使群体保持鲜明的特性，使群体成员对群体本身更加自信。它形成一种内在的力量，维系群体的有效运行。

（2）群体的评价和行为矫正功能。群体成员利用群体规范对自己和其他成员的行为进行检查和评价，知道哪些是群体中恰当的行为。如果某些群体成员违反了规范，就会受到群体舆论的压力迫使其改变行为与其他成员一致。

（3）群体平稳运行功能。群体规范帮助群体成长发展，在群体发展过程中，形成正面的群体规范，帮助群体实现目标。

（4）表现核心价值观功能。群体规范有利于群体成员产生群体意识，有利于组织文化建设。

5.2.3 地位

为什么人们总会追求更高更快地晋升，最主要的原因是获得地位以及与其相匹配的附属物。所谓地位，是指个体在群体中的位置或层次的一种社会性界定，影响个体在群体中地位的因素，包括职务、头衔、收入、权力、资历等等。任何一种因素的改变都有可能对个体的地位产生影响。地位一般可以分为正式地位和非正式地位。

正式地位是指由群体正式给予的，这往往由个体的职务、权力等决定，人们一般通过地位符号来感知地位，地位符号是反映个体地位的标志性事物。例如全国教学名师的称号、重点大学教授的头衔、装修豪华的办公室、每月报销的通讯费和燃油费额度等都是地位符号。

非正式地位则可以通过教育、年龄、性别、技能、经验等特征而获得。如在群体中有的成员并未拥有某种职位或管理层级不高，但在群体重大决策时往往有这些人的参与，其在群体成员中有很高的声望，这些人就拥有非正式地位。一般来说，年长或经验丰富的人以及具有独特技能、更高业绩的人往往被认为更有地位。

5.2.4 群体规模

群体规模是指群体中成员的数量，它是影响群体行为的一个重要的结构变量。实证研究表明，随着群体成员数目的增加，个体的贡献往往随之下降，这意味着尽管四个人构成的群体总体产出能力要比三人构成的群体强，但前者个人的产出能力要比后者低，也就是说四人群体的工作绩效可能要比个体平均生产绩效的四倍低。

约瑟夫（Joseph E. Champoux）在其著作《组织行为学：基本原则》（2004）一书中，列举了群体规模具有的几种特殊的效果：

* 随着群体规模的增大，群体活动的满意度会降低；
* 随着群体规模的增大，成员的参与程度会降低；
* 随着群体规模的增大，群体成员间结合力的强度会降低；
* 大型的群体拥有更多可用于从事群体任务的资源；
* 与小型群体相比，大型群体更难以对群体的活动达成协议或是做出决策；
* 随着群体规模的增大，更有可能会出现一个领导者；
* 大型群体在群体成员的沟通和协调方面，存在着更多的困难；
* 在大型的群体中，人们发现很难认识每个人。例如，在一个只有 3 人的群体中，可能的相互关系的数量是 6；但是在一个 4 人的群体中，这个数量是 25；而在一个 6 人的群体中，这个数量已经达到了 301！
* 5 人或 7 人群体在执行任务时，比更大一些的群体或更小一些的群体都更有效；
* 成员为奇数的群体似乎比成员为偶数的群体更受欢迎，群体成员为奇数，在投票时就能降低发生僵局的可能性。

表 5.2　　群体规模对群体的影响

因素	群体规模	
	小	大
群体内部相互作用	相对较少、较容易	相对较多、较难
群体一致性	较高	较低
工作满意度	较高	较低
缺勤率	较低	较高
员工流失率	较低	较高
社会性磨洋工	较少	较多
生产率	无明显关系	无明显关系

资料来源：王蔷．组织行为学教程［M］．上海：上海财经大学出版社，2001：201.

5.2.5　群体凝聚力

群体凝聚力是指群体成员之间相互吸引并愿意留在群体中的程度，它包括群体对成员的吸引力、群体成员间的相互吸引力。

1. 影响群体凝聚力的因素

影响群体凝聚力的因素较多，主要体现在以下八个方面：

（1）群体成员共聚的时间。如果群体成员共聚的时间比较多，他们就有较多的交流机会，则会增进友谊，并展开更多的交往。在共同的交往中，通常又会使个体发现大家共同的兴趣，增强相互之间的吸引力。

（2）群体成员之间的物理距离。与住宅距离较远的群体成员相比，住宅距离较近的群体成员之间关系更加密切。居住在同一个社区或者在同一办公室办公的人由于其物理距离近，更容易形成凝聚力高的群体。

（3）加入群体的难度。加入一个群体的难度越大，则这个群体的凝聚力可能就越强。例如要进入一家国际一流的跨国公司，需要经过惨烈的竞争，竞争对手可能来自多个国家，这种竞争会导致同年加入公司的人的凝聚力很强。为了进入公司，他们具有一些共同的经历，网申、笔试、电话面试、视频面试、录用。正是这些共同的经历增强了同年加入此公司的凝聚力。

（4）群体规模。群体凝聚力会随着群体成员在一起的时间增多而增强，据此推论，群体规模越大，群体凝聚力就越小。群体规模越大，群体成员之间进行沟通和互动就变得更困难，群体保持共同目标的能力亦相应减弱。从另外一方面来看，群体越大，群体内部产生小集团的可能性也就越大，这些小集团通常会降低群体的凝聚力。

（5）目标的一致性。群体目标与个体目标如果达成一致，个体就会为群体所吸引，在实现群体目标的同时，也会促使个体产生成就感。如此往复，就会进入一种实现更高绩效水平的良性循环。

（6）外部威胁。许多实证研究支持了这一观点，如果群体受到外部攻击，群体的凝聚力就会增强。必须指出的一点是，群体受到外部威胁而增强凝聚力并不是无条件成立的，而是要分两种情况：一是如果群体成员认为他们所在的群体没有实力对付外部攻击时，个体就不会认为群体是安全的保障所，群体凝聚力也会因此降低；二是如果群体成员认为外部的攻击是由群体的存在本身引起的，并且群体一旦解散或放弃就能避免冲突，群体的凝聚力同样可能会降低。

（7）以往的成功经验。如果某一群体素来有成功的表现，就容易使群体成员产生自豪感与归属感，吸引和团结个体。从实际情况来看，一流的企业、一流的重点大学往往更能吸引优秀的员工和学生。

（8）领导方式的影响。民主的领导或支持性的领导更能激发下属的工作积极性与创新性，成员间的合作程度也会更高。这一方面的具体影响将会在第七章中详细讲述，此处不再赘述。

2. 群体凝聚力的功能

当群体目标与组织目标高度一致时，群体凝聚力高，群体生产率就会大幅度提高；即使群体凝聚力不高，群体生产率也会得到一定程度的提高。

当群体目标出现与组织目标不太一致时，群体凝聚力高，只会降低群体生产率，仅当群体凝聚力不高时，对群体生产率才无显著负面影响。

5. 2. 6　群体士气

1. 士气的概念

士气原是军事术语，表示作战时的团体精神，在组织行为学中则表示群体的工作精神。美国心理学家史密斯（C. R. Smith）认为士气就是对某个群体或组织感到满足，乐意成为该群体的一员，并协助达成群体目标的一种态度。

美国心理学家克瑞奇（D. Krech）等人认为，一个士气高昂的战斗群体应当具有以下七种特征：

（1）群体的团结来自内部的凝聚力，而非源于外部的压力；

（2）群体的成员没有分裂为互相敌对的小团体的倾向；

（3）群体本身具有适应外部变化的能力以及处理内部冲突的能力；

（4）群体成员之间具有强烈的认同感和归属感；

（5）群体中每个成员都明确地意识到群体的目标；

（6）群体成员对群体的目标及领导者持肯定和支持的态度；

（7）群体成员承认群体的存在价值，并具有维护群体存在和发展的意向。

2. 影响士气的因素

在组织管理中，要想提高工作和生产的效率，保持高昂的士气是必备条件。如果员工的士气低落，要想维持较高的工作绩效是不可能的。一般来说，影响员工士气因素主要有以下五个方面：

（1）对组织目标的认可。从某种意义上说，士气就是群体成员的一种群体意识，它代表一种个人成败与群体成就休戚相关的心理，这种心理只有在个人认可组织目标时才会出现。

（2）合理的经济报酬。根据双因素理论，物质激励无论何时都会对提高员工士气起到一定的作用，所以经济报酬和物质奖励要公平合理，不合理的薪酬制度会挫伤员工的积极性，可能导致降低士气。

（3）管理者良好的品质和风格。领导者的管理风格对下属的工作精神影响很大，高明的领导者应该善于体恤士卒，与下属同甘共苦。对群体的实证研究表明，士气高昂的战斗性群体，其领导大都比较民主，乐于采纳大家的意见，体谅下属。

（4）同僚的合作。一个士气高昂的群体必然具有较高的凝聚力，成员之间有强烈的认同感、一致性和合作精神，彼此之间较少发生冲突。心理学研究认为，合作、体谅他人的群体容易发展成有效群体；若反之，则可能发展成竞争性群体。

（5）良好的沟通。在群体中，人与人之间的相互作用不仅依靠意见的沟通来实现，同时也受意见沟通的影响。上下级间、同事之间如果沟通受阻，则可能引起员工的不满而士气低落。沟通的方式与类型多种多样，根据不同的情境，使用不同的沟通方式，有助于提高群体的士气。

5.3 群体冲突与沟通

群体由不同的个体构成，不同的个体在性格、行为方式等诸多方面可能表现的不尽相同，甚至完全不同，这就难免产生冲突，那是不是所有的冲突都是有害的，可以通过什么方式来化解冲突，这是本节重点讨论的内容。

5.3.1 群体冲突

1. 冲突的概念

冲突似乎是一个贬义词，它往往意味着通过非理性的、甚至是武力的手段以维护一方的利益。在组织行为学的研究中，冲突被定义为一种过程，当一方感觉到另一方对自己关心的事情产生不利影响或将要产生不利影响时，这种过程就开始了。①

群体冲突，特别是群体活动间的冲突，是我们研究的重点内容，其所具有的特性，是我们掌握冲突概念的一个突破口。群体冲突的特性主要包括：

（1）客观性。冲突是客观存在的、不可避免的社会现象，是组织的本质之一。任何组织只有冲突程度和性质的区别，而不可能不存在冲突。

冲突产生的原因通常是由于组织系统的复杂性。首先，因为不同个体间的情况不尽相同，在目标、动机、性格上存在各种差异，必然产生分歧，当分歧向纵深发展后，冲突就产生了；其次，在人际社会系统范围内的个体和群体是相互依存的，这种相互依存的性质和范围经常处于限定和重新限定的动态过程中，冲突难以避免；再次，大多数组织提供的产品和服务协作程度越来越高，当多项任务同时进行时，冲突发生的可能性较高；最后，个体和群体的外部环境经常处于不断变革中，在变革压力下，由

① Stephen P. Robbins. Organizational Behavior (10th edition) [M]. Pearson Prentice Hall, 2005: 434.

于利益的调整，冲突亦有高发的概率。

（2）二重性。一般认为冲突就意味着分歧和对抗，会给组织和群体带来不利的影响。现代观点则认为冲突不尽然都是坏事，可能对组织和群体也有一定的好处。有关群体冲突二重性的阐述将在下面进行详细的介绍。

（3）冲突的程度性。当前组织行为学对群体冲突的研究认为，不仅要区别群体冲突的性质，更要区分冲突的程度。冲突程度高低的差异，与达成组织目标的功效和能力存在着对应的相关关系。

冲突程度过高或过低，任何一种极端的情境都会阻碍组织的工作绩效。当冲突达到最佳程度时，它可以阻止迟滞，解除紧张，激发创造力，培养创新的萌芽，使组织保持旺盛的生命力。

2. 有关冲突的各种观点

学界对群体冲突的研究，根据时间的先后顺序，大致可以分为三类观点。

（1）传统观点（20 世纪 30 ~40 年代）。这一观点认为所有的冲突都是不良的、消极的，它常常与暴乱、破坏和非理性同时使用，以强化其消极意义。冲突的存在被认为是管理不善的结果，冲突出现的主要原因包括：沟通不良、人们之间缺乏坦诚和信任、管理者对员工的需要和抱负不敏感。因而依此观点，冲突是有害的，是应该尽量避免的。

在研究初期，传统观点与实际情况还是相符的，但通过对长期组织行为实践的研究，此观点已经不再得到认可，且对现代组织管理的弊端也越来越明显。因为如果坚持所有冲突都不利的观点，可能使管理者采用简单粗暴的方法来对待引发冲突的个人行为。

（2）人际关系观点（20 世纪 40 年代末 ~70 年代中叶）。此观点认为对于所有群体和组织来说，冲突都是与生俱来的，不可避免的，但它并不一定是有害的，而是有可能对群体工作绩效产生积极影响的。这种观点认为要接纳冲突，使它的存在合理化，并适当地控制和利用起来。20 世纪 40 年代末至 70 年代中叶，人际关系观点在冲突理论中占据统治地位。

（3）相互作用观点（20 世纪 70 年代中叶以后）。相互作用观点对冲突的态度更加开放，它不仅接纳冲突，甚至还在一定程度上鼓励冲突。此观点认为，融洽、和平、安宁、合作的组织容易变得静止、冷漠并对变革与革新的反应迟钝。而冲突可以成为群体内的积极动力，某些冲突对群体保持旺盛的生命力和斗志是大有裨益的。

3. 冲突的类型

根据相互作用的观点，群体中的冲突有功能正常的和功能失调的两种。一些冲突对维护群体稳定、保持群体生命力有益，这些冲突有助于完成组织目标，提高组织绩效，是功能正常的。一些冲突对完成组织目标以及提高组织绩效有阻碍，具有破坏性，是功能失调的。

组织行为学的研究中，一般将群体冲突分为任务冲突、关系冲突和过程冲突三种类型。任务冲突与工作的内容和目标有关，是群体或组织层面的冲突，这类冲突一般是以组织或群体的利益为判断标准的；关系冲突侧重于人际间的关系，是由于个体间存在情感和情绪上的差异所引发的冲突；过程冲突指向工作如何完成。

一般认为，绝大多数的关系冲突是功能失调的。因为在关系冲突中表现为人与人之间的敌对、不和及摩擦，降低了人们相互之间的理解，进而阻碍了组织任务的完成。

低水平的过程冲突和中低水平的任务冲突是功能正常的。要使过程冲突具有建设性，必须使它保持在最低水平上；中低水平的任务冲突会对群体的工作业绩有积极影响，因为它激发了人们针对不同观点进行讨论，而这一点有助于使群体的工作水平更进一步。还要强调的是为什么要把冲突的程度限制在中低水平上，因为无论是何种冲突类型和形式，冲突总是有成本的，因此在利用冲突的时候还必须要考虑到冲突的成本控制。

4. 冲突过程

冲突是一个动态的过程，美国行为科学家庞地（L. R. Pondy，1907）把冲突的全过程划分为五个阶段（如图 5.2）。

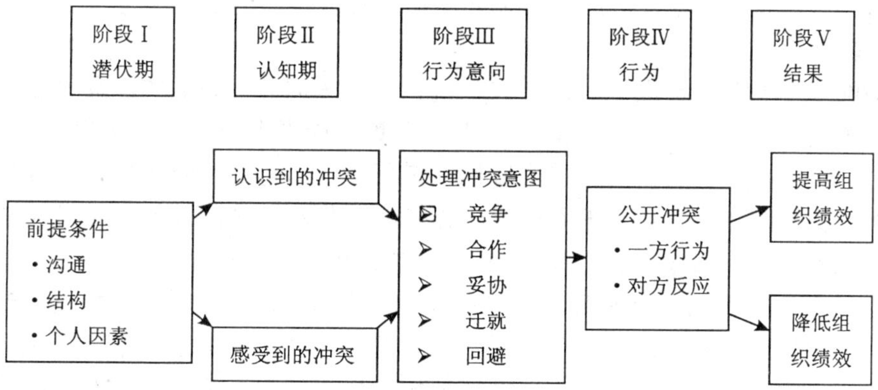

图 5.2 冲突的五个阶段

阶段Ⅰ：潜伏期。这一阶段的冲突是潜在冲突，潜在冲突是指在组织和个人关系所处的特定环境中，潜伏着但尚未凸现出来的冲突。只要人们之间相互依存，且存在差异，他们之间就可能存在潜在的冲突，而且差异性越大，促使冲突公开化的可能性就越大，冲突的潜伏期就越短。潜在冲突是冲突产生的必要条件，主要包括沟通、结构和个人因素三个方面。

阶段Ⅱ：认知期。这一阶段的冲突是感知冲突。当冲突双方开始意识到存在差异或不和谐因素时，他们就处在冲突的感知阶段。冲突的感知差异是感知冲突阶段的特点。当一方已经意识到自己与对方在一些问题的认识上出现差异时，要分析这些差异反映了什么问题，对方是否也意识到这些差异的存在，他对这种情形的感知与自己是否相似。

阶段Ⅲ：行为意向期。这一阶段的冲突是感觉冲突，感觉冲突是可感知的冲突对潜在冲突的参与者的感情影响，这一阶段发生在实际冲突行为之前，并对冲突行为产生影响，因为它反映了人们的感知与情感。正是在此阶段，人们对真正冲突发生的可能后果予以概念化并由此产生剧烈的情绪变化，如焦虑、紧张、敌意及挫败感等。

阶段Ⅳ：行为期。这一阶段的冲突是公开冲突，包括冲突行为、解决问题、公开对抗、转换行为或者其他的可能行为。公开冲突决定了冲突的成败以及冲突参与者相互作用的方式。

阶段Ⅴ：结果期。这一阶段是前四个阶段相互作用的结果，这些结果可能是功能正常的，即冲突提高了群体的工作绩效；也可能是功能失调的，即冲突降低了群体的工作绩效。

5. 冲突管理

所有的个体、群体都无法避免冲突，由于冲突具有建设性与破坏性的两面性，那么管理好冲突，充分利用其好的一面，抑制其不好的一面，则是冲突管理的核心任务。冲突管理主要有五种主要手段：

（1）竞争。竞争策略也称为强制策略，是一种零和冲突管理策略，结果是一胜一负。采取此种方式进行冲突管理者，一般只为满足自身目标和利益，无视对方的利益，常常通过权力、地位、资源、信息等优势向对方施压，迫使对方退让、放弃或失败来解决冲突问题。这种策略一般没有解决冲突的最佳方法，但在应付危机或冲突双方实力悬殊时较为有效。

（2）回避。回避策略既不考虑个人利益，也不考虑对方利益的冲突管理策略。执行此策略的人对双方的差异和矛盾对立视而不见，或者保持中立，听凭事态的发展，回避冲突的紧张和挫折。当冲突双方依赖性很低时，回避可以避免冲突，减少消极后果。但当双方相互依赖时，回避冲突可能会影响工作和组织的绩效，并可能忽略某些有益的看法和意见，招致对手的非议，影响冲突的解决。

（3）合作。合作策略是一种非零和冲突管理策略，它充分考虑冲突双方的利益，但双方都需要做出一定的让步，寻找一种双方都能接受的冲突管理策略。执行此策略的人必须兼顾自己和对方的利益，尽可能地扩大合作利益，追求一种双赢局面。此策略的观点是：冲突双方是平等的，应平等对待，应理解彼此的需求，以找到双方都能满意的方案。

（4）迁就。迁就策略又称为克制策略或迎合策略，当事者主要考虑对方的利益，或屈从对方的意愿，压制自己的意愿，形成他胜我负的局面。采用此策略要么是为了从长远角度换取对方的合作，要么是不得不屈从于对方的势力和意图。

（5）妥协。妥协策略是考虑冲突双方利益，但双方都需要做出一定让步，寻找一种双方都能接受的冲突管理策略。妥协实质上是一种交易，双方的目的都是在现有的条件下获取一定的利益，形成双方都不胜不负的局面。妥协在处理冲突时被广泛运用，它反映了处理冲突问题的实用主义态度，有助于改善和保持冲突双方的和谐关系。

5.3.2 沟通

1. 沟通的概念

要探究沟通一词的真正意图，从需要从弄清沟通一词的本源开始。在古汉语中，沟通的意义是开沟使两水相通。沟通一词出自左丘明的《左传》：“哀公九年，秋，吴城邗，沟通江淮”。沟通的引申义为彼此相通。作为专用词语，则指相互之间信息的传递和交流。

在组织行为学的研究中，所谓沟通，是指人与人之间传达思想、交换情报和交流信息的过程。它包含着意义的传送，有既定的传送对象，它是沟通发生的必要条件。

有关沟通的概念，可以从三个方面来理解。一是沟通是一种双向的行为，需要信息的传递者与接受者并存；二是沟通是一个传递和理解的过程，只有当听众正确理解了信息的含义后，才是真正意义上的沟通；三是沟通要有信息内容，除了信息传递之外，传递的内容还可以包括情感、思想及观点，并可以通过语言、肢体动作和表情符号等来实现。

2. 沟通的功能

在群体中，沟通主要有控制、激励、情绪表达和信息传递四种功能：

（1）控制功能

沟通可以控制群体和组织中的个体行为。例如员工需要遵守企业的规章制度。领导者在组织目标的实现过程中，通过不断的讲解和引导，使员工清楚自己的工作任务，修正自己的工作方法，进而达到控制员工的目的。

（2）激励功能

在实现组织目标的过程中，管理者通过与员工的信息交流，让员工及时了解和明确应该做什么以及自己所需改进之处，达到激励员工的作用。此外，具体目标的设置，实现目标过程中的持续反馈以及对理解行为的强化过程等都有激励作用，这些过程全都需要沟通。

（3）情绪表达功能

对大多群体成员来说，工作群体是其主要的交流场所。个体通过与群体成员的沟通来表达自己的情绪。沟通提供了一种宣泄情感的表达机制，满足群体成员的社交需要。

（4）信息传递功能

沟通为群体和组织决策提供了各种所需的信息而保证了决策的正确性，同时也正因为有效沟通，加强了组织成员对决策方案和目标的理解，促进了组织成员间的信任与合作，保证了目标的实现。

3. 沟通的类型

沟通从大类上可以分为人际沟通与组织沟通两种。

（1）人际沟通。人际沟通是群体成员间传递意义的总称，可以具体分为口头沟通、书面沟通、非言语沟通。

口头沟通。口头沟通是最常用的信息传递方式，常用的口头沟通包括演说、一对一讨论、小组讨论及非正式的小道消息。口头沟通的优点在于快速传递和快速反馈，无论信息接收者是否认可得到的消息，都可以在较短的时间内进行反馈。但口头沟通的缺点了也是显而易见的，主要表现在当信息经过多人传送时，涉及的人越多，信息失真的可能性就越大。每个人都以自己的方式解释信息，当信息传递到终点时，最终的内容常常与初期的信息大相径庭。

书面沟通。书面沟通包括备忘录、信件、组织内部发行的刊物、布告栏以及其他传递书面文字或符号的手段。书面沟通的最大特点是有形而且可以核实，信息的发送者与接收者都拥有信息记录，沟通的信息可以无限期地保存下去。书面沟通优于口头沟通的最明显之处在于书面沟通过程本身，采用此方式会使人们进行更周全的思考，因此书面沟通更为严谨、逻辑性强，而且条理清楚。书面沟通的最大缺点是耗费时间和缺乏反馈，这导致其运行效率偏低。

非言语沟通。凡是使用言语沟通时，其间都会附加有非言语沟通的方式，当然非言语沟通也可以单独存在。非言语沟通包括肢体语言、说话的语调和用词的重音、面部表情以及发送者和接收者之间的身体距离。

特别要强调的是肢体语言，它传递了两条最重要的信息：一是个体喜欢另一个人的程度以及对他的看法感兴趣的程度；二是在发送者与接受者之间相对地位的感知。肢体语言补充了言语沟通，并常常使言语沟通更为复杂，肢体动作或运动本身并不带有精确的或普遍性的意义，但当它与口头语言结合起来时，就使得发送者的信息更为丰富。

此外，面部表情、语调的着重点等都可以传递有效的信息，可以让消息发出者进行真实的意思表达。

（2）组织沟通。组织沟通主要包括正式沟通、小道消息以及通过电脑辅助沟通。

正式沟通。正式的组织网络无论复杂还是简单，最终都可以归纳为三种主要类型：链式、轮式和全通道式。

链式严格遵循正式命令链，在层级严密的组织中，各层级间的沟通渠道与链式沟通极为相似；轮式则依赖于一个核心人物作为所有群体沟通的管理，特别是当团队中有一个强有力的领导者时，会激发出这种沟通网络；自我管理的工作团队通常以全通道式网络为特点，其中所有的群体成员自由地做出贡献，没有一个人处于绝对领导的角色。

小道消息。在群体或组织中，除了正式的沟通渠道外，还有非正式的系统，这称之为小道消息。虽然小道消息是非正式的，但并不意味着它的信息来源不重要。一项调查发现，75%的员工首先是通过小道消息听闻有关事件的①。小道消息的三个特点是：不受管理层控制、大多数员工认为它比高级管理层通过正式渠道发布的信息更加可信和可靠、它在很大程度上服务于组织或群体内部人员的自我利益。

电脑辅助沟通。电子信息技术广泛运用于组织，沟通方式也丰富起来，主要的方式包括：电子邮件、内部网络和电话会议。

电子邮件已经成为大多数白领员工日常生活和工作中的一部分。电子邮件的优点是书写快速、信息周转速度快、发送与接收邮件的成本低；缺点则是可能的信息超载，若一个人每天收取的邮件量过大，会超出其处理能力，此外电子邮件缺少情绪的表达。

电话会议。电话会议使组织中的员工可以和处于不同地点的人们一同开会，电话会议技术的日臻完善，打破了空间的限制，可以使员工完全可以不必亲自赶往同一会议地点而能参加彼此交流的会议。

4. 沟通的方向

沟通并不是杂乱无章的，而是有一定的方向性。在一个群体或组织中，沟通的方向主要包括垂直和水平两个种类，垂直方向又包含自上而下的沟通和自下而上的沟通两种形式。

① Cited in "Heard It Through the Grapevine," Forbes, February 10, 1997: 22.

（1）自上而下的沟通。在群体或组织中，从一个水平向另一个更低水平进行的沟通，称为自上而下的沟通。领导者与下属之间的沟通，并非都是自上而下的命令，当群体的领导者和管理者通过口头的、书面的或电子邮件的形式向下属分配目标、介绍工作、告知规章制度或给出绩效反馈，使用的都是自上而下的沟通方式。

（2）自下而上的沟通。这类沟通是指在群体或组织中从低水平向高水平的沟通。员工利用其向上级提供信息反馈，汇报工作，并告知当前工作中存在的问题，以征求意见。自下而上的沟通使得管理者能经常了解到员工对他们的工作、同事和组织的总体感觉，管理者还通过这种沟通来了解那些需要改进的工作。

但不得不提的是，自下而上的沟通需要把握好一个度。下属向上级沟通，除自己的直接上司外，是否还可以越级沟通，这是一个值得探讨的问题。虽然很多企业，尤其是外资企业开辟了这样一种越级沟通的通道，但是越级沟通仍然为许多员工所忌讳。

（3）水平沟通。水平沟通是指同一工作群体的成员之间、不同工作群体但同一层级的成员之间、同一层级的管理者之间、任何等级相同的人员之间的沟通。水平沟通的作用主要体现在节省时间和促进合作方面，所以水平沟通是为了加快工作速度而产生的非正式沟通。基于此，水平沟通具有两面性：一方面，水平沟通避免了垂直沟通带来的阻碍信息传递有效性和精确性的不足；但另一方面，当下属绕过自己的直接领导去做事或上级发现所采取的活动或做出的决策自己不知情时，水平沟通可能会导致功能失调的人际冲突。

【本章小结】

人的生存离不开社会，人与社会的联系紧密万分，但单独的一个人作为个体想在人类社会的激烈竞争中得到生存、发展乃至成功，显然是不现实的。于是，一个集合了个体的组织——群体便应运而生了。

群体（group），顾名思义就是由两个以上的人组成的一种组织结构，但是否任意两个以上的人组合在一起都是群体呢，显然实际情况并非如此，这从群体的定义中可以得到解析，群体是指为了达到特定的目标，由两个或两个以上的人组成的相互影响、联系、制约、依赖的人群结构。群体特征：群体成员的共同目标性，群体成员间的有机组合性，群体成员具有共同行动的能力，群体意识的一致性。

个体出于不同的目的，加入不同的群体，或者说成为不同群体中的一员，这造就了人类社会中存在着形形色色的群体。一些群体是公开活动的，有着明确的奋斗目标或使命，另一些则显得较为松散，甚至没有一定的框架。无论何种群体，一旦其存在，就会对不同范围内的社会关系产生不同的影响。

群体是一个内容丰富的实体，它具有各种特征，这些特征构成了我们理解群体的不同维度，这些维度也在界定和区分着各种类型的群体。

群体中的个体是有感情的动物，因此在群体的发展过程中，难免会出现个体间的冲突群体中的冲突有功能正常的和功能失调的两种。一些冲突对维护群体稳定、保持群体生命力有益，这些冲突有助于完成组织目标，提高组织绩效，是功能正常的。一些冲突对完成组织目标以及提高组织绩效有阻碍，具有破坏性，是功能失调的。

群体沟通是解决群体冲突的重要手段，一般分为人际沟通和组织沟通。沟通具有一定的方面性，包括垂直和水平两个类型。

【复习思考题】

1. 何为群体？群体的特征有哪些？
2. 如何看待非正式群体在组织中发挥的作用？
3. 如何理解功能正常的冲突与功能失调的冲突？
4. 如何评价电子信息技术对群体沟通的影响？

【参考答案】

1. 群体（group），顾名思义就是由两个以上的人组成的一种组织结构，但是否任意两个以上的人组合在一起都是群体呢，显然实际情况并非如此，这从群体的定义中可以得到解析。群体是指为了达到特定的目标，由两个或两个以上的人组成的相互影响、联系、制约、依赖的人群结构。群体特征：群体成员的共同目标性，群体成员间的有机组合性，群体成员具有共同行动的能力，群体意识的一致性。

2. 非正式群体是那些没有正式结构，也并非组织指定的联盟关系，它们是组织成员为了满足社会交往的需要而在工作环境中自然形成的，非正式群体往往不为组织所承认。还是上述例子中的场景，如果换成几个车床班组的部分工人一起聚餐而形成的群体，则是非正式群体。非正式群体是客观存在的，这类群体的形成和发展对其成员及组织有着显著的影响。“有些工作活动与工作中的人际关系，无法全部规定在正式群体活动中，有些需要的满足也不是群体所能提供的。”因此在这种情况下，非正式群体在功能上可以对正式群体有一定的补充。

3. 群体中的冲突有功能正常的和功能失调的两种。一些冲突对维护群体稳定、保持群体生命力有益，这些冲突有助于完成组织目标，提高组织绩效，是功能正常的。一些冲突对完成组织目标以及提高组织绩效有阻碍，具有破坏性，是功能失调的。

4. 电脑辅助沟通。电子信息技术广泛运用于组织，沟通方式也丰富起来，主要的方式包括：电子邮件、内部网络和电话会议。电子邮件已经成为大多数白领员工日常生活和工作中的一部分。电子邮件的优点是书写快速、信息周转速度快、发送与接收邮件的成本低；缺点则是可能的信息超载，若一个人每天收取的邮件量过大，会超出其处理能力，此外电子邮件缺少情绪的表达。

【案例分析】

津巴多监狱角色模拟实验

心理学家津巴多（1972）设计了一个模拟监狱的实验，实验地点设在斯坦福大学心理系的地下室中，参加者是男性志愿者。他们中的一半随机指派为“看守”，另一半指派为“犯人”，实验者发给“看守”制服和哨子，并训练他们推行一套“监狱”的规则。剩下的另一半扮演“犯人”角色，他们穿上品质低劣的囚衣，并被关在牢房内。所有的参加者包括实验者，仅花了一天的时间就完全进入了实验。看守们开始变得十分粗鲁，充满敌意，他们还想出多种对付犯人的酷刑和体罚方法。犯人们垮了下来，要么变得无动于衷，要么开始了积极的反抗。用津巴多的话来说，在那里“现实和错觉之间产生了混淆，角色扮演与自我认同也产生了混淆”。尽管实验原先设计要进行两周，但它不得不提前停止。“因为我们所看到的一切令人胆战心惊。大多数人的确变成了‘犯人’和‘看守’，不再能够清楚地区分角色扮演还是真正的自我。”

案例思考题：

利用群体角色的相关概念分析津巴多实验的结果。

【推荐阅读书目】

肖余春．组织行为学［M］．北京：中国发展出版社，2006.

【参考文献】

［1］斯蒂芬·P. 罗宾斯．组织行为学［M］．孙健敏，黄卫伟，等，译．北京：中国人民大学出版社，2008.

［2］余凯成．组织行为学［M］．大连：大连理工大学出版社，2002.

［3］关培兰．组织行为学［M］．北京：中国人民大学出版社，2008.

［4］方建中等．现代企业管理前沿问题研究［M］．北京：人民出版社，2003.

［5］荆学民．组织行为学［M］．北京：北京大学出版社，2003.

［6］张德等．组织行为学［M］．北京：清华大学出版社，2000.

［7］胡冶岩．行为管理学［M］．北京：经济科学出版社，2006.

［8］徐子健．组织行为学［M］．北京：对外经济贸易大学出版社，2005.

［9］周菲．管理心理学［M］．北京：清华大学出版社，2005.

［10］王蔷．组织行为学［M］．上海：上海财经大学出版社，2001.

第 6 章　工作团队

【本章结构图】

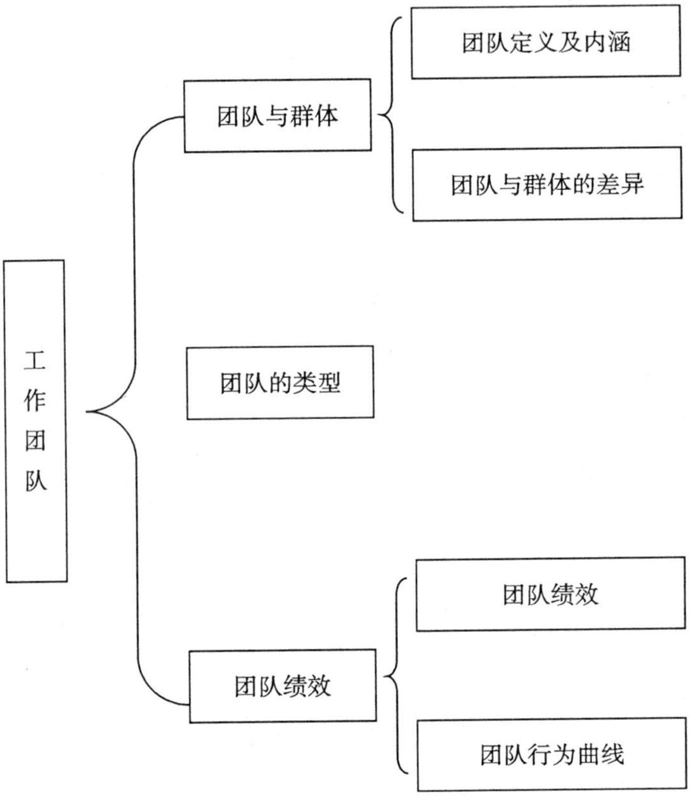

【本章学习目标】

通过本章学习，了解团队的定义及内涵，能够明确区分一般的工作群体与工作团队；掌握团队绩效的内涵及团队行为曲线的应用；能够应用本章知识针对不同团队的案例指出影响其成为有效团队的障碍或弱点。

【引导案例】

山雀与红知更鸟

年幼的山雀鸟在练习飞行，他们总是习惯群体行动，喜欢以数量约八到十只的编队方式，以一个不变的队行在乡间飞行。而红知更鸟却有较强的排他性，雄鸟势力范围内不允许其他雄鸟侵入。遭遇威胁之际，才会发出警告叫声，彼此没有太多交流，基本上将其他群体当成敌对方看待。

习惯集体行动的山雀鸟彼此学习互助，较彼此采取敌视态度的红更知鸟，更加拥有加速学习的效应，使自己拥有更多的生活空间和进化的机会。与此相同，企业进化的主要驱动力是组织的行为。要习惯于团队活动，善于在团队内进行沟通、传播及知识分享，直至发展出具备更强竞争和发展能力的整体技能。这样既加强了企业解决问题的能力，提高了生产率，又更有效地使用了资源，最终使企业在激烈的竞争中立于不败之地。

6.1　团队与群体

团队从表面上看似乎与群体差别不大，但团队的绩效似乎又比群体强大很多，那么团队与群体有着怎样的关系，与群体的差异又表现在哪里，怎样的群体可以称为团队，这些是本节将要重点讨论的问题。

6.1.1　团队

团队（team）一词于20世纪80年代开始被一些公司引入到管理过程当中，经过近30年的发展，工作团队已经成为全球诸多著名公司的重要工作方式，例如美国电话电报公司（AT&T）、惠普公司（HP）、摩托罗拉公司（Motorola）、联邦快递（Federal Express）、爱默生电子公司（Emerson Electric）等。根据一项调查，在80%的财富500强企业中，有一半甚至更高比例的员工以团队的形式工作。

团队如此盛行必然有其道理。事实表明，如果某种工作任务的完成需要多种技能和经验，那么由团队来承担任务通常效果比个人承担好。团队是提高组织绩效的有效手段，正如曹、刘、孙三个战斗团队所表现出的那样，团队有助于令员工人尽其才。研究发现，在变革的环境中，团队比传统的组织形式下的群体更灵活，反应更迅速。团队可以快速地组合、重组和解散，这是其保持活力的一个重要因素。

在这里，我们引用管理学家罗宾斯对团队的定义，他认为团队是指一种为了实现某一目标而由相互协作的个体所组成的正式群体。回顾上一章对群体的定义，它是指为了实现某个特定的目标，两个或两个以上相互作用、相互依赖的个体的组合。团队是一种特殊的工作群体，它通过成员的共同努力产生协同作用，团队成员努力的结果使团队的绩效水平远大于成员个体绩效的总和。

团队的五个基本构成因素包括：

目标。团队存在的价值在于其有一个为这努力奋斗的既定目标。但是，为团队制定一个具有真正吸引力的、具有下面启发价值的目标却是一个难题。

成员。人员的选择对团队目标的实现非常重要，同时人员的选择也要考虑多种因素，包括团队规模、成员的个人能力以及不同成员技能、性格的互补。

定位。定位包括团队定位与个体定位两个方面。团队定位主要包括团队在企业中的地位、直接负责人、团队成员的甄选办法、团队激励方式等；个体定位是成员在团队中的角色扮演及职业生涯发展。

权责。团队中领导者的权责大小与团队的发展阶段成负相关关系，团队越成熟，领导者的权责就越小，在团队发展的初期团队领导者的权责相对比较集中。

计划。包括设计行动方案、执行计划两个方面。只有在计划的操作下，团队才会不断贴近目标，最终实现目标。

6.1.2 团队与群体的差异

团队特别强调集体的绩效、共同的责任、积极的合作和相互补充的技能。英国心理学家尼克·海伊斯认为，团队是一个使人想到了运动员在接力赛中的形象，想到了足球队员在球场踢球的形象，这些形象表明，不同的团队成员担任不同的角色，并且都对最终结果做出贡献。团队和一般意义上的群体有着明显的区别，主要表现在以下六个方面，如图 6.1 所示。

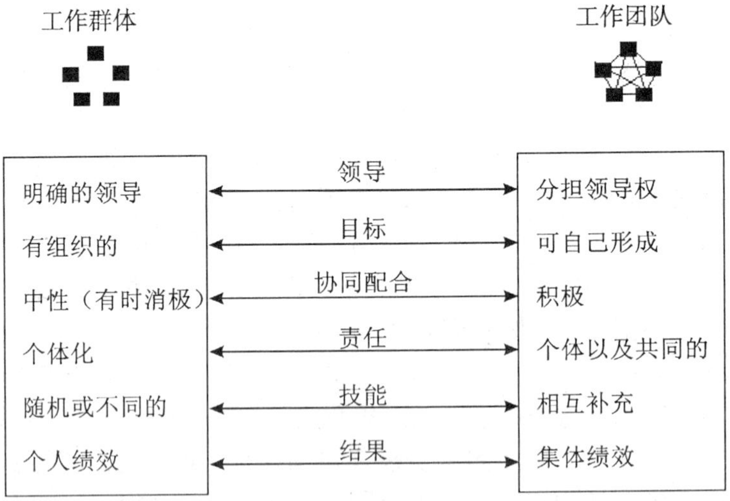

图 6.1　工作群体与工作团队的比较

从图 6.1 可以看出，群体中有明确的领导，而团队中各成员分担领导权。团队不但像群体一样有着共同目标，而且还要向这个目标做出承诺。在群体中，尽管成员将自己聚集在一起，实现目标，但一般来讲，个人只为自己的工作承担责任；而在团队中，工作结果的责任被视为团队共同的责任。在群体中，成员的技能有时是相同的，有时是不同的；而在团队中，成员的技能通常是互补的，他们在各自擅长的领域发挥作用，共同实现团队目标。最后，工作群体中的成员不一定要参与到需要共同努力的集体工作中，他们也不一定有机会这样做。所以工作群体的绩效仅仅是每个群体成员个体绩效的总和。在工作群体中，不存在一种积极的协同作用，能够使群体的总体绩效水平大于个人绩效之和；而工作团队通过其成员的共同努力能够产生积极协同作用，其团队成员努力的结果使团队的绩效水平远远高于个体成员绩效的总和。

上述的界定有助于理解为什么现在许多组织围绕工作团队重新组织工作过程。组建团队的目的，是通过工作团队的积极协同作用，提高组织绩效。团队的广泛适用为组织创造了一种潜力，能够使组织在不增加投入的情况下，提高产出水平。需要指出的是，仅仅把工作群体换种称呼，改称工作团队，不能自动地提高组织绩效。只有在群体的相互依赖性很高、要求成员协同工作、个体的活动和行为必须同其他人密切配合、群体的需要压倒一切时，群体才会成为工作团队。

6.2 团队的类型

团队类型的划分标准多种多样，详见表6.1。

表6.1 工作团队类型

划分标准	团队类型
团队分工	生产作业团队、营销团队、管理团队
团队组织结构的严密性	有组织团队、松散团队
团队运营气氛	民主型团队、专制型团队
团队合作方式	合作团队、竞争团队
团队结构	同质结构与异质结构
团队结构与功能、团队要求	棒球型团队、足球型团队、网球双打型团队
团队完成任务方式	相互作用团队、协作型团队、对抗协商型团队
团队存在目的和拥有自主权大小	问题解决型团队、自我管理型团队、多功能型团队、虚拟团队

下面就几个重要的团队形式做一介绍，包括：问题解决型团队、自我管理型团队、多功能型团队、虚拟团队，这是根据团队存在目的及拥有自主权大小来划分的类型。

（1）问题解决型团队。此团队类型的核心是提高生产质量与生产效率、改善企业工作环境等。团队中成员可就工作程序和工作方法进行交流并提出合理建议，但是具体行动由领导层决定。

（2）自我管理型团队。问题解决型团队对企业的质量提高行之有效，但团队成员在参与决策方面的积极性显得不够，企业总是希望能建立独立自主、自我管理的团队。但是推行自我管理的团队并不总是能带来积极效果，虽然有时员工满意度随着权力下放而有所提升，但同时缺勤率、流动率也在增加。

（3）多功能型团队。它由来自同一等级不同领域的员工组成，成员之间互相交换信息，激发新观点，解决面临的一系列问题。但由于团队成员在知识、经验、背景和观点上不尽相同，这类团队的磨合期较长，而且要求团队成员具有很高的合作意识和个人素质。

（4）虚拟团队。此类团队由跨地区、跨组织的，通过通讯和信息技术加以连接，试图完成组织共同任务的成员组成的团队。一般虚拟团队具有如下的特征：一是成员对成果共同负责；二是成员在地理位置上是分散的；三是成员分开工作而不是在同一个办公场地；四是团队成员共同解决问题和制定决策；五是团队人数一般不超过20人。关于虚拟团队更加详细的内容，我们将在第八章中阐述。

6.3 团队绩效

团队存在的必要性、合理性都通过团队的绩效表现出来。团队的绩效是衡量团队内部协同、外部合作水平高低的重要标志。高绩效的团队才是有效的团队，如何将团队打造成有效的团队，这是本节将要讨论的重点内容。

6.3.1 团队绩效概述

1. 团队绩效的概念

在对团队绩效进行探讨之前，首先需要弄清楚什么是绩效，绩效对组织的影响等。绩效（performance）是成绩与成效的综合，是一定时期内的工作行为、方式、结果及其产生的客观影响。在企业中，员工的绩效具体表现为完成工作的数量、质量、成本费用以及为企业做出的其他贡献等。团队绩效则包含了三个方面的内容，一是团队的产出，二是团队为其成员带来的收益，三是有利于团队未来更有效工作的能力。

2. 有效团队的特征

根据当前的研究，有效的团队，即高绩效的团队一般都具有以下八个方面的特征：

（1）清晰的目标。高效的团队对所要达到的目标有清晰的了解，并坚信这一目标包含着重大的意义和价值，而且这种目标的重要性还激励着团队成员把个人目标升华到群体目标中去。在有效的团队中，成员愿意为实现团队目标做出承诺，清楚地知道希望他们做什么工作，以及他们怎样共同工作，最后完成任务。

（2）相关的技能。高绩效工作团队是一群有能力的成员组成的。他们具备实现理想目标所必需的技能和能力，而且相互之间有能够良好合作的个性品质，从而出色地完成任务。后者尤其重要，但却常常被人们忽视。有精湛技术能力的并不一定就有处理群体内关系的技巧，高效团队的成员则往往兼而有之。

（3）相互的信任。成员间的相互信任是高效团队的显著特征，每个成员对其他人的品行和能力都确信不疑。只有信任他人才能换来被他人信任。所以维持群体内的相互信任，还需要引起管理层的足够重视。

组织文化和管理层的行为对形成相互信任的群体内氛围很有影响。如果组织崇尚开放、诚实、协作的办事原则，同时鼓励员工主动参与，它就比较容易形成信任的环境。

（4）一致的承诺。高效团队的成员对团队表现出高度的忠诚和承诺，为了能使团队获得成功，他们愿意去做任何事情，这种忠诚和奉献称为一致承诺。

对成功团队的研究发现，团队成员对他们的群体具有高度的认同感，他们把自己属于该群体的身份看作是自我的一个重要方面。所以承诺一致的特征表现为对群体目标的奉献精神，愿意为实现这一目标而调动和发挥自己的最大潜能。

（5）良好的沟通。良好的沟通是高绩效工作团队一个必不可少的特点。群体成员通过畅通的渠道交流信息，包括各种言语和非言语信息。此外，管理层与团队成员之间健康的信息反馈也是良好沟通的重要特征，有助于管理者知道团队成员的行动，消除误解。高绩效团队中的成员能迅速而准确地了解彼此的想法和情感。

（6）谈判技能。以个体为基础进行工作设计时，员工的角色由工作说明、工作纪律、工作程序及其他一些正式文件规定。但对于高效团队来说，其成员角色具有灵活多变性，并总在不断地进行调整，这就需要成员具备充分的谈判技能。由于团队中的问题和关系时常变换，成员必须能面对和应付这种情况。

（7）恰当的领导。有效的领导者能够让团队跟随自己共同度过最艰难的时期，因为他能为团队指明前途所在。他们向成员阐明变革的可能性，鼓舞团队成员的自信心，帮助他们更充分地了解自己的潜力。

优秀的领导者不一定非得指示或控制，高效团队的领导者往往担任的是教练和后盾的角色，他们对团队提供指导和支持，但并不试图去控制它。这不仅适用于自我管理型团队，当授权给小组成员时它也适用于任务小组、交叉职能型的团队。

（8）内部支持和外部支持。要成为高绩效工作团队，还必须要有它的支持环境。从内部条件来看，团队应拥有一个合理的基础结构，包括适当的培训、一套易于理解的用以评估员工总体绩效的测量系统，以及一个起支持作用的成员结构。恰当的基础结构应能支持并强化成员行为以取得高绩效水平。从外部条件来看，管理层应给团队提供完成工作所需要的各种资源。

3. 团队绩效的影响因素

高绩效的团队意味着团队的有效性。根据团队有效性模型（图6.2）所示，团队绩效的影响因素主要包括工作设计、团队构成、外界条件和过程四个方面。

（1）工作设计

高效团队需要一起工作和承担共同的责任，以完成重要的任务。他们必须比一个团队的称号做得更多。在工作设计类别中包括一些变量，诸如自由度和自主权、使用不同技能和才干的机会、完成整体任务或产品的能力，以及完成对他人具有重要影响的任务或项目。实践表明，这些特点提高了成员的动机水平，并增加了团队的有效性。这些工作设计的特点具有激励作用的原因在于它们增加了成员的责任感和对工作的拥有权，并使得工作的完成过程更为有趣。

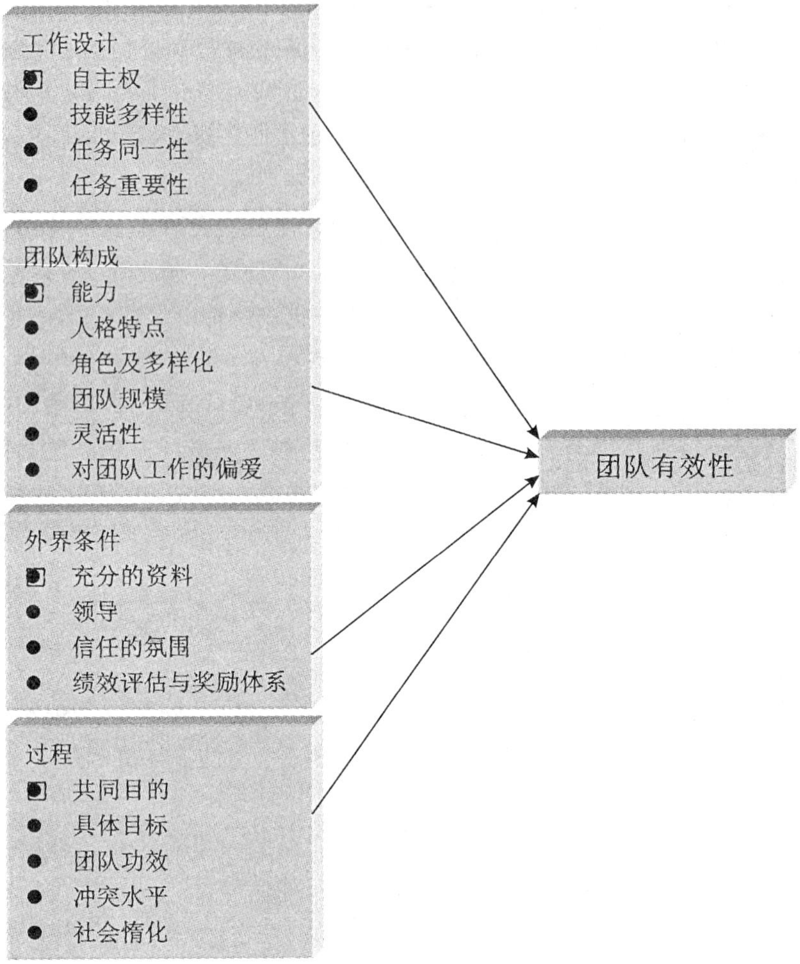

图 6.2　团队有效性模型

（2）团队构成

团队的构成情况是影响团队有效性的重要因素，团队构成可以进一步分解成若干子指标。

①队员能力。有效团队成员的能力不仅仅体现在专业技能上，这里的能力是一个全面、综合、概括的指标，主要包括三个方面。一是最基本的，即技术专长；二是需要具有问题解决和决策技能，要求团队成员能够及时发现问题、分析问题，权衡各种方案，并最终做出决策；三是善于聆听和沟通，能够处理好复杂人际关系的能力。

②人格特点。人格特点不仅仅对员工的个体行为有显著影响，对团队行为同样影响明显。以大五人格模型为例，该模型的众多维度，包括外倾性、随和性、责任心和情绪稳定性与团队的绩效均呈现出显著的正相关关系。

③角色配置以及多样化。由于团队的需求多种多样，因此团队在选择成员时应注意确保成员的多样化，并能满足不同的角色。一个有效的团队中，一共存在着九种潜在的团队角色，分别是：创造者、联络者、建议者、维护者、控制者、生产者、组织

者、评估者和推动者，这要求团队成员能够扮演所有这些角色，并根据人们的技能和偏好来选拔队员扮演这些角色。管理者要了解个体的优势，根据他们的内在优势选择员工，并恰当分配工作任务以符合成员的偏好风格。通过使个人偏好与团队的角色要求相匹配，管理者可以提高团队成员共同工作的可能性。

④团队规模。实践证明，有效的团队规模不超过 10 人。可能我们会想当然地认为，团队规模越大，就越容易完成工任务，提高工作绩效，但却忽视了另一个重要的问题：随着团队成员的补充，人员合作方面的问题成几何倍数增长。当人数超出了合理的范围，团队内聚力和相互信任就会下降，社会隋化现象会增加，更多的人反而只做更少的工作。

⑤成员灵活性。如果团队由灵活性强的个体构成，成员之间可以互相完全替代，则会增强团队的有效性，因为这提高了团队的适应性，并使团队对任何单一个体的依赖性降低了。因此将具有灵活性的员工纳入团队，并对他们进行轮岗培训，这些措施有助于提高团队绩效。

⑥队员偏好。每个人都是乐群的吗？这是将队员偏好纳入考虑视野的重要原因，有些员工可能更倾向于在一个相对独立的空间中工作。因此在选择团队成员时，要注意不同员工的偏好，选择那些乐群的、喜欢并善于进行集体工作的人加入特定的工作团队，尊重不同员工的偏好。

（3）外界条件

团队是一个不断与外界进行信息、资源、人员及一切生产要素进行交换的组织，因此外界条件对团队绩效的影响不容忽略。

①充分的资源。组织的存活与发展离不开外部资源的支持，工作团队也不例外。这些资源不仅仅是表面意义上的财力、物力资源，更包括团队发展必需的及时的信息、前沿的技术、充分的人员、来自上级的鼓励和支持。团队要想成功实现他们的目标，必须从管理层和更大的组织那里得到必要的和有力的支持。

②有效的领导。团队成员需要对分工、完成任务的日程安排、技能开发、冲突解决等事项达成共识。在决定各成员的具体任务内容并使工作任务适应成员个体的技能水平方面，都需要团队领导和团队结构发挥作用。

需要指出的是，并不是所有的团队都需要领导，例如自我管理的团队。自我管理团队常常比正式指派领导者的团队完成工作的效果更好，当领导者干涉自我管理的团队时，反而会影响这一团队的绩效，因为在自我管理的团队中，成员承担了许多通常被视为管理者的职责。

③信任的氛围。在有效的团队中，不仅成员间彼此信赖，成员与领导者之间也有极高的信任度。团队成员的相互信赖降低了冲突，增进了合作。团队成员对领导的信任使领导的工作基础更加牢靠，更愿意接纳和承诺领导者提出的目标和做出的决策。

④绩效评估与奖励体系。这是一个较新的课题，传统绩效考核体系的设计均以个体为单位，这种测评方式无法适应对团队绩效的测度，因此开发出一种具有变革性质的团队绩效考评体系是管理创新的一大方向。

(4) 过程

影响团队的最后一个因素是过程因素，过程实质是一个变量，包括了五个方面的因素。

①共同目的。有效的团队具有一个大家公认的、有意义的目的，它具有指引方向、提供动力的作用。目的一旦为整个团队所接受，就会成为指引团队前进的明灯，从这一点来说，这个共同目的就是团队的愿景。

②具体目标。有效的团队会将他们的共同目的分解成若干具有 SMART 原则①的绩效目标，根据洛克的目标订立理论，明确的、可达成的目标令群体充满活力与斗志。此外，具体、明确的目标有助于团队内部的良好沟通。

③团队功效。首先明确团队功效的概念，有效的团队很自信，他们相信自己能够成功，这种特点称之为团队功效。只要提高团队功效，就有助于改善团队的绩效水平，对提高团队功效途径的探究就十分必要。

一般认为，提高团队功效的方案有二，一是帮助团队实现较小的成功，小的成功可以树立团队的信心，而且随着成功的不断累积人们取胜的信念也越来越强；二是管理者可以考虑通过培训提高团队成员的技能，这也有助于成员信心的树立。

④冲突水平。有效的团队是以适当的冲突水平为最大特点的。在第五章已经讲述过，关系冲突由于会增加团队成员间的紧张感，是功能的失调，因此团队应当着力避免。任务冲突则并非全是有害的，特别是在从事非常规活动的团队中，任务冲突可能激发队员之间的争论，促进团队对问题本质的了解和问题解决备选方案的评估，并可能达到最佳的团队决策。

⑤社会惰化。在第五章中已经解释过社会惰化的具体含义，即个体可能会以群体为依托，毫无作为，却不断地搭群体的“便车”(free ride)。有效的团队通过使成员在集体和个体水平都承担责任，可以消除这种倾向。

6.3.2 卡特森伯奇与史密斯的团队行为曲线

根据组织内部团队之间的影响力和它对有效完成团队任务的价值，卡特森伯奇(Jon R. Katzebach) 和史密斯 (Smith) 于1993 年提出用团队行为曲线来评估团队表现，该曲线将团队分为伪团队、潜在的团队、真正的团队和高效团队四类，并以工作群体为比较对象，这对团队建设也有一定的启发，如图 6.3 所示。

① smart 原则是：specific，明确性；measurable，可衡量的；attainable，可达到的；relevant，任务相关的；time bound 具有时限性的。

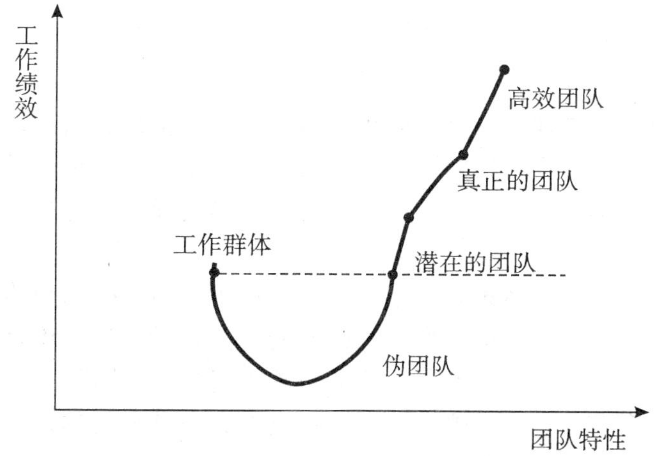

图 6.3　团队行为曲线

卡—史模型认为，真正的团队是由很少一些人组成的，他们为着共同目标而工作，团队成员为团队的共同目的负责。此模型也同样认为团队中的每个成员并不承担相同的责任与义务，因为团队成员在技能上是互补的。当然，如果需要，成员们是乐于和愿意学习新技能的。

卡—史模型将工作群体与工作团队进行了比较，认为工作群体并不一定就比工作团队差，在有些组织中，工作群体是非常适用的。工作群体和工作团队的最大区别在于，工作群体将强调的重点放在个体上，个体完成其自己领域的工作即可，不必像工作团队还要强调共同的责任。

工作群体是可以向工作团队转化的，但转化过程存在较多的风险，最明显的就是工作群体未转化为真正的工作团队，而是成为了伪团队。伪团队是指一群人被别人称为团队或自称为团队，也具有团队的潜力，但在实际工作时根本不协作或根本没有集体责任感。可以说伪团队是工作群体进化不完全或进化失败的一种表现形式。部分向团队工作转化的组织没有认真考虑什么样的团队是真正的团队，最终成为伪团队。这种情形会对组织绩效产生严重的负面影响，伪团队的绩效甚至不如一般的工作群体，如图 6 –3 所示。

潜在的团队介乎于工作群体和真正团队之间，这一团体认识到改善其表现的必要性，并且确实想做点什么，但是由于缺乏明确的共同目标，或未能形成协作的氛围，阻碍了向高效团队的进一步发展。如果这种趋势没有得到改观，那么此类群体会由于没有明确的方向而漫无目的地发展。

高效团队把团队的潜力发挥到极致，表现出色的高效团队成员不仅关心团队的整体绩效，也关心团队其他成员的成长。这是基于团队成长和发展中成员间无障碍地沟通与交流，以及思想碰撞后取得的组织认同而产生的。高效团队往往能够取得优异的绩效，并常常能达到别人看似无法完成的任务和目标。

【本章小结】

团队是指一种为了实现某一目标而相互协作的个体所组成的正式群体。它是一种特殊的工作群体，它通过成员的共同努力产生协同作用，团队成员努力的结果使团队的绩效水平远大于成员个体绩效的总和。其五个基本构成因素包括：目标、成员、定位、权责和计划。

团队与群体的差异主要体现在以下几个方面：①群体中有明确的领导，而团队中各成员分担领导权；②团队不但像群体一样有着共同目标，而且还要向这个目标做出承诺；③在群体中，一般个人只为自己的工作承担责任。而团队中，工作结果的责任被视为团队共同的责任；④在群体中，成员的技能有时是相同的，有时是不同的。而在团队中，成员的技能通常是互补的，他们在各自擅长的领域发挥作用，共同实现团队目标；⑤在工作群体中，有时并不存在一种积极的协同作用，而工作团队通过其成员的共同努力能够产生积极协同作用；⑥工作群体的绩效是每个群体成员个体绩效的总和，而团队的绩效水平远远高于个体成员绩效的总和。

根据不同的分类标准，团队类型多种多样。常见的团队类型有：问题解决型团队、自我管理型团队、多功能型团队、虚拟团队。

绩效（performance）是成绩与成效的综合，是一定时期内的工作行为、方式、结果及其产生的客观影响。团队绩效则包含了三个方面的内容，一是团队的产出，二是团队为其成员带来的收益，三是有利于团队未来更有效工作的能力。

有效团队的特征主要包括清晰的目标、相关的技能、相互的责任、一致的承诺、对团队高度的认同感、良好的沟通、谈判技能及恰当的领导。

工作设计、团队构成、外界条件和过程四个方面是影响团队绩效的主要因素。

根据组织内部团队之间的影响力和它对有效完成团队任务的价值，卡特森伯奇和史密斯于 1993 年提出用团队行为曲线来评估团队表现，该曲线将团队分为伪团队、潜在的团队、真正的团队和高效团队四类。

【复习思考题】

1. 如何区分工作团队与工作群体？
2. 概述虚拟团队。
3. 什么是伪团队？

【参考答案】

1. 群体中有明确的领导，而团队中各成员分担领导权。团队不但像群体一样有着共同目标，而且还要向这个目标做出承诺。在群体中，尽管成员将自己聚集在一起，实现目标，但一般来讲，个人只为自己的工作承担责任；而在团队中，工作结果的责任被视为团队共同的责任。在群体中，成员的技能有时是相同的，有时是不同的；而在团队中，成员的技能通常是互补的，他们在各自擅长的领域发挥作用，共同实现团队目标。最后，工作群体中的成员不一定要参与到需要共同努力的集体工作中，他们也不一定有机会这样做。所以工作群体的绩效仅仅是每个群体成员个体绩效的总和。在工作群体中，不存在一种积极的协同作用，能够使群体的总体绩效水平大于个人绩效之和；而工作团队通过其成员的共同努力能够产生积极协同作用，其团队成员努力的结果使团队的绩效水平远远高于个体成员绩效的总和。

2. 虚拟团队是跨地区、跨组织的，通过通讯和信息技术加以连接，试图完成组织共同任务的成员组成的团队。一般虚拟团队具有如下的特征：一是成员对成果共同负责；二是成员在地理位置上是分散的；三是成员分开工作而不是在同一个办公场地；四是团队成员共同解决问题和制定决策；五是团队人数一般不超过20人。

3. 工作群体是可以向工作团队转化的，但转化过程存在较多的风险，最明显的就是工作群体未转化为真正的工作团队，而是成为了伪团队。伪团队是指一群人被别人称为团队或自称为团队，也具有团队的潜力，但在实际工作时根本不协作或根本没有集体责任感。可以说伪团队是工作群体进化不完全或进化失败的一种表现形式。部分向团队工作转化的组织没有认真考虑什么样的团队是真正的团队，最终成为伪团队。这种情形会对组织绩效产生严重的负面影响，伪团队的绩效甚至不如一般的工作群体。

【案例分析】

诺基亚如何建设优秀团队

诺基亚是移动电话市场的领导厂商，在市场竞争日益激烈的情况下，诺基亚的移动电话增长率持续高于市场增长率，从1998年起它就位居全球手机销售龙头，目前占有全球三分之一的市场，几乎是位居第二的竞争对手市场份额的两倍。诺基亚在中国的投资超过17亿美元，建立8个合资企业、20多家办事处和2个研发中心，拥有员工超过5500人。面对这样一家拥有如此庞大员工和机构的企业，诺基亚的竞争优势除了来自对高科技的大量投入外，还在于其大胆实践领导力变革。诺基亚究竟是如何建设一支优秀的团队，来保证其实现并保持全球手机销售领先者的目标呢？

开放沟通，由下而上开发领导力

Noel M. Tichy和Eli Cohen在1997年的著作《领导引擎》一书中指出，一个具有高度竞争力的企业，其领导力应是由下而上，而非传统认为的只是由上而下，惟有能持续地在各阶层培养出领导者的企业，才能够适应改变和生存竞争。诺基亚正是这一理论的最佳实践者之一。

有效的领导力和管理团队建设被视为企业成长、变革和再生的最关键因素之一。领导力是一种能够激发团队成员的热情与想象力，一起全力以赴，共同完成明确目标的能力。领导者总是激励人们获取他们自己认为能力之外的目标，取得他们认为不可能的成绩。

在诺基亚并非只有顶着经理头衔的领导才需要具备领导能力，领导能力是每个员工通过日常工作与生活经验的培养积累而得。目的是让每一个人都是主动者，是他自己的领导。

优秀的企业都高度重视培养员工的工作能力与团队精神。诺基亚每年花在培训方面的费用超过25.8亿欧元——约为它全球净销售额的5.8%。根据员工的特殊需要来进行教育培训，可以让员工看到自己有机会学习和成长，那么员工对组织的责任感就会加强，它的热情就会产生。

诺基亚的领导特色首先体现在鼓励平民化的敞开沟通政策，强调开放的沟通、互相尊重、使团队内每一位成员感觉到自己在公司的重要性。

公司的高层领导人率先身体力行，努力倡导企业的平等文化。比如诺基亚公司董事长兼首席执行官约玛·奥利拉（Jorma Ollila）每次到中国访问，从不要前呼后拥，这远远胜过说教，充分体现了公司的平等文化。

诺基亚中国公司的中层管理人员对公司强调平等的管理文化也深有体会。据诺基亚的政府关系经理王颖介绍，诺基亚在组织机构上，不是上下级等级森严，而是很平等的，有问题可以越级沟通。而且有许多具体制度来保证下情上达，下面的意见不会被过滤。在这方面，诺基亚的具体做法有3种：

一、每年请第三方公司作一次员工意见调查，听取员工对自己的工作和公司发展的看法，并和上年的情况做比较，看在哪些方面需要作改进。

二、公司每年有两次非常正式的讨论，经理和员工之间讨论以前的表现，今后的目标，除了评估员工的表现，也是沟通彼此的途径。

三、公司在全球设有一个网站，员工可以匿名发送任何意见，员工甚至可以直接发给大老板，下属的建议只要合理就会被接受。

除了建立正式的开放沟通渠道之外，公司的管理层也会利用适当的时机与员工沟通。如诺基亚（中国）投资有限公司总裁康宇博对员工所反映问题的处理方法是，如果牵涉到某个经理人，除非是另有考虑，否则马上把人找来，双方当面讲清楚，这样做让下属看到，上级领导的门永远是敞开着的，沟通是透明的。既保证沟通的透明度，又保证沟通的有序管理。掌握两者的平衡，是领导的艺术。

诺基亚有一个突出的做法，就是利用员工俱乐部，组织和管理员工的活动。俱乐部在管理上体现诺基亚的文化，尊重个人，让员工自己管理自己。

员工俱乐部体现了诺基亚尊重个人，自我做主的文化传统，以人人容易接受的方式来进行团队建设，把员工的兴趣融化在团队建设的活动当中，并以此提高员工在实际工作中的能力。

鼓励尝试创新

随着信息技术的快速发展，产品的生命周期和研究发展重点、顾客的要求以及人才流动的速度等，都改变了企业的管理方式。假如还用老的领导思维应对新的市场变化，难免会失败。所以现代领导力的核心应该是如何建设优秀团队进行领导变革和管理创新。

诺基亚的实践方式有3个特点，可供借鉴：

第一，关心下属的成长。公司关心的是市场竞争力和业绩，而员工关心的是个人事业的发展和对工作的满意度。经理人应当充当协调员的角色，将员工个人的发展和公司的发展有机结合起来。如果只是对下属硬性压指标，是不会有好效果的。

第二，用人不疑，疑人不用。一旦授权下属负责某一个项目，定下大方向后，就放手让他们去做，不要求下属事无巨细地汇报，而让他们自己思考判断，发现了问题由大家共同来解决，如果做出成绩是大家的。

第三，鼓励尝试创新。给下属成长空间，让他们敢于去尝试，并允许犯错误。否则，下属畏首畏尾，什么都请示领导，自己的主动性、创造性就没了。

虽然诺基亚是一家大公司，很注重团队精神，但也非常强调企业家的奋斗精神。希望它的员工都能有一些企业家的思想，就是创新想法，不要墨守成规。这样可以更快地面对市场挑战，加强竞争力。

借企业文化塑造团队精神

诺基亚公司的企业文化包括4个要点：客户第一、尊重个人、成就感，不断学习。公司的团队建设完全围绕企业文化为中心，不空喊口号，不流于形式，而是落实到具体的行动中。诺基亚强调要把人们的思想和行为变成公司与外界竞争的优势，要提升诺基亚的员工成为一个工作伙伴，不仅是停留在一个雇主与员工的劳动合约关系。惟有这样，工作伙伴们才会看重自己，一起帮助公司积极发展业务。

公司的团队建设活动一直是持续进行的，各个部门都积极参与。公司会定期举行团队建设活动，并具体和每个部门的日常工作、业务紧密相连。

这方面，诺基亚学院在团队建设和个人能力培养上发挥了很大作用，为员工提供很多很好的机会，能够让员工认识到他们是团队的一分子，每个人都是这个团队有价值的贡献者。

诺基亚在招聘之初，除了专业技能的考核外，也非常注重个人在团队中的表现，将团队精神作为考核指标中的主要项目之一。通常会用一整天时间来测试一个人在团队活动中的参与程度与领导能力。并考虑候选人是否能在有序的团队中，发挥协作精神、应有的潜能和资源配置。这样就可最大限度地保证，使诺基亚所招聘的人一开始就能接近公司要求团队合作的精神文化。

没有完美的个人，只有完美的团队

移动通信行业发展快速，手机历史大概只有10年，手机产品几乎每18个月就更新换代。为反映这一行业特性，诺基亚在中国的5000多名员工的平均年龄只有29岁。诺基亚希望他们能跟上快节奏的变化，增加公司竞争力。为体现这个目标，在人力资源管理上，采取"投资于人"的发展战略，让公司获得成功的同时，个人也可以得到成长的机会。

诺基亚中国公司注重将全球战略与中国特色相结合，其次在关心员工、市场营销、客户服务等方面考虑到文化差异，提倡本地化的管理能力。

在诺基亚，一个经理就是一个教练，他要知道怎样培训员工来帮助他们做得更好，不是"叫"他们做事情，而是"教"他们做事情。诺基亚同时鼓励一些内部的调动，发掘每一个人的潜能，体现诺基亚的价值观。

当经理人在教他的工作伙伴做事情、建立团队时可以设计合理的团队结构，让每个人的能力得到发挥。没有完美的个人，只有完美的团队，惟有建立健全的团队，企业才能立于不败之地。

案例思考题：

1. 分析诺基亚团队建设的方式有哪些。
2. 结合本案例谈谈团队管理的注意事项。

【推荐阅读书目】

1. 麦克沙恩，格里诺·麦克沙恩. 组织行为学［M］. 汤超颖，译. 北京：中国人民大学出版社，2008.
2. 肖余春. 组织行为学［M］. 北京：中国发展出版社，2006.

【参考文献】

［1］斯蒂芬·P. 罗宾斯. 组织行为学［M］. 孙健敏，黄卫伟，等，译. 北京：中国人民大学出版社，2008.
［2］余凯成. 组织行为学［M］. 大连：大连理工大学出版社，2002.
［3］关培兰. 组织行为学［M］. 北京：中国人民大学出版社，2008.
［4］方建中，等. 现代企业管理前沿问题研究［M］. 北京：人民出版社，2003.
［5］荆学民. 组织行为学［M］. 北京：北京大学出版社，2003.
［6］张德，等. 组织行为学［M］. 北京：清华大学出版社，2000.
［7］胡治岩. 行为管理学［M］. 北京：经济科学出版社，2006.
［8］徐子健. 组织行为学［M］. 北京：对外经济贸易大学出版社，2005.
［9］周菲. 管理心理学［M］. 北京：清华大学出版社，2005.
［10］吕国荣. 团队管理的 49 个细节［M］. 北京：企业管理出版社，2005.
［11］张国才. 团队建设与领导［M］. 厦门：厦门大学出版社，2005.
［12］陈怡. 图解高效团队［M］. 成都：四川人民出版社，2003.
［13］海羽. 团队向前冲［M］. 北京：中华工商联合出版社，2005.
［14］李婷婷. 激发团队创新能力的企业政策研究［J］. 理论界，2007（4）.
［15］王飞绒，等. 团队创业研究述评［J］. 外国经济与管理，2006（7）.

第 7 章　领导行为

【本章结构图】

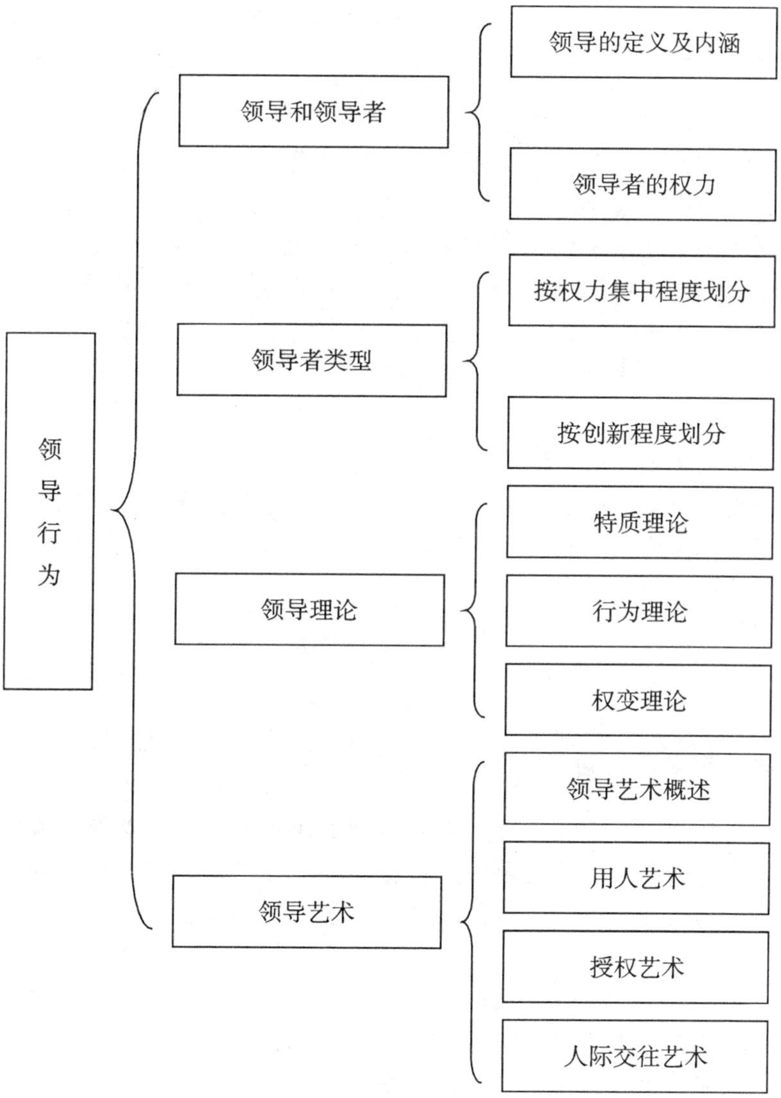

【本章学习目标】

了解领导在不同词性下的含义；能够运用某一领导理论对具体案例进行恰当的分析，能够理清领导理论发展的脉络；掌握领导艺术，理解领导在群体或组织中发挥的独特作用。

【引导案例】

刘邦的领导方式和艺术

公元前202年7月，汉王朝的开国皇帝、汉高祖刘邦建都长安并接受百官朝拜。刘邦之所以从秦末斩白蛇起义，到最终从与项羽的八年楚汉之战中脱颖而出，是因为他有一支人才济济的战斗团队，文有萧何、张良，武有韩信、樊哙等人。反观刘邦，其人文采不高，武功亦不盖世，如何能领导这样一支实力强大的团队最终夺取天下建立延续四百年之久的汉王朝呢？用刘邦自己在大宴群臣时的一段话，就可以概括出来，他说："论运筹帷幄之中，决胜于千里之外，我不如张良；论抚慰百姓供应粮草，我又不如萧何；论领兵百万，决战沙场，百战百胜，我不如韩信。可是，我能做到知人善用，发挥他们的才干，这才是我们取胜的真正原因。"

刘邦的话实际上描述出了他的领导方式与艺术。一群在各自领域内表现卓越的人需要一个领导者来整合他们的优势，刘邦正是这样一个领导者，领导者不可能在所有的领域都擅长，但整合不同的人并掌控他们，是一个领导者必备的能力。

7.1 领导和领导者

7.1.1 领导的定义及内涵

任何一个群体或组织中领导都是不可或缺的角色，他们能够保障群体或组织的规范能够执行、成员扮演恰当的角色、能将各类冲突控制在一定的范围内而不使其产生功能失调。他们扮演的角色是领导者，他们的行为是领导行为。

1. 领导的定义

"领导"一词在中文中有两个词性，一是动词，一是名词。我们首先看领导作为动词（lead）时的含义，这时的领导是一种行为方式（leadership）。下面介绍几位在管理学及组织行为学研究中颇有建树的学者的观点：

（1）能力说。斯蒂芬·罗宾斯（Stephen P. Robbins）认为，领导是一种能够影响一个群体实现目标的能力。

马克斯·韦伯（Marx Web）认为，有效的领导有一种能力，其具有的某种精神力量和个人特征，能够对许多人施加个人影响。

(2) 过程说。布兰查德（K. Blanchard）认为，领导是一项程序，使人在选择目标及达成目标上，接受他人的指挥、引导和影响。

哈罗德·孔茨（Harold Koontz）将领导定义为影响力，认为领导的本质就是被追随，即影响他人，使之心甘情愿、满怀热情地为实现群体目标而努力的艺术或过程。

(3) 职能说。彼得·德鲁克（Peter Drucker）认为，有效的领导应能完成管理的职能，即计划、组织、指挥和决策。

综上我们可以看出，领导是一种综合性的行为方式，用一个函数可以给出领导的全部面貌，即领导＝F（领导者，被领导者，环境）。领导函数的三个变量构成了领导活动的三个要素：

(1) 领导者（leader）。致力于实现领导过程的人就是领导者，他们是领导活动的行为主体，他们的整个行为就是施加影响的过程。领导者在组织中扮演的角色地位要高于其他成员，他们控制着更多的资源和信息，因而能够对下属产生较强的影响力。哈佛大学商学院的总结认为，一个卓越的领导者应具备以下特征：富于远见、有远大理想、充满信心、敢作敢为。

(2) 被领导者。伯纳德·巴斯认为，领导的范围应该包括领导者及其追随者，即被领导者，他们是领导活动的指向对象，相对于领导者，他们是领导活动的客体。被领导者的表现直接影响领导者的领导活动成效，并能表现出领导者的领导能力。

由于领导活动的客体是人，所以在主体与客体之间会呈现出一种信息反馈的情形，被领导者能够根据领导者施加的影响做出反应。这种反应如果是积极的，那么会提高领导活动的有效性，改进组织绩效；如果反应是消极的，则领导活动的有效性会大打折扣，并增加领导活动的难度，一旦领导者与被领导者不能正确处理彼此间的关系，还有可能产生功能失调的冲突。

(3) 环境。这里的环境主要是指影响领导成效的因素。一种环境下能够取得成功的领导活动未必能在另外一种环境下取得成功，正如桔生淮南则为桔，生于淮北则为枳就是同样的道理。例如在我国的领导干部作用中，会出现中央企业的负责人转任政府中的行政首长，这样的任职机制是否恰当，有待进一步商榷。

领导活动的环境可以分为内部环境与外部环境两类。一般来说，内部环境包括企业的性质与类别、下属的特点、群体的特点以及工作结构化程度等；外部环境包括宏观政治法律环境、社会道德与舆论、外来文化影响程度等。

2. 领导与管理

领导大师沃伦·本尼斯（Warren G. Bennis）的一句忠告发人深省，他说“绝大多数组织都被管理过度却领导不足”，人们可能会认为管理与领导是同样的过程，管理者就是领导者，但实际上二者是两个不同的概念，既有区别又有联系。在这里，我们引用哈佛商学院两位教授的观点，对此话题进行简要的介绍。

约翰·科特教授（Pro. John Kotter）指出领导的历史远比管理长，二者间有许多相似之处，如都涉及到对所需做的事情做出决定等。但二者间的差异也是明显的，例如领导主要处理变化的问题，领导者通过开发未来前景而确定前进的方向，然后把这种前景与其他人进行交流、联合、激励和鼓舞其他人克服障碍达到目标，从而带来企业的运动，带来建设性或适应性的变革。管理则是处理复杂的问题，优秀的管理者通过制订正式计划、设计规范的组织结构以及监督计划实施的结果而达到有序一致的状态，管理带来的是特定的企业秩序和经营规律，使事情高效运转。科特认为要达到组织的最佳效果，领导和管理具有同等的重要性。

亚伯拉罕·扎莱兹尼克教授（Pro. Abraham Zaleznik）认为管理者和领导者是完全不同的两类人。他认为管理者是以一种非个人化的态度面对目标；领导者则是以一种个人的、积极的态度面对目标。管理者喜欢与人打交道的工作，他们根据自己在事件和决策过程中所扮演的角色与他人发生联系；领导者关注的则是观点，以一种更为直觉和移情的方式与他人发生联系。

实际上，在现代企业管理中，领导工作与管理工作呈现出一种越来越分离的状态。一方面，管理越来越具体，它的主要职能聚焦于为达到组织的目标而采用合适的方法和手段，对相关资源进行组织协调。另一方面，领导工作更需要超脱于具体的管理，以便从全局出发，用战略的眼光和头脑进行运筹谋划，从更宏观地层面和视野致力于战略方针的决策和经营政策的制定。

7.1.2 领导者的权力

领导者的领导活动就是对组织及成员持续施加影响力的过程，领导者施加的影响是否有效，关键在于领导者在组织中的权力大小。一般认为，领导者的权力越大，其施加影响所取得的效果也就越明显。需要说明的是，这里的权力并不仅仅指行政权力，更是指领导者在组织中掌控各类资源、对下属施加影响能力强弱的能力。对权力研究比较有代表性的理论包括马克斯·韦伯的权力观、弗兰奇和雷文的五种权力划分。

1. 马克斯·韦伯的权力观

马克斯·韦伯（Max Weber，1864—1920）将权力分为三种，分别是法理权力、传统权力和来自于个人魅力的权力。

法理权力的基础是它的合法性，它由一般化了的规则构成，这一权力为组织化了的行政人员构成的官僚结构体系所覆盖。这种权力一般出现在经选举产生的组织中，如经各种选举产生的政府首脑就拥有这种权力，一经选举成功，这些被授以权位的人拥有发号施令的权力。

传统权力则不是源于明确的规范化的规则，更多的是源于对传统价值观念的亲附、情感和忠诚。因为人们总是这样忠诚于传统价值观念，权力也就被认为是必须遵守和服从的。这种权力一般出现在世袭的组织中，如中国古代封建社会的帝王就享有这类权力。在家族企业中，传统权力的影子仍然可见。

最后一类权力是来自于个人魅力的权力。韦伯认为，领袖拥有个人魅力，居于一帮信徒和追随者构成的圈子和集团的中心，享有此权力的人一般是革命的领袖。这种权力与前两种权力比起来，权力基础最为薄弱，也最容易丧失，一旦人们对领袖的魅力不再信服，这类权力也就随之消失了。这一点从中国历朝历代的各种起义中可以得到证明，一旦起义首领不再能够依靠其魅力维持权力，起义也即告失败了。

2. 弗兰奇和雷文的五种权力划分

美国心理学家弗兰奇（R. P. French）和雷文（B. Raven）将权力划分为五种，分别是合法权、奖励权、强制权、专家权和参照权。在这五种权力中，前三种属于职权性影响力，后两种则属于非职权性影响力。

①合法权。它是根据个人在组织中所处职位而被正式授予的权力，包括任命、罢免等诸多权力，具有非人格性、制度性特征。合法权通常具有明确的直线隶属关系，从而形成组织内部的权力等级体制。

②强制权。强制权建立在惧怕基础之上，是指领导者对不服从要求或命令的人进行惩罚的能力。组织中强制权的实施手段主要包括批评、训斥、调岗、降薪、降职或解雇。强制权是一种负面强化手段，其作用主要是禁止某些行为的发生。长期依靠强制权来维持组织的运转，极有可能遭致反感，当发展到极致时，甚至触发反抗和正面冲突，这是权力的极端形式和最后防线。

③奖励权。奖励权与强制权正好相反，是正强化的一种手段，它是为了鼓励某些行为的经常发生。奖励权实质是领导者对依照其命令行事的对象拥有分配有价值资源的能力。奖励权的实施方式包括表扬、加薪、升职等。奖励权是巩固和维系权力关系的重要手段之一。

④专家权。专家权是现代工业化社会的产物，它是指基于领导者的专业性知识的影响能力。随着科技进步以及分工的不断细化，在某一领域或某一技术上拥有专业知识的人在组织中也会获得相当的权力，这种权力有时甚至能够超过法定权力的等级关系，将权力的垂直的传导转化为水平传导。例如一些工业企业中评选出的“首席工人”或“首席技师”就是在组织中享有专家权的典型代表。

⑤参照权。参照权并不是一种独立的权力，是作为合法权的重要补充而存在的，是指在合法权之外，由那些与作用者本人相关的因素造成的附加影响力。这些因素主要包括个人特征以及依附于个人的人际关系，如人格魅力、幽默感、娴熟的社交能力，这些特征可能引起别人的赞赏和拥戴，通过模仿或信息的传递进一步增强具有此类因素的人的影响力。

7.2 领导者的类型

领导者是任何群体或组织中不可或缺的构成因素，在不同的组织或群体中，领导者的领导方式和领导风格会有不同的表现，即使是在同一个组织或群体当中，不同的领导者也会表现出不同的领导行为。因此，对根据不同标准划分出的不同类型的领导者有一定的了解是十分必要的。

7.2.1 按制度权力集中度划分

根据组织或群体中制度权力的集中度，可以将领导者划分为集权式领导者和授权式领导者。

1. 集权式领导者

集权是指管理权力或职权（主要是指决策权）保留在高层次管理者手中。集权式领导者是指把管理权力和职权相对牢固地进行控制的领导者。这样会使下属受控制的力度较大，在整个组织内部，资源的流动及其效率主要取决于集权领导者对管理制度的理解和运用；同时，个人专家权和参照权是领导者行使上述制度权力成功与否的重要基础。

集权式领导者的优点在于通过完全的行政命令，在其他条件不变的前提下，可以降低管理的组织成本，这一点对处于发展初期或处于变革期的组织是有帮助的。但此类领导者的弊端也是显而易见的，主要表现为可能影响决策的质量、降低组织适应环境变化的能力、高层管理者容易陷入一般性决策事务以及不利于组织培养后备干部。

2. 授权式领导者

授权是指上级管理者将自己的部分权力授予下级管理者去行使。授权式领导者也称为民主式领导者，这类领导者鼓励下属积极参与到管理活动中，并通过个人的专家权与参照权来影响下属，而不是通过法定性的权力来强制管理下属。

但授权并不一定就都对组织有益，因为权力的分散可能会使决策速度降低，甚至产生互相推诿的情形发生。不过授权的优势也是十分明显的，它有助于下属能力的提高，并产生一定的激励效果，为组织培养新生的骨干力量。

7.2.2 按创新程度划分

根据领导者的创新维度，可以将领导者分为维持型领导者和创新型领导者。

1. 维持型领导者

维持型领导者也称为交易型领导者或事务型领导者（transactional leader）。这类领导者为下属提出需要做什么、有哪些要求，领导者通过明确的角色和任务要求，指导和激励下属向着既定的目标活动。他们帮助下属树立信心，告诉下属只要付出努力就可以达到个人与组织的绩效。领导者以组织管理的权威性和合法性为基础，完全依赖组织的奖惩来影响员工的绩效。领导者强调工作标准、任务的分派以及任务导向目标，倾向于重视任务的完成和员工的遵从。

2. 创新型领导者

创新型领导者可以再细分为魅力型领导者、变革型领导者和战略型领导者。

（1）魅力型领导者。魅力型领导者鼓励下属勇于超越他们的预期绩效水平，他们的影响力来自于多个方面，包括：能够提出一套为每个人都接受的价值观、与下属彼此信任，并创建良好的沟通渠道、鼓励下属为了组织利益而能超越自身利益。

魅力型领导者擅长创造出一种变革的氛围，提出新奇的但又富有洞察力的想法，并以此刺激下属努力工作。此外，这类领导者还会充分依靠其参照权，鲜明地拥护某种达成共识的观念，借此影响下属。

（2）变革型领导者。变革型领导者的领导方式主要体现在他们能够通过改变下属的思想来激励下属。这类领导者同样鼓励为了组织的利益而超越自身的利益，对下属产生深远的影响。变革型领导者的最大特点是关心每一个下属的生活和职业生涯发展需要，与下属一起分析问题，通过这种方式来改变下属对某些问题的看法，并激励、鼓舞下属为达到组织目标而努力奋斗。

（3）战略型领导者。用战略思维进行决策是战略型领导者的首要特征。战略的本质是长期性、整体性和前瞻性，因此战略型领导者将权力与组织的一切资源结合起来，以实现组织的长远目标，在立足现实的基础上积极竞争未来。

战略型领导者有预见性，洞察力与灵活性强，并能够通过授权来创造组织必需的战略变革能力。管理人力资本的能力是战略领导者最重要的技能，有能力的战略领导者会提出组织创新的构想，因为当今企业间竞争的实质已经升华为组织领导者的思维方式之竞争。

战略领导者一般是指组织的高层管理人员，特指首席执行官（CEO）。其他战略领导者还包括企业的董事会成员、高管团队和各事业部的总经理。

7.3 领导理论

从领导理论的发展历程来看，一共经过了三个阶段，分别是特质理论、行为理论和权变理论。在每个阶段，不同的学者从不同的研究角度出发，提出了大量的领导理论，这些理论极大地丰富了领导科学的内容。

7.3.1 特质理论

在进入特质理论学习之前，我们不妨先列举几个在西方公认的有效领导者，看看他们分别具有哪些特质。美国前总统克林顿，他的领导风格自信、潇洒、幽默且反应敏捷，即便在遭遇国会弹劾时，支持率也保持在较高水平；英国前首相撒切尔，被称为“铁娘子”，行事风格铁腕、坚决果断、雷厉风行，在其任内发动了马岛战争，并战胜阿根廷而赢得举国尊重。

西方关于领导学的早期研究中，侧重关注领导者的个体素质，正如上面所描述的。特质理论是研究个人素质与其影响力和领导有效性的关系的理论。早期的特质理论假设，不管在什么样的情境下，所有的领导者都具有相同的素质，所以有效领导者有一定数量共同的素质与特性，且这些素质在很大程度上是与生俱来的，不具备天生领导者素质的人是不能当领导的。在此研究中，学者们希望找出历史上各个伟人的特征，如果能成功地找出这些特征，就可能用这些特征挑选领导者。但众多寻找领导者特征的研究努力均以失败告终，人们并未找到一些特征因素以说明领导者与下属以及有效领导者无效领导者之间的差别。

这一理论的失败，促使研究者将研究方向进行了调整，在过去的 20 年中，一些研究者对特质理论的研究又掀起了一个很小的高潮，他们的研究方向是以个人的特征来分辨领导者与非领导者，或者以个人特征来分辨谁是成功的领导者。

7.3.2 行为理论

行为理论是领导学研究从20世纪40年代起逐渐发展起来的，行为理论在对领导行为与群体绩效之间的一致性关系研究中取得了一定的成功，但对领导环境的考虑显得尚有所欠缺。

1. 俄亥俄州立大学的研究

20世纪40年代中斯（1945）俄亥俄州立大学进行的研究最全面地验证了行为理论。研究者将对领导者的研究划分为结构维度与关怀维度，按照高低程度的不同进行组合，构成了四种不同的领导行为，如图7.1所示。

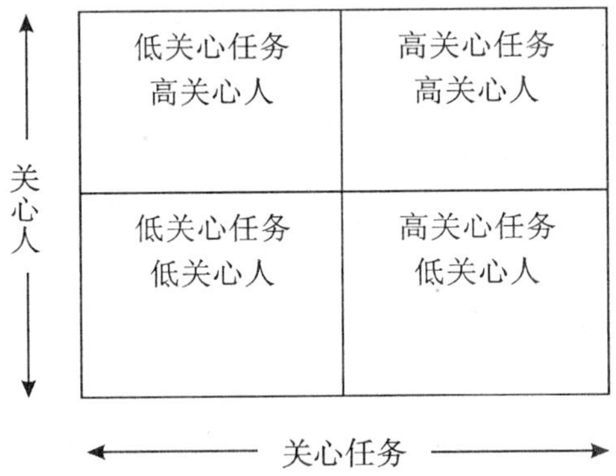

图7.1 领导行为四分图

图7.1中的横坐标“关心任务”是指以生产或工作为中心，为了实现既定目标，领导者为自己规定的任务，包括机构设置、制定规划、确定目标、明确责任、沟通渠道等。纵坐标“关心人”是指以人际关系为中心，领导者为自己规定的任务，包括与下属建立相互信任的关系，尊重下属的意见，注重下属的感情等。一般认为，高关心任务、高关心人的领导行为常常比其他三种类型的领导者更能使下属取得高工作绩效和高满意度，且与高组织绩效相联系，而低关心任务、低关心人的领导行为常常与低组织绩效相联系。

2. 管理方格图

美国行为科学家布莱克（Robert R. Black）和莫顿（Jane S. Mouton）于1964年在领导行为四分图的基础上提出了管理方格理论。这一理论同样包括关心人与关心生产两个维度，每个维度被划分成9个程度，整个管理方格图共有81种领导行为，如图7.2所示，其中最具代表性的就是位于方格四角和中心的五种领导方式，这五种领导方式成为利用此理论进行领导研究的突破口与切入点。

（1）1.1型领导者。此类型领导者也称为贫乏型领导、虚弱型领导或自取灭亡型领导。传统观点认为领导者对任务和员工都不太关心，他们仅仅花费最小的精力来完成必须完成的任务。虽然此类领导者也有领导活动，但其领导行为尽量保持在不介入和退缩的状态，很少与下属沟通。但最新的研究认为，1.1型领导者未必全如传统研究中所描述的那样，因为这一类型的领导者有可能采取的是“无为而治”的领导方式。

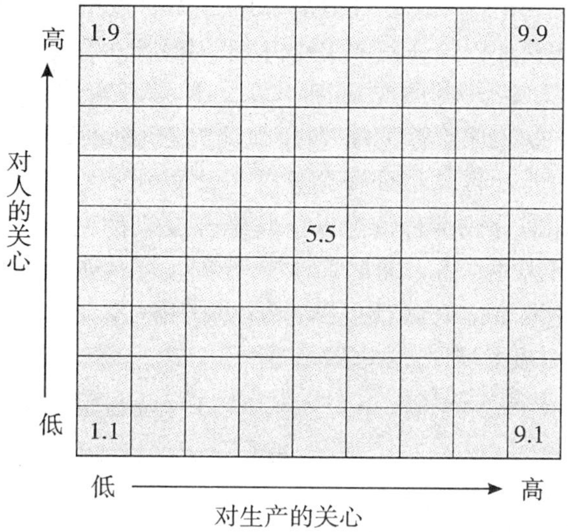

图 7.2 管理方格图

(2) 9.1 型领导者。此类领导者被称为权威型领导，他们把注意力主要放在对任务或生产效率的要求上，他们只顾完成生产任务而不关心下属，仅仅将员工视作完成任务的工具，并且与下属的交流较少。9.1 型领导者通常被认为是极具控制力，苛求和严厉，同时也是难以反抗的。

(3) 1.9 型领导者。此类领导者被称为俱乐部型领导，他们尽量满足下属的各种要求，努力创造出舒服与和谐的工作环境。这类领导者可能会令下属非常喜欢，因为他们喜欢帮忙，尽量不引起争议。但此类领导者不大关心生产任务，组织的规范执行力度不够，甚至显得松懈。

(4) 5.5 型领导者。此类领导者被称为中庸型领导，他们对任务和员工的关心程度都比较一般，这种折中的模式放弃了一些对生产方面的推进与革新，因此显得缺乏改革创新精神。5.5 型领导者在工作中通常会采用中庸的、弱化争论的方式来表达自己的意见。

(5) 9.9 型领导者。此类领导者被称为团队型领导，领导者对生产任务和下属都十分关心，并努力把工作与员工紧密联系起来，因此整个组织成员间的关系和谐、士气旺盛，生产效率也比较高。

布莱克和莫顿根据上面的分析认为，9.9 型领导者应该拥有最佳的工作效果，但实证研究并没有支持这一结论，因为管理方格就没有考虑到领导函数的第三个变量：领导环境。把领导环境考虑在内，于是出现了领导权变理论。

7.3.3 权变理论

首先需要解释一下权变的概念。权变（contingent）是随机应变的意思，权变的观点认为：世界上根本不存在适用于一切情况的管理的最好方式，管理的形式和方法必须根据组织的外部环境和内部条件的具体情况而灵活选用，并随环境和条件的发展变化而随机应变，这样才能取得较好的结果。

权变理论是把领导者个性，工作任务的性质，被领导者的期望、需要、成熟程度，以及工作环境等方面因素加以综合研究来探讨领导有效性的理论。

1. 费德勒模型

该模型由美国心理学家弗雷德·E. 费德勒（F. E. Fiedler，1951）提出，他把领导环境纳入了研究的视野，并将其细分为领导者与被领导者关系、工作任务结构和领导者的职位权力，并把他们分成两种情况，由此结合成八种不同的领导环境。该理论认为，在环境很有利（环境Ⅰ、Ⅱ、Ⅲ）和十分不利（环境Ⅷ）的情况下，采用任务型的领导比较好，而处于两者之间（环境Ⅳ、Ⅴ）采用关系型的领导比较好，但在某些环境中（环境Ⅵ、Ⅶ）却很难说，如图 7.3 所示。

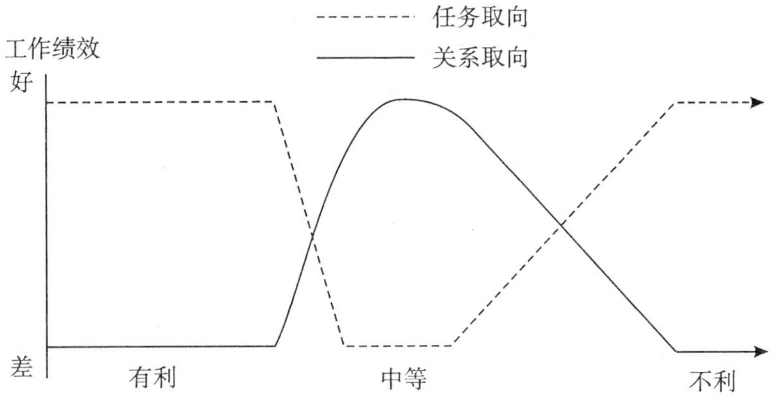

类型	Ⅰ	Ⅱ	Ⅲ	Ⅳ	Ⅴ	Ⅵ	Ⅶ	Ⅷ
领导者—成员关系	好	好	好	好	差	差	差	差
任务结构	高	高	低	低	高	高	低	低
职位权力	强	弱	强	弱	强	弱	强	弱

图 7.3　费德勒模型

费德勒认为，领导者在很大程度上决定了一个组织的兴衰成败，因此为组织寻找并配备一个有能力的领导者就显得十分必要了。通过培训手段来提高组织现有领导者的努力尝试从未取得过真正的成功。相比之下，改变领导者所处工作环境中的各种因素，要比改变人的固有行事风格容易得多，领导者可以通过变换工作环境使之适应人的风格，而不是强行要求下属的个性去适合工作的要求。

为方便该模型的运用，费德勒还编制了最难共事者问卷（LPC，least preferred co - worker questionnaire）来确定领导者的导向。通过 LPC 问卷，得分高的领导者为关系导向型，得分低的为任务导向型。

2. 情境领导理论

情境领导理论由保罗·赫赛（Paul Hersey）和肯·布兰查德（Ken Blanchard）在 20 世纪 60 年代提出，这一理论成为许多顶级跨国公司在进行领导培训中的首选和必选方案之一。

情境领导理论是一个重视下属的权变理论。赫赛和布兰查德认为选择正确的领导风格可以获得领导的成功，而下属的成熟度水平是一个权变变量。成熟度是指个体完成某一具体任务的能力的意愿的程度。

赫赛和布兰查德也将领导行为分成两个维度，分别是任务行为和关系行为，每个维度都有高有低，从而组合成了四种具体的领导风格。

指导型（高任务——低关系）：具体表现为领导者来定义角色，明确地告诉下属干什么、怎么干以及何时何地去干。这一类型的领导者强调一种指导行为。

培训型（高任务——高关系）：领导者在提供指导行为的同时，也提供支持行为。

参与型（低任务——高关系）：领导者与下属共同决策，领导者的主要角色是提供便利条件与沟通。

授权型（低任务——低关系）：领导者对指导和支持都较少提供。

3. 领导者—成员交换理论

领导者—成员交换理论（简称为LMX）也称为垂直组合理论，它是近年来一个重要的领导理论。领导—成员交换理论始于1972年，1985年Bass正式提出交换型领导行为理论。该理论认为，由于各种因素，领导者与下属中的少部分人建立了特殊关系，这些个体成为圈内人士（in-group），他们受到信任，得到领导者更多的关照；其他下属则成为圈外人士（out-group），他们获得的关照相对较少。LMX预测，具有圈内地位的下属得到的绩效评估等级更高，离职率更低，对主管领导满意度更高。

在早期的研究中，许多理论都基于这样一种假设，即领导者以同样方式对待所有下属，LMX推翻了这一判断。如果将垂直组合定义为上级与一个下属的关系，那么LMX认为，一个领导者有多个垂直组合，并会以不同的方式领导不同的下属，由于时间压力，领导者与某一下属进行相互作用的初期，领导者便会暗自以下属的能力和相互协调性来决定下属应属于圈内人士或圈外人士，并与下属中的一小部分人建立相对稳固不变的特殊关系。

那么影响领导者将下属纳入自己圈子的因素究竟有哪些呢，归纳起来主要包括：个人特点（如年龄、性别、态度）与领导者相似，有能力，具有外向的个人特点等。

7.4 领导艺术

领导学既是科学，也是艺术。在前三节的学习当中，我们从领导的界定、领导理论的发展充分了解到领导学科学的一面；在本节，我们着重将从另一方面入手，向大家展现领导行为艺术的一面。

7.4.1 领导艺术概述

要实行有效的领导，领导者不仅要掌握正确、科学的领导方法，还要有高超的领导艺术，才能够统揽全局，驾驭组织，完成组织任务。领导艺术是领导行为成功的关键要素。

领导艺术是组织领导者在个人素质和辩证思维的基础上，富有创造性地运用领导条件、原则和方法的才能，是结合具体的领导环境，临场发挥的一种表现形式。可以说领导艺术的水平直接反映了领导者的智商与情商水平。

就一般意义而言，领导艺术主要有以下三个特征：

（1）灵活性。领导艺术是领导者处理随机事件的一种变通能力，是领导学权变思想的重要体现。在复杂多变的环境下，领导者不可能一直遵循规范化的程序，按固定模式处理各项领导事务，而要依据不同的时间、地点和条件，运用丰富的经验和创造性思维对事物做出正确的理解和判断。需要指出的是灵活性并不是指可以随意的开展行动，而是在高度的原则性指导下的灵活性。

（2）多样性。成功的领导者在领导艺术的发挥上并非总是千篇一律，因循守旧，即使是同一领导者在进行领导活动中，领导艺术也会因具体的领导环境的变化而产生差异，领导艺术是一种生动活泼、丰富多彩的技巧。多样性意味着领导者在表达艺术性上需要进行选择，因此多样性成为考验领导者水平高低的又一指标。

（3）创造性。创造是艺术本身的应有之意，综合了一定的技巧和技艺。领导艺术是对领导理论的升华、改造与应用，理论是教条性的，惟有将理论与实际的领导环境结合起来，并创造性地采取一些应对手段和方法，才会取得领导的成功。

7.4.2 用人艺术

1. 识别人才

识人是用人的前提，因此领导者需要有伯乐的眼光。一方面，领导者应该能用科学的方法甄别出优秀的人才，客观评价下属的品质与能力，识别人才；另一方面，领导者在用人时，应以能力和才干为考核要素，摒弃论资排辈的陈规，真正做到“不拘一格降人才”。

2. 用人所长

每个都其自身的优点和缺点，领导者在用人时必须坚持用人所长，扬长避短的原则。用人贵在善于发挥，发展人才之长，对其缺点的帮助教育固然必要，但与前者相比应居于次。在用人上，切不可斤斤计较人才的短处，而忽略其长处。正如本章开篇引用的刘邦的案例，萧何、韩信、张良都是人中豪杰，刘邦根据三人的特长加以使用，正是其能成就王业的原因。

人非圣贤，孰能无过，因此用人关键在于充分发扬每个人的长处。虽然我们强调扬长避短，但扬长应是整个领导发挥的重要方向。人的长处决定着一个人的价值，能够支配构成人的价值的其他因素，扬长能够强化人的才干和能力，使人的才干和能力朝着用人目的所需要的方向不断成长和发展。

3. 相信人才

正所谓用人不疑，疑人不用，这是自古以来一条不二的用人法则。领导者在确定了某一下属从事某项具体工作后，就要信任下属，为下属充分发挥自己的特长提供一个较为宽松的空间，而不应该怀疑下属的能力与忠诚度。

4. 培养人才

中国古语云：“玉不琢不成器”。这说明即使某个下属具备良好的先天条件，如果不加以培养和教育，也很难让其成才。培养和教育人才还可以弥补下属在某些方面的不足，从而提高其整体素质，所以培养人才是领导艺术中一项具有战略特点的任务。

7.4.3　授权艺术

现代正式组织的领导者工作量一般都很大，如果事必躬亲的话，肯定会影响领导效率，而且由于处理时间匆忙、领导者缺少足够的专业知识，向下属授权成为领导者的选择。授权的好处也是明显的，一方面可以使领导者集中精力放在重要的工作上，有的放矢，提高重要工作和重大决策的质量；另一方面，授权也可以调动下属的积极性和创造性，有利于为组织培养新生力量。

领导在授权时，不能一授了之，或随意授权，而应该遵循以下的原则：

（1）以责定权，权责对等。领导向下属授权时，一定要明确规定下属权力的行使范围、需要完成的目标。有权无责，会导致权力的滥用；有责无权，将难以展开工作。

（2）分层次授权，不破坏等级界限。领导者只授权给紧挨自己所在层级的下属，不能越级向下授权。

（3）统一指挥，但不能越级指挥，即不直接处理属于下级职权范围，应由下级处理的事务。

（4）授权不授责。授权后，下级有对等的执行责任，同时上级仍对下级工作结果承担最终的领导责任。

主要权力不下放，统一领导，分级管理。一般下放的权力都是处理某项具体业务的权力，诸如影响组织长远发展的具有战略性质的决策权是不下放的。

授权具有动态性。授权应视主客观条件的变化而调整，可授亦可收回。

由于授权的主体是领导者，因此领导者对授权的态度就显得比较重要了，要正确地认识授权的作用，领导者应当具备以下几种态度：一是要信任自己的下属，愿放手让他们去干，并给予鼓励和支持；二是要善于听取下属的意见，发挥他们的主动性和创造性；三是允许下属犯错误，主动承担责任，并耐心帮助总结经验教训，避免重犯；四是建立和利用广泛的控制，促使下属运用好所授的职权，完成预定的目标和计划任务。

7.4.4　人际交往艺术

领导是一个施加影响的过程，意味着领导行为的全过程都离不开人际交往。领导者人际关系交往的艺术不仅关系到其他人对自己的评价与看法，更关系到组织的绩效水平，因为良好融洽的成员关系是确保组织绩效的重要因素。

领导者的人际交往艺术可以分为上行艺术、平行艺术与下行艺术两种。上行艺术是指与上级领导的交往艺术，因此要注意尊重上级而不溜须拍马，工作尽职而不越级，对上级的某些不恰当的决策要勇于提出意见而不唯命是从。平行艺术是指与同级的交往，这主要注意尊重对方的职权，不干预其工作，彼此建立起良好的信任关系与协调关系，相互间不争权夺利，以实现同级之间的紧密合作。下行艺术是指领导者与下属的交往中，应注意营造一个平等的气氛，使其能够畅所欲言，遇到不同意见能够客观对待，平静接受，实事求是解决问题，同时对下属的必要激励是不可或缺的。

除上述的几种领导艺术外，领导者自身的魅力艺术、时间管理艺术、对外交往艺术等都可能涵盖在领导艺术中，限于本书的篇幅及研究的范围，不再一一赘述。

【本章小结】

领导是一种综合性的行为方式，用一个函数可以给出领导的全部面貌，即领导 = F（领导者，被领导者，环境）。领导函数的三个变量构成了领导活动的三个要素，即领导者、被领导者和环境。领导者在组织中扮演的角色地位要高于其他成员，他们控制着更多的资源和信息，因而能够对下属产生较强的影响力；被领导者的表现直接影响领导者的领导活动成效，并能表现出领导者的领导能力；环境主要是指影响领导成效的因素。

领导者的权力是指领导者在组织中掌控各类资源、对下属施加影响能力强弱的能力。对权力研究比较有代表性的理论包括马克斯·韦伯的权力观和弗兰奇和雷文的五种权力划分。马克斯·韦伯的权力观认为权力有法理权力、传统权力和来自于个人魅力的权力。心理学家弗兰奇（R. P. French）和雷文（B. Rwen）将权力划分为五种，分别是合法权、奖励权、强制权、专家权和参照权。在这五种权力中，前三种属于职权性影响力，后两种则属于非职权性影响力。

领导者的类型根据组织或群体中制度权力的集中度，可以将领导者划分为集权式领导者和民主式领导者；根据领导者的创新维度，可以将领导者分为维持型领导者和创新型领导者。

领导理论一共经过了三个阶段，分别是特质理论、行为理论和权变理论。

西方关于领导学的早期研究中，侧重关注领导者的个体素质，也就是特质理论，它是研究个人素质与其影响力和领导有效性的关系的理论。该理论理论假设，不管在什么样的情境下，所有的领导者都具有相同的素质，所以有效领导者有一定数量共同的素质与特性，且这些素质在很大程度上是与生俱来的，不具备天生领导者素质的人是不能当领导的。但实际上，学者们并未找到一些特征因素证明领导者与下属以及有效领导者和无效领导者之间的差别。

行为理论是领导学研究从20世纪40年代起逐渐发展起来的，行为理论在对领导行为与群体绩效之间的一致性关系研究中取得了一定的成功，但对领导环境的考虑显得尚有所欠缺。主要有俄亥俄州立大学研究的领导行为四分图和布莱克（Black）和莫顿（Mouton）管理方格理论。

权变理论是把领导者个性，工作任务的性质，被领导者的期望、需要、成熟程度，以及工作环境等方面因素加以综合研究来探讨领导有效性的理论。著名的研究成果有费德勒模型、情境领导理论和领导者——成员交换理论。

领导艺术是组织领导者在个人素质和辩证思维的基础上，富有创造性地运用领导条件、原则和方法的才能，是结合具体的领导环境，临场发挥的一种表现形式。它有以下三个特征：灵活性、多样性和创造性。

领导艺术主要表现在领导用人艺术、授权艺术和人际交往艺术。

【复习思考题】

1. 如何理解领导是一个持续施加影响的过程？
2. 怎样理解领导环境对领导效果的影响？
3. 论述费德勒模型。
4. 论述LMX理论。

【参考答案】

1. 根据领导的相关概念和内涵来理解。
2. 用权变理论分析之。
3. 参照正文有关费德勒模型部分。
4. 参照正文中提到成员交换理论的部分。

【案例分析】

巴拉克·奥巴马

政治分析家和媒体把伊利诺伊州的参议员巴拉克·奥巴马（Barack Obama）与历史人物如亚伯拉罕·林肯、马丁·路德·金和比尔·克林顿相提并论。2005年1月，43岁的民主党派人士奥巴马成为美国参议院唯一一名非裔参议员。民主党探讨了奥巴马成为总统的政治前景，他们不是在探讨他是否应该参与竞选，而是是否应该在2012年和2016年参加竞选。而如今他已经成为了美国总统。

奥巴马称自己是“拥有可笑名字的皮包骨头的小孩”。他是如何成为民主党最有名的政治候选人的呢？询问那些观察过他的人，他们会说，他拥有的某些人格特质和敏锐的头脑促使他迅速成为政客中的上层人物。

奥巴马在早年时期就努力奋斗，机会出现时他都能够抓住。他的母亲是堪萨斯州的白人，父亲是来自肯尼亚的黑人。虽然他的父亲对他机敏的文化意识有极大的影响，但奥巴马两岁的时候他的父亲就离开了家，在奥巴马的孩童时代他也很少去看他。在其21岁时，他的父亲在肯尼亚遭遇车祸身亡。在檀香山长大之后（6~10岁时，他和母亲在印度尼西亚居住），奥巴马进入了纽约的哥伦比亚大学。从哥伦比亚大学毕业后四年（这期间他在芝加哥参加社会工作），他进入了哈佛法学院。在那里，他被著名的律师劳伦斯选为研究助理。劳伦斯同时也教授宪法，他说：“我认识很多参议员和总统。我从没见过任何人拥有如此原始的政治天赋。他似乎可以用最有保证的方式穿过他人很难逾越的障碍，平静地前行。”

奥巴马还在政治之路上前行。1990年，由于他的成功，他被选为《哈佛法学评论》主编，他是第一个获此殊荣的非裔美国人。法学院学习之后，奥巴马加入了芝加哥的一家小型民权公司。但是那份工作并不能让奥巴马满足——政治才是他最渴望的。他离开了芝加哥的公司并于1996年竞选伊利诺伊州的参议员并最终获胜。在快速行进的过程中，奥巴马试图竞选美国国会议员。他的对手是博比·拉什（Bobby Rush），之前是最活跃的黑豹党群体的四届成员。奥巴马失败了，但他的毅力让他选择参加了2004年的参议员竞选。在这场竞选中，他获胜了，远远超过了著名的非裔共和党人艾伦·凯斯（Alan Keyes）。

奥巴马在美国参议院刮起的旋风甚至让他自己都有点吃惊，他太有名望了。“怎么了？我都无法完全确定，”他说。“我认为现在人们在政治上最渴望的是真实性。”

奥巴马有引起人们注意的诀窍。很多人说他特别有魅力，奥巴马在2004年民主党全国代表大会上的演讲很好地证明了这一点。7月27日，奥巴马登上了演讲台，开始发表他的演说。他想要创建一个没有种族歧视和恐惧的国家，一个没有贪图钱财的政治家的国家。讲到自身的背景——在很多方面这都可以作为多元化的例子，他说：“在地球上任何别的国家，我的这种经历都是不可能的。”很多政治分析人士认为奥巴马非常有自知之明，这可以从他把自己的经历贯穿到动人的政治演讲中看出来。在演讲中，他把自己描述为一名普通的公民，代表广大的民众进行发言。很难确切地指出是什么让奥巴马不同于其他的政治人物，很多人说他“就是有那种气质”。

迄今为止，奥巴马的名望还在增加。在为参议员拉斯·费高德（Russ Feingold）举行的一次集会期间，国会女议员格温·摩尔说：“这个年轻人燃烧了伊利诺伊州也燃烧了美国。他是民主党的未来！”前弗吉尼亚地方长官道格拉斯·威德（L. Douglas Wilder）说：“奥巴马会成为总统的。没有什么能够阻挡他。”

案例思考题

1. 巴拉克·奥巴马的哪些特质让他具有出色的领导能力？这一案例支持领导的特质理论吗？为什么？

2. 从领导的行为理论的观点来看，奥巴马的哪些行为加强了他作为一个领导者的成功？

3. 奥巴马的名望和成功是“天生的”还是“培养的”，抑或是这两者的作用？你能找出哪些因素来支持自己的回答？

【推荐阅读书目】

1. 唐克．政务艺术［M］．成都：四川人民出版社，2007.
2. 陈国裕．领导学原理教程［M］．北京：科学出版社，2001.

【参考文献】

［1］斯蒂芬·P. 罗宾斯．组织行为学［M］．孙健敏，黄卫伟，等，译．北京：中国人民大学出版社，2008.

［2］余凯成．组织行为学［M］．大连：大连理工大学出版社，2002.

[3] 关培兰. 组织行为学 [M]. 北京: 中国人民大学出版社, 2008.
[4] 方建中, 等. 现代企业管理前沿问题研究 [M]. 北京: 人民出版社, 2003.
[5] 荆学民. 组织行为学 [M]. 北京: 北京大学出版社, 2003.
[6] 张德, 等. 组织行为学 [M]. 北京: 清华大学出版社, 2000.
[7] 胡冶岩. 行为管理学 [M]. 北京: 经济科学出版社, 2006.
[8] 徐子健. 组织行为学 [M]. 北京: 对外经济贸易大学出版社, 2005.
[9] 周菲. 管理心理学 [M]. 北京: 清华大学出版社, 2005.
[10] 常健. 现代领导学 [M]. 天津: 天津大学出版社, 2004.
[11] 高平平. 企业领导学 [M]. 上海: 立信会计出版社, 2005.
[12] 刘峰. 领导理论与领导方法 [M]. 北京: 中共中央学校出版社, 2002.

第 8 章　组织结构的基础

【本章结构图】

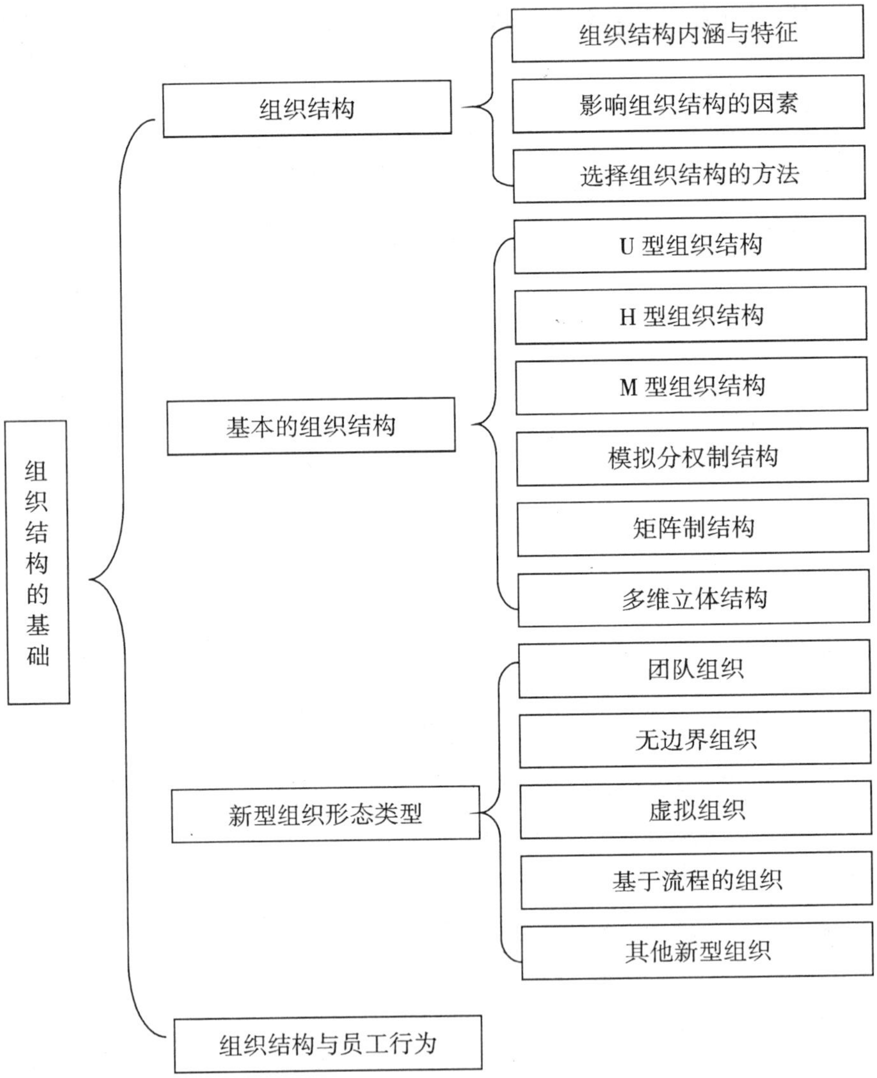

【本章学习目标】

通过本章的学习，学习和掌握组织结构的内涵、特征以及影响组织结构的因素，掌握几种基本的组织结构形式的特点，同时了解各种新型的组织形态，了解组织结构与员工行为之间的关系。

【引导案例】

7－11便利店的组织结构

7－11便利店（7—E1even）试图通过集中信息技术和供应商采购策略，来影响它在19个国家的25 000家店面的购买能力和效率。同时，在美国和世界范围内，这家便利连锁店的客户有不同的偏好，而且由于天气或特殊事件，每家店面的产品需求迅速变化。为了在这种多样和复杂的环境中蓬勃发展，7－11便利店采用了一种它称之为“中央分权”的结构，各店经理制定当地的存货决策。除了当地顾问随时的产品培训和指导之外，各店经理还有关于客户的最佳信息，能够迅速地对当地市场需求做出反应。举例来说，当最近的飓风袭击马里兰州安纳波利斯时，居民可以依靠当地的7－11便利店获取供给。这是因为管理当地四家便利店的平托·沙因（Pinto Soin）观测了飓风的轨迹，并考虑险恶天气而对供给做出调整。7－11便利店的总裁兼首席执行官吉姆·凯斯（Jim Keyes）解释道：“我们不能预测到周五晚上会有一名汽车足球运动员光临本店，但是便利店经理可以。”

7－11便利店根据其各地连锁店的不同情况而采取了“中央分权”的结构，这种组织结构能够很好的适应7－11便利店的发展。

一个组织采取何种结构，与它处在怎样的环境中有较大的关系，不同的组织结构形式是为了适应不同的组织内外部环境。

8.1 组织结构

8.1.1 组织结构内涵与特征

组织结构是指构成组织各要素的排列组合方式，即组织各管理层次、部门及岗位之间所建立的一种人与事、人与人的相互关系。组织结构反映了工作任务是如何进行分工、分组和协调合作的。从某种程度上讲，组织结构亦是一种组织形式。组织内部的权责关系，部门划分，沟通的方式及方向等就是构成这种形式的有机整体。而组织结构图则是对无形的组织结构的一种最直观的表现形式。组织结构反映的分工协作关系是介于组织成员之间的。对组织结构的设计，是为了使组织成员之间的关系更加的有效、合理。通过组织成员的协同努力，有助于组织目标的最终实现。每个组织根据自身的实际情况，都会有一套组织结构。那么，要如何识别不同组织结构之间的差异，可以从组织结构的六个特征和维度来判断：

1. 专门化

专门化也称专业化，指的是在工作分工中的层次和细致程度。分工层次越多，越细致，专门化的程度就越高。专门化使得一个员工无需从头到尾完成全部的工作，而是先将工作划分为若干步骤，一个员工只需完成其中的一个步骤。劳动分工使得传统的组织结构的形成有了基础。亚当·斯密认为工作的效率与劳动分工的程度有关，分工程度越大，效率就越高。生产的工序被划分成一个个的子过程，而每个子过程是可以和其他子过程并行运行的。因为劳动的分工更为细致，从而产品的数量和质量都得到相当大程度的提高，同时，对产品和生产工艺的标准化起到了极大的促进作用。工作的专门化减少了转换不同工作而要浪费的时间，员工也因不断重复同一类的工作而使得技能得到进一步的提高。对于组织来说，工作的专门化使得组织甄选和培训专门技能的员工变得相对容易，因此有助于组织培训效率的提高，也有利于降低成本。

但是，专门化的程度也不是越高越好，分工也并不是越细越好。具体情况还需要具体的分析。例如分工过细，会造成员工对工作感到厌倦，枯燥乏味，更有甚者，可能会导致离职率的提高。另外，分工也可能导致员工的工作成果不会非常显著，而致使员工的工作满足感和成就感下降。因此，针对不同的工作，专门化的程度也会有选择性的不同。

2. 规范化

规范化也称正规性，指的是使用规则和标准处理方式以规范工作行为的程度。规则和标准的制定越完备，那么组织对工作行为的规范性也就越强。从另一角度来讲，规范化程度越高的组织，意味着工作说明书越详尽，组织的规章制度越繁复，那么组织成员在工作内容、时间等方面越是缺乏自主权。高度规范化的优势在于使得组织产出质量可以统一，同时降低了错误出现的机会。相对的，规范化低的工作，给予员工的权限相对较宽，员工能够有更多自由裁量的空间。不同的组织，甚至组织内部，规范化的程度都是有相当大的差异。通常来讲，外部环境越稳定、组织的规模越大，组织的规范化程度相对越高。

3. 集权

集权是指决策权的集中程度，取决于一个组织的分权和授权的程度。在讨论组织的集权程度时，会存在两种极端的情况：一种情况是，一个组织的上级将所有决策权力握在手中，下属只是负责执行和完成上级的命令，这是高度集权的组织；另一种情况是，组织的所有决策权都下放到基层的管理人员手中，这是高度分权的组织。一般来说，极端情况不多，组织结构一般是处于集权与分权一定比例之间。当外部环境的不确定性越来越大的时候，组织内部越来越多的下属拥有参与决策的权利，因为这种分权的组织，采取行动和解决问题的速度都会比较快。根据现代组织的发展趋势来看，总的来说，组织结构是从集权式组织逐渐向分权式组织发展，从而基层管理者的决策角色也开始变得愈加的重要。

4. 部门化

当组织内部的工作通过专门化细分成各种任务以后，就需要更进一步的把性质相同的工作进行分组归类。这种将工作集合的基础做法就是所谓的部门化。部门化的方式多种多样，现将其列举如下：

（1）根据人数来分类，如军队中划分的排、连、司等部门。

（2）根据地域来分类，如亚洲部、非洲部、欧洲部等部门。

（3）根据客户的类型来分类，如工商企业服务部、事业单位服务部、政府部门服务部等部门。

（4）根据生产的流程和程序来分类，如浇铸部、冲压部、制管部、精轧部等部门。

（5）根据产品类别来分类，如电视机部、洗衣机部、空调部、手机部等部门。

（6）根据组织能不执行的不同任务和功能来分类，如研发部、生产部、营销部、财务部等。

（7）对于大型的组织来说，可以选择性的采用两种或两种以上的方式相结合来对部门进行划分。

从上述划分可以看出，依据功能对部门进行的划分可以运用于所有的组织，组织的目标和行为的变化就反映在功能的变化上。这样可以将工作性质或者技能相近的员工集结在一起，从而产生规模效应，提高组织效率。通常来讲，一个组织所处的环境越复杂，或者组织的业务越多元化，或者组织的运作要求不同类型和事业的人才越多的时候，部门化的程度也就越高。

5. 命令链

命令链也称指挥链，指的是组织内部上级到下属的一条指挥和权威线。在管理学中，我们称为统一指挥原则。一般来讲，每个下属应当并且只能向一个上级领导直接负责，反对多头指挥，上下级之间应形成一条清晰的命令链。如果下属接到超过一个以上的上级下达的命令时，就有可能造成混乱。但是，随着科学技术的不断发展，信息获得的渠道的增多，组织内部员工的沟通也愈加畅通，组织中许多的决策权已经通过授权的方式下放给员工。另外，随着自我管理团队和跨职能团队的出现和兴起，都使得命令链在组织结构中的重要性已经大不如前。

6. 管理层次和管理幅度

组织结构的两个维度分别是横向维度和纵向维度。横向维度主要是指管理幅度。管理幅度指的是一个上级管理者直接领导和管理的下级员工的数目。管理幅度过宽，会影响管理者管理的有效性，而管理幅度过窄，可能会导致下级员工的积极性降低从而影响工作效率。纵向维度主要是指管理的层次。管理层次指的是一个组织系统所划分的层级结构，通常，大多数组织的管理层次分为高、中、低三个层次。高层，即战略决定层，主要负责制定组织的总体战略方针；中层，即执行层，主要负责通过组织的战略来制定组织的具体目标，并且进行各种协调管理工作；低层，也称基层，是操作层，主要负责具体目标任务的执行和完成。

一般来说，组织结构的复杂性越大，规范性越强，集权性越高，那么组织结构的管理层次也越多，管理幅度越小。而随着近年来企业的发展，市场竞争的加剧，为了使沟通更加顺畅和及时，管理层级变少，管理幅度变大，授权增多，组织结构开始逐步向扁平化方向发展。

8.1.2 影响组织结构的因素

组织结构的形成受到诸多因素的影响。国内外的学者对此进行了大量的理论和实践研究，其中最主要的影响因素有4个：外部环境、组织战略、技术条件和组织规模。

1. 外部环境

人类社会的组织是一个开放的系统，组织的生存和发展都离不开一定的环境。组织从外部环境中汲取资源，为外部提供产品，与此同时组织也受到环境的大量约束。影响组织运作以及绩效的力量，一般是指竞争者、顾客、供应商、政府等。适应外部环境，是一个组织可持续发展的重要条件。而外部环境总是处在不断的变化中，如何随着环境的变化对组织结构进行相应调整是管理者的一个最基本的任务。

2. 组织战略

组织结构是为了使组织内部的员工更加有效的完成组织目标服务的。组织的目标是由总体的组织战略决定的。因此，组织战略是影响组织结构的一个重要因素。当组织战略出现重大的变化时，组织结构也要做出调整。目前，组织战略的选择大多集中在三种战略上：创新战略、成本最小化战略和模仿战略（Michael E. Porter，1980）。创新战略主要指的是组织不断的追求创新，并且以缩短产品生命周期为导向的一种竞争战略。采取创新战略的组织需要注重组织内部团队的合作，集思广益，组织结构灵活多变，比较松散。成本最小化战略，顾名思义，执行这种战略的组织需要严格控制生产、行销和服务等成本，还要防止不必要的创新成本。执行此战略要求高度的工作专门化、规范化和部门化，组织结构比较机械。执行模仿战略的组织目的是将上述两种战略优点相综合，即在不断追求新产品的同时，又要保持成本的最小化，即追求盈利的最大化和风险的最小化。因而组织结构也是介于上述两种组织结构之间，既有高度规范化的组织结构保证成本最低，又要有松散的组织结构保证创新的实现。

3. 技术条件

组织要将投入转化为产出，就要依赖技术。比如制造业，如何将人力、物力、财力转化成可以销售的产品，就必须依靠相关的技术支持。技术与规范化的程度相关，程序化的技术与各种各样的工作说明、操作规则及其他规范化的文件也是不可分割的。通常来讲，程序化技术越高的组织，组织结构偏向高耸，管理层级就越多，部门化也就越强。由于技术的程序性和常规性，组织的高层掌握着较多的决策权，因而集权的程度也较严重。相对的，技术越趋向非常规性，就越依赖各种各样的专业技术人才，组织结构也就会趋向分权。另外，经过研究发现，技术与集权之间的关系还受到规范化的影响。也就是说，当组织的规范化程度高的时候，常规性技术也可能导致组织结构的分权。

4. 组织规模

组织规模的大小对组织结构也有较为明显的影响。规模较小的组织，一个员工常常要担任多份工作，组织内部分工不是很细，组织管理的集权化程度也就较高；规模较大的组织，员工数众多，内部分工细化，规范化程度高，决策众多，有权力下放的趋势。但是，研究发现，组织规模对于组织结构的影响并不是简单的线性关系。随着组织规模的扩大，这种影响是在逐渐减弱的。也就是说，达到一定发展程度的组织，其规模的再扩大对组织结构的影响就显得不是那么重要了。

除了上述四种主要影响组织结构的因素外，还有诸如权力控制、部门之间的依赖性、组织人员素质等因素的影响，只是影响的程度不如前述四个因素那么显著。

8.1.3　选择组织结构的方法

当组织结构不符合组织发展需求的时候，常常会出现一个或多个的组织失效的特征。比如决策迟缓或者质量不高，或者面对不稳定的环境组织无法做出创造性的反应，或者是组织内的冲突过多等，这一系列的现象都反应了组织结构存在问题，提醒我们应该对现有组织结构进行必要的调整。而要建立起健全、有效且持久的组织结构，对于一个组织来说，首先要知道所需构建的组织结构的类型和建立该组织结构的方法。一个组织的结构是为其组织目标服务的，因此，讨论组织结构的关键是先做经营分析：组织的使命是什么，应该做什么。管理大师彼得·德鲁克在《管理的实践》中给我们提供了一套系统的选择组织结构的方法：

1. 活动分析

组织首先要搞清楚为了达到组织目标所需进行的活动。只有经过仔细的活动分析，才能分清楚哪些是组织尚未解决的问题，哪些是重要的活动，对于没有实际意义的活动就应该取消。特别是对于刚建立的企业，活动分析是必不可少的一个步骤。

2. 决策分析

所谓决策分析，是指通过分析知道要完成业绩，达到目标所需的决策，组织所需决策的类型，制定决策的层级，以及决策牵涉的活动等。要做到对决策权责的有效区分，首先要弄清决策的种类和性质。德鲁克认为，有四个基本因素决定了决策的本质①：

（1）决策的未来性。这个决策需要公司承诺多遥远的未来？

（2）这个决策对公司其他职能、其他领域或企业整体的影响有多大？如果决策只会影响一个部门，那么可以把它归到最低的决策层。

（3）决策的性质是由其中包含多少质的因素来决定。如基本行为准则、伦理价值、社会和政治信念等。

（4）可将决策分为经常性决策和偶尔性特殊决策。两种决策的层级都必须与决策的未来性、影响及物质相适应。如员工违纪处分，就属于前者；而改变产品性质或公司业务性质，就属于后者。

---

① 德鲁克．管理的实践［M］．齐若兰，译．北京：机械工业出版社，2006：160.

3. 关系分析

分析管理者在负责某项活动的时候需要合作的对象、他需要对合作者的贡献以及合作者需要对他做的贡献。在分析管理者的职务时，要分析在这个职位上所有横向和纵向的关系，也就是要确定组织结构中管理层次和管理幅度的问题。只有理清了这些关系，组织结构才能正确的建立起来。

在了解了选择组织结构的方法以后，下面的章节将详细介绍组织结构的基本类型和新型组织形态。

8.2 基本的组织结构

组织结构的形态多种多样，它是组织内部各种组成要素排列组合的表现，能够直观的反映出组织各部分的关系，认识和掌握组织结构是十分重要的。下面，就从组织最基本的6个形态开始逐步认识组织结构。

8.2.1 U型组织结构

U型结构主要包括直线制结构、职能制结构和直线—职能制结构，也统称为“一元结构或职能型结构”。U型结构最主要的特点在于：高层集权。U型结构是一种集权的组织结构。下面将详细介绍U型组织结构的三种主要形式：

1. 直线制

直线制组织结构，也称单线制结构或军队结构，是一种古老也是最简单的组织结构形态。最初被广泛的运用在军事系统中，后来才逐渐推广到企业管理中。直线制组织结构的特点是组织的一切生产经营活动均由行政负责人自己执行，各级主管人员直接对下级实行统一的指挥和管理，不设置职能机构。因而，直线制组织结构对各级主管无论是在专业技能、能力或是管理知识等方面都有着较高的要求，要求管理者是“全能式”的人物，特别是最高管理者。但是，在大规模并且业务复杂的组织中，只凭一个人来完成各项工作是很难做到的。同时，由于高度集权，直线制组织结构的风险也相应较大。直线制组织结构也有其优点：结构关系简单、权责分明、权力集中、决策迅速和命令统一。通常情况下，直线制组织结构适合规模小，生产过程较简单的组织。如图8.1所示。

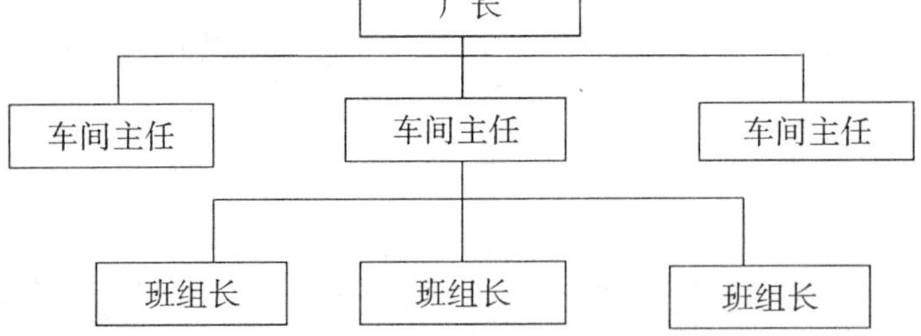

图8.1 直线制组织结构

2. 职能制

职能制组织结构，也称多线制。与直线制不同的是，职能制组织结构的各级主管人员配有职能机构和专业的人员，分管各个职能管理业务。并且，职能机构能够直接对下级进行指挥和命令。职能制组织结构的优点是能够适应现代化生产技术比较复杂和管理工作细化的特点，同时可以充分发挥职能机构的专业作用，从而在一定程度上减轻直线管理人员的负担。但其缺点也比较明显：职能制组织结构违反了集中命令和统一指挥的原则，造成多头领导，不利于建立各级主管负责人和职能机构的权责制度，容易造成纪律涣散和管理混乱，从而影响工作的正常进行。如图 8.2 所示。

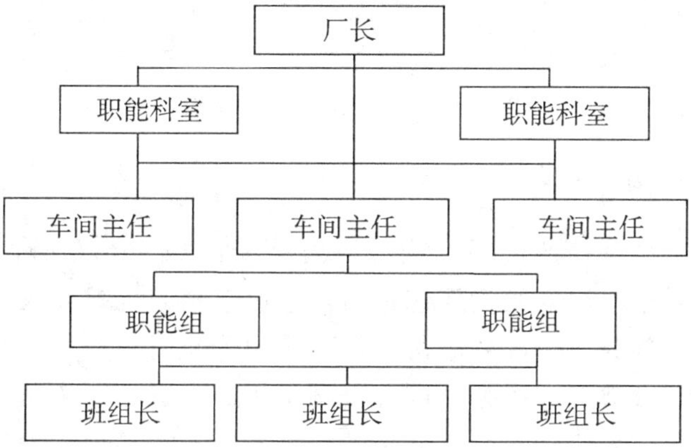

图 8.2　职能制组织结构

3. 直线职能制

直线职能制组织结构，也称生产区域制。它结合了“直线制”和“职能制”两种组织结构的优点。目前，大多数的组织都采用直线职能制结构。这种结构把组织结构按照两类标准来划分：一类是按照统一指挥原则来划分的直线领导结构；另一类是根据专业来划分的职能部门结构。直线领导的机构和人员在一定的职权范围内有决策权和命令权，并对各自的部门负责。其中，职能部门的人员只是直线领导人员的参谋，只能给予相应的业务指导，不能直接命令。因此，直线职能制组织结构的优点是：一方面保证了命令的统一指挥原则；另一方面又能在直线领导下，充分发挥职能部门的专业作用。专业化的分工，使得完成相同任务的员工集结在一起，有利于深入的技术开发和复杂问题的解决，且组织具有较好的稳定性。直线职能制结构的缺点是：当外部环境的不确定性较大时，组织的职能部门之间难以进行有效的横向协调，可能导致组织反应迟钝；职能的分划使得员工对组织目标的认识不够全面，要想在组织内部培养掌握全面情况的管理人员比较困难。如图 8.3 所示。

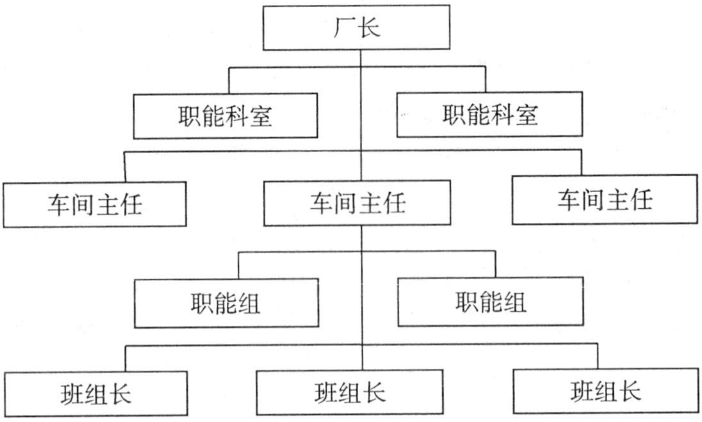

图 8.3　直线职能制组织结构

8.2.2　H 型组织结构

H 型组织结构，也称控股公司结构，是组织内部实行分权治理的一种结构形式。严格来讲，它不是一个组织的结构形态，而是企业集团的组织形式。H 型的公司总部持有子公司或分公司部分或全部的股份，其下属的子公司具有独立的法人资格，是相对独立的利润中心。总部只对子公司或分公司承担有限责任，从而控制经营风险。根据所从事活动的内容，控股公司可以分为纯粹控股公司和混合控股公司。纯粹控股公司只掌握子公司的股份，支配子公司的重大决策和生产经营活动，但不直接从事生产经营活动。混合控股公司则是两类活动都要从事。由此可以看出，H 型组织结构是比较松散的，总部只对子公司进行间接的监督和控制，从而加大了控股公司的管理成本和运用整体资源的难度。此外，H 型结构中也包含了 U 型结构，构成控股公司的子公司常常就是 U 型结构。如图 8.4 所示。

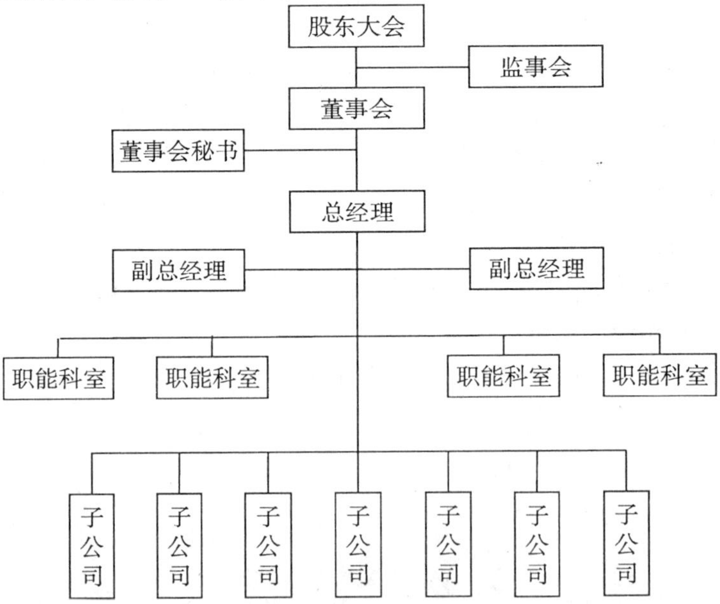

图 8.4　H 型组织结构

8.2.3　M 型组织结构

M 型组织结构，也称多部门结构或事业部制，它最初是由美国管理学家、通用公司副总裁斯隆在 20 世纪 20 年代提出的，故亦称作“斯隆模型”。M 型组织结构是实行分权化管理的一种形式，即一个公司可以按地区或产品类别分成若干事业部，这些事业部实行单独核算、独立经营，公司总部只保留人事决策、预算控制和监督的权利，通过利润等指标对事业部进行控制。M 型组织结构是 U 型和 H 型两种结构发展和演变的产物。它的出现，标志着组织由集权向分权的一种改革。

一般来说，M 型组织结构的实施通常需要具备三个基本要素：相对独立的市场、相对独立的利益和相对独立的自主权。这样，总部才能通过实行“集中政策下的分散经营”，让各事业部在总目标和总方针的指导下得以运行。M 型组织结构的优点在于：集权和分权得到适度的结合，一方面能够调动各个事业部的积极性，另一方面又能通过统一的协调和管理，能使组织的反应更加灵活敏捷；总部的领导可以摆脱日常繁杂的事物，从而集中精力考虑战略全局的问题；有利于培养有全局观的管理人才。其缺点在于：总部与事业部的职能机构重叠，导致管理人员的浪费和管理费用的增加；由于各事业部相对独立，都各自的利益为先，从而对事业部之间的协作和沟通造成影响。M 型组织结构适合规模较大，多元化经营的控股公司。如图 8.5 所示。

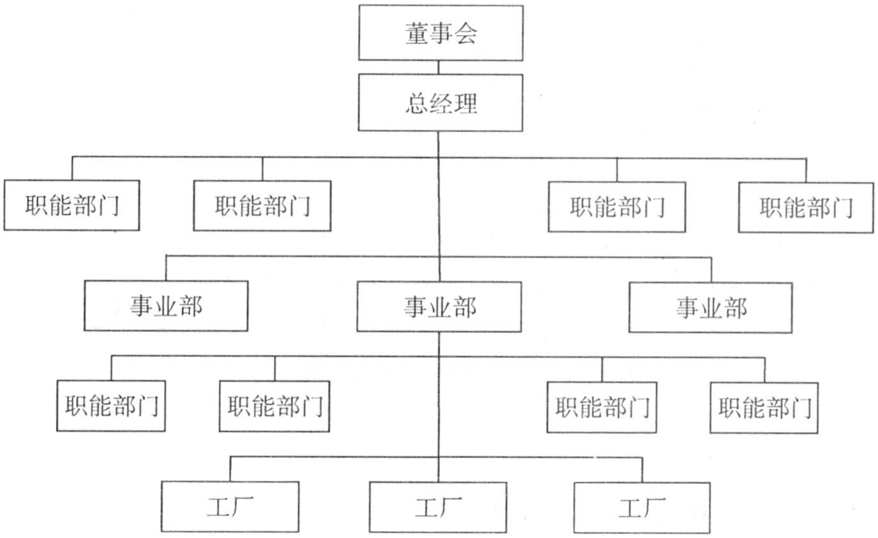

图 8.5　M 型组织结构

8.2.4 模拟分权制结构

模拟分权制结构，也称模拟分散管理组织结构，并非真正的分权，而是一种介于U型结构的直线职能制和M型结构的事业部制之间的一种组织形态。它是人为的把组织划分成若干的单位或部门，并对其实行模拟独立经营和单独核算，目的是为了改善经营管理。需要注意的是，模拟事业部制单独核算和独立经营的模拟分权制结构，并非是真正的事业部，事实上只是把企业划分为若干的“组织单元”。这些划分出来的组织单元拥有较大的自主权和自己的管理机构，各个单元之间可以按照内部的转移价格来进行产品交换和利润的计算，负有的只是“模拟性”的盈亏责任，其目的就是为了能最大限度的调动各组织单元的积极性。除此而外，模拟分权制结构的优点还有：解决了因组织规模过大而不易管理的问题，高层领导把一定范围的权利下放给各组织单元后，行政工作的减少有利于其集中精力在战略性的问题上进行思考。模拟分权制结构的缺点在于：难以为组织内所有的成员和组织单元明确任务和具体的要求，较难以业绩为中心，进一步地造成考核方面的困难；各组织单元的高层也不易了解组织的整体情况，容易在信息沟通和决策权的分配上出现问题。如图8.6所示。

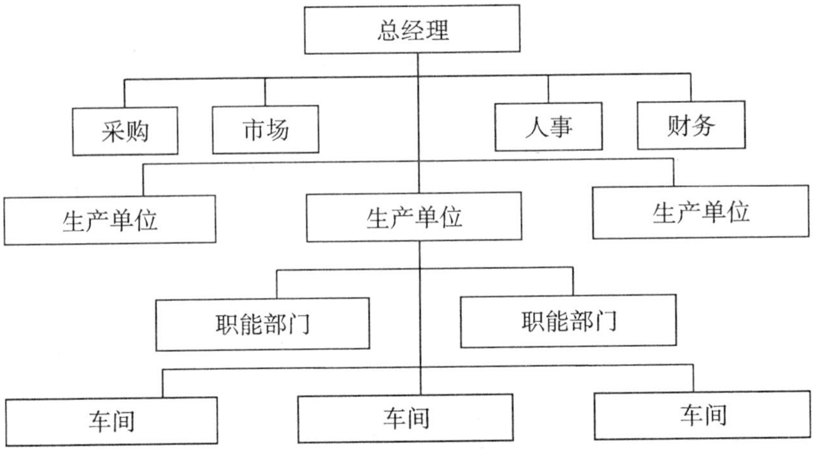

图8.6 模拟分权制结构

8.2.5 矩阵制结构

矩阵制结构，是既有按管理职能划分的垂直领导系统，又有按照产品或项目划分的横向领导关系结构的组织形态。矩阵制结构最重要的特征就是拥有双重权力链。一般来说，为了完成某一项目或任务，从各个职能部门抽调项目或任务完成所必需的各种专业人员组成工作组。这个工作组里的人员，同时接受所在职能部门的领导和临时组建的工作组的领导。一旦项目或任务完成，工作组即会撤销，各人员仍回到原部门工作。

矩阵制结构最显著的优势就在于结构非常的机动和灵活，可以随着项目和任务的开始与结束来对组织进行调整，工作组可以随时组织和解散。这就要求组织内各个部门之间有效沟通和融合，让各自的工作和整体的工作结合在一起。两类部门的人员要在矩阵的各个焦点上紧密配合，形成良好的内部客户关系。矩阵制结构的组织必定是充满活力的组织。当然，矩阵制结构也有自身的缺陷：临时组成的工作组内的负责人责权不对等，责任大于权力，因为来参加项目或任务的人员来自各个职能部门，隶属关系仍在原来的部门，所以项目或任务负责人对其没有足够有效的激励和惩治手段，难以实施有效管理；工作组里的人员因为是临时受命而对工作的完成质量有一定影响。如图 8.7 所示。

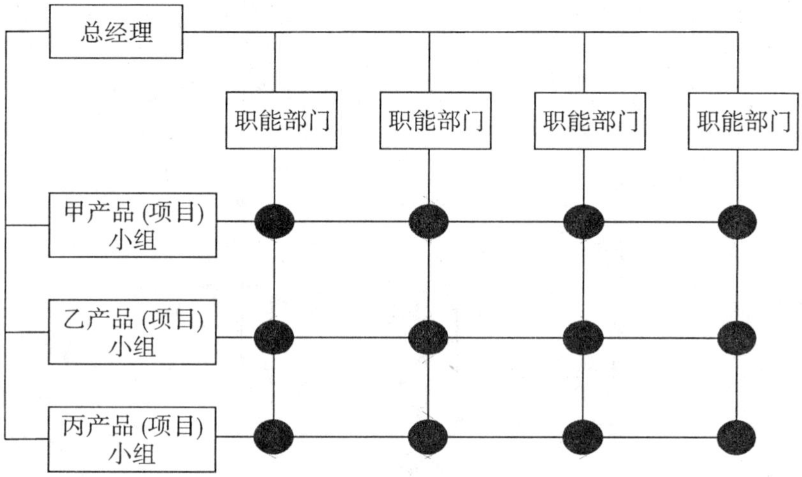

图 8.7　矩阵制结构

8.2.6　多维立体结构

多维立体结构，是由二维矩阵组织的基础上发展演变而来的，其实质是 M 型组织结构里引入矩阵制结构构成的。多维立体结构整合了事业部制度、矩阵制和直线职能制三大组织结构的优势。多维立体结构突破了以前二维矩阵结构未能考虑的时间和区域性限制，采用三维的组织结构形式：职能部门、事业部、地区或时间。其中，按产品划分的事业部，是产品利润中心；按职能划分的专业参谋机构，是专业成本中心；按地区划分的管理机构，是地区利润中心。可见，多维立体结构一方面促进职能部门和事业部门有效地协调和合作，另一方面由于时间和空间因素的引入，使得组织在不同的时间和地点，都能够及时而准确的进行各类经营活动。多维立体结构使得三个机构得以协调一致，相互之间紧密配合，为组织总体目标的实现服务。此类组织结构适合多样化经营、跨地区或跨国经营的公司，能够适应复杂多变、不确定性高的竞争环境。但同时，由于多维立体结构的规模比较庞大，相关费用也比较高，相互协调也并不容易。如图 8.8 所示。

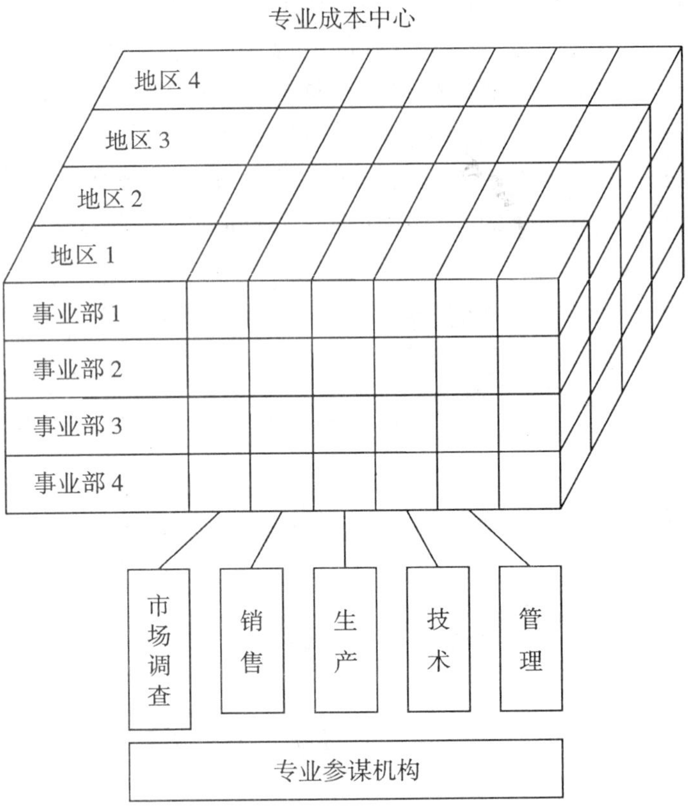

图 8.8　多维立体结构

8.3　新型组织形态类型

随着经济全球化的加剧和知识经济的到来，组织面临的外部环境更加复杂化，竞争也日趋激烈，基本的组织结构已经越来越不能适应灵活多变的环境。因此，新型的组织形态也随之出现，其中，明显的变化趋势就是组织中垂直的层级越来越少，横向的整合性愈加强大，组织趋向扁平化和团队化。另外，组织内部各部门之间与组织和组织之间的边界也日趋模糊，呈现无边界化和虚拟化的趋势。而随着组织内部业务流程不断地进行改革和再造，组织的结构形态也开始建立在内部核心流程上。除此而外，还有诸如学习型组织、创新型组织、女性化组织等新兴的组织结构形态因顺应新的环境逐渐呈现出来。接下来，将对组织结构发展的新趋势作一简要介绍。

8.3.1　团队组织

如前所述，随着组织结构逐渐趋向扁平化，组织也更具弹性，这就要求管理者能够迅速的集结一批员工来共同完成某个特定的项目或任务。当管理者运用团队的形式作为协调组织活动的主要方式的时候，其组织结构称作团队结构。在现代组织当中，团队已经成为最流行的工作活动方式。团队相较于传统的组织结构来说，更强调团队员工的参与性，将决策权下放到员工手中，使员工充分发挥自身的价值，满足了个人发展的需求。

团队组织的优点在于：是对官僚结构的补充，克服了职能制组织结构自上而下的组织特点；团队组织一方面能保持一定的职能结构的优势，另一方面又能在团队关系中得益；打破了部门之间的障碍，内部成员知晓彼此存在的问题，并能相互沟通，避免了一味盲目的追求各自目标；团队组织的决策权掌握在团队手中，无需通过高层，因而加快了决策的速度；有利于团队士气的构建和提高，能促进员工的积极性从而提高工作效率。团队组织也存在不少问题：员工积极投入团队，可能遭遇冲突和双重忠诚的问题。因为团队和部门经理对员工的要求可能不一致，而这些冲突有可能导致大量的时间花在团队员工的磨合与协调上，进而导致效率低下；团队所带来目标的过度分散，可能使成员过度注重团队任务，而忽略了公司整体战略。团队组织的有效运行，还要求其成员有较高的自律性。此外，团队的规模也需要有一定的控制，因为过于庞大的团队会造成许多问题，比如组织灵活性降低、任务缺乏明确性、沟通有效性下降等。

8.3.2　无边界组织

在传统的组织结构当中，组织与组织之间以及部门与部门之间的边界是清楚的。因而，员工能够清晰明确地识别各自的责任。但存在的问题是，当面对复杂多变的外部环境时，组织内部可能会因此而不够灵活，失去弹性。由此，通用电气的前任总裁杰克·韦尔奇提出了无边界组织的概念，用以描述他心目中通用公司的理想形象。在传统组织结构中，组织内外边界制约着创造性，浪费时间，导致低效率并且制约组织的发展。而在无边界组织内部，命令链进一步削弱，控制跨度无限扩大，各职能部门将被充分授权的团队所取代，组织内部的横向和纵向界限减少，组织与相关利益群体的外部障碍也得以消除。组织内的员工成为了流动性强、职责界定不固定的角色。通常来说，无边界组织依赖信息技术的支持，以能够实现员工的跨组织界限交流，因此也有学者称其为T型组织。

在无边界组织中，为了使组织结构更进一步的扁平化、将等级层次作业降到最低，管理者需要尽量的取消组织的垂直界限。另外，职能部门之间的水平界限在一定程度上抑制了不同职能、产品线和工作单元之间的联系。要减轻这类障碍，一个途径是以多功能团队来取代职能部门，基于组织的工作流程来进行活动。另一途径是，在组织内部实行轮岗制，让员工熟悉组织内部的各类工作活动，有助于对组织内通才的培养。要消除组织与外部的相关利益者（供应商、客户、公共管理部门等）以及地域而带来的阻碍，方法有：经营全球化、客户与组织间建立固定联系、公司之间实行战略联盟以及远程办公等。无边界组织的成功实施，在某些条件上与团队运作有相似的地方：组织内员工彼此充分的沟通和信任；员工拥有较高的知识技能，无需管理者过多的指导和参与；管理者要下放部分的决策权，给予员工充分的自由度等。

8.3.3 虚拟组织

虚拟组织，也称虚拟企业或虚拟公司。典型的虚拟组织是一种规模小，以发挥主要商业职能，而大部分组织职能通过外包的核心组织。从组织结构的角度来说，虚拟组织决策权力高度集中，部门化的程度相当低，有时甚至没有。对于虚拟组织来说，它可以不具有法人资格，也可以没有固定的组织层次和内部的指挥系统，而是一种开放式的组织结构。因此，虚拟组织需要从外部环境中找寻各类所需资源来执行组织内的一般职能，比如研发、生产、销售等，它只把精力集中在自己最擅长的领域。集中各专业领域的独特优势，充分整合利用外部资源，虚拟组织就能以强大的结构成本优势和灵活性，完成某些对单个组织来说难以承担的市场功能。

虚拟组织的关键特征存在四个方面：首先，虚拟组织主要是利用现代信息技术手段建立和发展起来的。现代信息技术加强了组织与外界的联系，在一个强大的信息技术平台上，组织才能有机会重新考虑自身机构的边界，不断的缩小内部生产经营的范围，并且相应的扩大与外部组织之间的分工协作。一般来说，虚拟组织与外部的合作关系不会持久，大多不正式，有时是机会主义的。其次，前面提到的无边界组织更多强调的是组织内部职能的界限模糊化，虚拟组织则更多的是重新定义了组织与组织之间的边界。第三，虚拟组织要求更多的相互依赖和相互沟通，给予彼此更大的信任。最后，由于每个合作者都把自身的核心竞争力贡献出来，从而使创建一个完美的组织变得可能。

从图 8.9 可知，虚拟组织的核心是一群管理人员，它的主要职能几乎都外包了出去。而管理人员的工作职责就是直接监管公司内部的经营活动，同时协调为虚拟组织进行研发、生产、销售以及其他职能活动的各个组织之间的关系。虚拟组织主要的优点就是有较强的灵活性，主要缺点是管理人员对组织外包的各项职能活动缺乏强有力的控制。

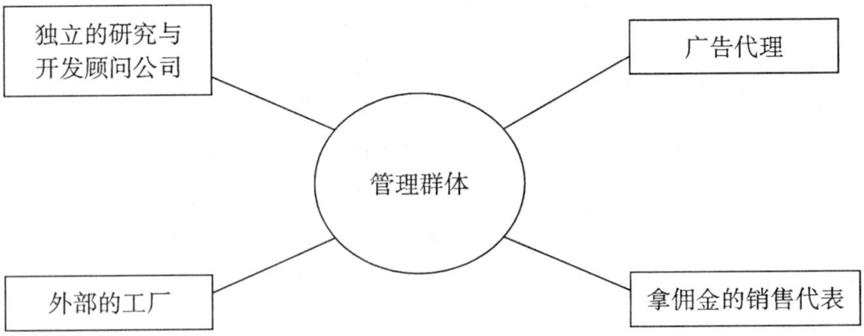

图 8.9 虚拟组织

8.3.4 基于流程的组织

流程作为组织存在的根本，它是组织的中心，流程创造价值，组织就是为流程来服务的。但是，流程的观点与传统组织主导的职能维度不相匹配，必须从流程本身这个维度出发来直接主导组织结构，由业务流程来直接对客户负责。为使流程化的管理效果得以充分的发挥，必须围绕流程重新设计组织的结构，于是就产生了新型的组织形态类型，即基于流程的组织，更加强调组织内部的横向关系。

基于流程的组织是一种多维度结构，即流程和职能两个维度的组合。在这样一个组合中，流程是主导维度，职能是辅助维度，职能是为流程服务的。建立基于流程的组织需要注意四个方面：其一，确定维度的基本框架。通常来说，维度的基本架构由业务流程体系和相关的职能服务中心组成。一个组织的业务流程体系包括多个核心和非核心业务流程，而一个流程又包括几个子流程和多个基本流程的团队。其二，建立高层的领导团队。在基于流程的组织中，领导团队是组织顺利运行的必备条件，且这个团队要具备战略分析、专业知识技术和组织协调能力等综合性的专家级管理人员。领导团队主要负责的三个层次是：对组织进行的战略性思考，以促进组织进一步发展；设置和调整流程维度和职能维度的结构，以确保组织结构效率的实现；对业务体系中的工作团队和职能服务中心进行整合、协调以及提供相关指导。其三，保证信息传播渠道的有效和畅通。基于流程的组织更进一步地依赖信息传播，有效且通畅的信息传播渠道是组织实现以流程为中心，组织结构扁平化的重要条件。无论是流程体系的运转还是职能中心的服务都需要这样一个平台来支持。而目前发达的现代网络技术也为构建信息渠道提供了优良的条件和环境。其四，要建立基于流程的组织，还要注意时刻围绕为客户提供价值这个中心来考虑问题。

基于流程的组织优点在于，它将焦点聚集在顾客的需求上，从而使组织在效率、速度和顾客满意度方面得到显著的改善。由于这种结构的管理层次少，更注重的是横向沟通，从而能够提高组织中信息传递的速度和有效性。相较于传统的组织结构，基于流程的组织更加灵活机动并且更能适应外部环境的变化。其缺点在于：要真正实施基于流程的组织结构还面临各方面的困难。首先，组织内部的员工要在思想、技术和工作角色等方面进行根本性的转变，这就需要相当长的时间和资源的耗费，并可能受到各职能部门管理者和专家型员工的反对和阻挠。其次，就是对关键流程进行识别的时候，需要准确的掌握客户需求，否则员工绩效和顾客满意度都可能受到影响。最后，基于流程的组织要求工作团队对相关技能要熟练的掌握，以免为了达成一致意见反而使得决策速度变慢。

8.3.5　其他新型组织形态

除上述四种新型的组织形态之外，现对其他新兴的，在现代组织中应用相对广泛，或是有可能在未来发展中成为趋势，或是比较特别的一些组织形态做简要介绍：

1. 学习型组织

彼得·圣吉（Peter M. Senge，1990）在《第五项修炼》中将学习型组织描述为“在其中，大家得以不断突破自己的能力上限，创造真心向往的结果，培养全新、前瞻而开阔的思考方式，全力实现共同抱负，以及不断一起学习如何共同学习”。学习型组织的定义：是指能够熟练地创造、获取、解释、转移和保留知识，并根据这些新的知识和观点，自觉地调整自身行为的组织。在现今时代背景下，不断的进行学习，拥有优秀的学习能力，是每个组织维持生存的基本条件。不同于以往的学习，学习型组织更强调的是在发现错误后进行改正时，不是依赖于过去的常规程序和当前政策，而是包含了对组织目标、组织政策和常规程序的修订。学习型组织有利于不断的进行组织变革。

学习型组织的特性有：一个全体成员认同的构想；在解决问题和实施工作的时候，摒弃旧的思维方式和常规程序；作为相互关系系统的一部分，成员们对所有的组织过程、活动以及其环境的相互作用关系进行思考；无论是横向还是纵向，成员之间可以坦诚地沟通，不必担心受到批评或惩罚；组织内成员摒弃个人和部门利益，为实现组织的共同理想一起工作。圣吉提出，传统组织要改造成学习型组织需要进行五项修炼：自我超越、改善心智模式、建立共同愿景、团队学习和系统思考。

2. 创新型组织

所谓创新型组织，就是指组织拥有较强的创新能力和创新意识，能够在组织、管理和技术等方面进行不断的创新活动。彼得·德鲁克（P. F. Drucker）认为创新型组织就是把创新精神制度化而创造出一种创新的习惯。值得注意的是，创新型组织的前提是其首先是一个学习型组织。因为创新通常是以积累一定的知识为基础，学习是创新的前提，也是创新的准备。在创新型组织中，组织文化对创新活动进行激励和支持，应当将其作为核心内容，从而在组织内部形成创新文化。与此同时，由于创新能够赋予资源创造财富的能力，相对于新知识和新技术的掌握来说，创新型组织更强调的是内部资源的整合，让创新成为组织的一项基本职能。同时，创新也是发展和取得构成组织核心能力的技术与技能的基本手段，是组织改革、实现多元化的必由之路。在知识经济时代，创新就是创新型组织的核心竞争力。最后，需要指出的是，在创新型组织里，创新并不是某一个或某一群员工的活动，而是整个组织乃至各个层次员工的共同活动。所以，团队其实是创新型组织的基本工作单位，也是基本创新单位。从另一个角度来讲，实质上，创新型组织也是团队创新思想的一种引申。

3. 女性化组织①

20 世纪 80 年代初，一些组织理论学家开始探索女性的价值观与组织结构之间的关系。他们最主要的发现是，女性偏爱那些重视人际关系和人际交往的组织。据这些理论家所言，这是由女性社会化的方式决定的："很少有人能够怀疑，在很大程度上，女性的社会化角色是家庭主妇的角色，女性要支持别人，照顾别人，要维系长期的家庭关系，要让家中每一个人都有成就感，并尽可能地使各人的利益与大家的利益协调起来。"组织社会学家乔伊斯·露丝查德（Joyce Rothschild）对女性化组织方面的有关研究进行归纳和发展，建立了具有 6 个特点的女性化组织模型：重视组织成员的个人价值；非投机性；事业成功与否的标志是为别人提供了多少服务；重视员工成长；创造一种相互关心的社会氛围；分享权力。露丝查德认为，由女性管理并为女性服务的组织，女性化组织模式的运作效果可能很好，如北美著名的玫琳凯化妆品公司。因为在

① 斯蒂芬·P. 罗宾斯. 组织行为学［M］. 孙健敏，黄卫伟，等，译. 北京：中国人民大学出版社，2008：437－438，307－308.

女性化组织中，组织观念不易发生冲突，并且由于相对灵活的工作时间、同性别之间更容易沟通等特性，女性化组织模式更易生存。

8.4　组织结构与员工行为

组织结构与员工行为的关系如何？组织结构是如何影响员工行为的？有哪些影响？在讨论这些问题之间，我们要先弄清楚组织结构和员工行为分别所指的内容。首先，这里的组织结构指的是组织结构的一些变数，包括科层结构、组织层级、集权、高耸或扁平组织、管理层次和管理幅度等。员工行为包括员工参与度、工作满意度、工作绩效和创新精神等。经过大量的研究表明，组织结构与员工行为并不存在一种唯一的关系，不能适用于所有的个体和组织。并不是每个人都喜欢灵活自由的工作，也并不是每个人都讨厌每天机械反复的工作。所以，在讨论有关组织结构对员工行为的影响的时候，必须要首先考虑组织中个体之间的差异。这种差异可以描述为员工因自身因素而对集权程度、工作专门化和控制跨度的不同偏好。

1. 集权程度与员工行为

集权程度与员工行为有很高的相关性。事实表明，参与程度很高的员工适合分权程度大、柔性程度高的组织。而低参与度的员工则更适合比较机械的组织。因而，员工的参与程度和工作满意度呈正相关关系。另外，由于员工的个体差异，对于自信心不强的员工，越是集权的组织机构，工作满意度就会越高。因为这样的员工自我能力把握不足，反而决策集中在上级，自己只负责执行命令就不会觉得有负担。

2. 工作专门化与员工行为

有证据表明，当不考虑员工的个体差异和工作类型的情况下，工作的专门化会致使员工的生产效率提高，但却是以牺牲工作满意度为代价。这种情况，在讨论组织结构的特征时也提到过，工作专门化程度不断提高，却不能持续提高生产率，其原因就是不断重复单调性的工作会使员工感到枯燥乏味、疲劳感增加、厌烦情绪严重等状况。当这些非经济性因素的增长超过了经济性因素增长的时候，生产效率就会受到影响。相对地，在某种程度上讲，丰富工作的内容和复杂性，反而能提高员工的满意度，工作效率也相应提高。

随着教育的普及，大多数的员工都受过中高等教育，他们渴望工作富有挑战性，工作本身就能给他们带来成就感，他们更多注重内在的激励。针对这种类型的员工，高度的工作专门化就会致使生产率的降低。当然，还是会有员工对专门化程度高的工作更加偏爱，他们所追求的就是一种稳定感和安全感，工作专门化的程度高就会提升工作满意度。

3. 控制跨度与员工行为

通常认为，控制跨度比较大的组织结构，员工的自主性比较强，能充分发挥主观能动性，从而员工工作满意度会比较高。但是，这也是随着员工个体差异不同而有所不同。有些员工就是喜欢受到监管，而控制跨度过大，管理者要照顾到所有的员工就不那么实际了。这样就会造成这类员工工作积极性降低，从而导致工作绩效下降。所以，要根据员工的自身能力、工作任务和内容等来选择合适的组织结构的控制跨度。

总之，组织结构与员工行为的关系是复杂的，必须对工作任务性质、员工个人以及外部环境等因素进行多方面的考虑，才能充分运用组织结构对员工行为的影响，引导组织内的员工行为朝着组织期望的方向发展。

【本章小结】

组织结构是指构成组织各要素的排列组合方式，即组织各管理层次、部门及岗位之间所建立的一种人与事、人与人的相互关系。它反映了工作任务是如何进行分工、分组和协调合作的。

组织结构的六个特征和维度：专门化、规范化、集权、部门化、命令链、管理层次和管理幅度。

影响组织结构的因素主要外部环境、组织战略、技术条件和组织规模。外部环境总是处在不断的变化中，如何随着环境的变化对组织结构进行相应调整是管理者的一个最基本的任务；组织战略的选择不同，组织结构也要做出相应的调整；程序化技术越高的组织，组织结构偏向高耸，管理层级就越多，部门化也就越强；组织规模对于组织结构的影响并不是简单的线性关系，随着组织规模的扩大，这种影响是在逐渐减弱的。

基本的组织结构有：U 型组织结构、H 型组织结构、M 型组织结构、模拟分权制结构、矩阵制结构和多维立体结构。在外部环境不断变化和更新的情况下，涌现了许多新型的组织形态：团队组织、无边界组织、虚拟组织、基于流程的组织以及其他新型组织形态类型。

组织结构对员工行为影响因素主要有：集权程度、工作专门化和控制跨度。参与程度很强的员工就适合分权程度大、柔性程度高的组织，而低参与度的员工则更适合比较机械的组织；工作专门化的程度不断的提高，能暂时提高生产率，但是以牺牲工作满意度为代价，不能持续提高生产率；控制跨度比较大的组织结构，员工的自主性比较强，能充分发挥主观能动性，从而员工的工作满意度会比较高。

【复习思考题】

1. 组织结构的定义，其主要特征有哪些？
2. 哪些因素对组织结构产生影响？
3. 简述六种基本的组织结构。
4. 列举新型组织形态在当代组织中的应用。
5. 简述组织结构与员工行为之间的关系？

【参考答案】

1. 组织结构是指构成组织各要素的排列组合方式，即组织各管理层次、部门及岗位之间所建立的一种人与事、人与人的相互关系。组织结构反映了工作任务是如何进行分工、分组和协调合作的。其主要特征有：专门化、规范化、集权、部门化、命令链、管理层次和管理幅度。

2. 影响组织结构最主要的因素是四个：外部环境、组织战略、技术条件和组织规模。

3. 基本的组织结构：U 型组织结构、H 型组织结构、M 型组织结构、模拟分权制结构、矩阵制结构、多维立体结构（具体特征详见正文内容）。

4. 例如虚拟组织，思科公司就是一家典型的研究开发公司，它使用外部的供应商和独立的制造厂商来组装由它们的工程师设计的因特网路由器等。

5. 集权程度、工作专门化和控制跨度都与员工行为之间存在关系。

【案例分析】

杜邦公司的成长和结构进化

杜邦公司于 1802 年在美国特拉华州创立，初期以制造黑火药为主。现在已经成长为一家以科研为基础的全球性企业，产品和服务涉及农业、营养、电子、通信、安全与保护、家居与建筑、交通和服装等众多领域。该公司业务遍及全球 70 多个国家和地区，有雇员 79 000 人。在 200 多年的发展历程中，杜邦公司通过产权变革、技术创新、管理创新等促进了公司的可持续发展。组织结构创新是贯穿杜邦公司 200 年发展历程的一项重要变革，杜邦公司的很多组织结构方式被其他公司认同和采用。

一、单人决策结构

整个 19 世纪，杜邦公司规模不大，经营产品比较单一，基本上是火药；公司产品质量竞争者难以超越，市场变化不甚复杂。杜邦公司基本上是单人决策式经营，这一点在亨利身上最为明显。他军人出身，利用铁腕统治公司，有人称之为“恺撒型”管理者。公司的所有主要决策和许多细微决策都要由他亲自制定，他亲自周游全国，监督公司的好几百家经销商，这与“将军”的非凡精力也是分不开的。直到 72 岁时，亨利仍不要秘书的帮助；任职期间，他亲自写的信不下 25 万封。19 世纪末，亨利的侄子尤今承袭这种家长式的管理方式，由于经验不足，公司陷入危机之中。

二、集团式管理结构

为了渡过危机，杜邦公司的管理继任者改变了原有的单枪匹马的管理方式，设计了一种集团式经营的管理体制。杜邦成为美国第一家把单人决策结构改为集团式经营的公司。公司在最高决策机构董事会之下建立了执行委员会，是公司的最高管理机构，董事长兼任执行委员会主席。在董事会闭会期间，大部分权力由执行委员会行使。此外，杜邦公司建立了预测、长期规划、预算编制和资源分配等管理方式。在管理职能分工的基础上，建立了制造、销售、采购、基本建设投资和运输等职能部门。在这些职能部门之上，是一个高度集中的总办事处，控制销售、采购、制造、人事等工作。20世纪初，杜邦公司生产的五种炸药占当时全国总产量的64%～74%，生产的无烟军用火药则占100%。第一次世界大战中，协约国军队40%的火药来自杜邦公司。公司的资产到1918年增加到3亿美元。

三、多分部结构

杜邦公司在第一次世界大战中的大幅扩张和多角化经营，使得原有组织结构缺乏弹性的问题得以暴露。尤其是1920年夏到1922年春，市场需求突然下降，使许多企业出现了所谓存货危机。杜邦公司经过研究，创立了一个多分部的组织机构。在执行委员会下，按各产品种类设立分部，并在各分部设立会计、供应、生产、销售、运输等职能处。各分部是独立核算单位，分部的经理可以独立自主地统管所属部门的采购、生产和销售。高层管理人员总部在大量财务和管理人员的帮助下，监督这些多功能的分部，用利润指标加以控制，使它们的产品流量与波动需求相适应。新分权化的组织使杜邦公司很快成为一个具有高效能的集团，经营领域进一步扩大，并且相继推出一系列重要的新产品，迅速发展成为合成橡胶、尼龙、塑料等产品的世界霸主。这种企业组织结构成为许多大公司沿用至今的主流组织结构。

四、“三头马车式”的结构

杜邦公司以前实施的执行委员会和多分部式改革是力求在集权和分权之间找到一个平衡点。20世纪60年代以后，在面临众多专利到期和强敌挑战的背景下，杜邦公司提出“三头马车式”结构。1962年，公司的第十一任总经理科普兰上任。除了不断完善和调整公司原设的组织机构外，1967年底，科普兰把总经理一职史无前例地让给了非杜邦家族的马可，财务委员会议议长也由别人担任，自己专任董事长一职，从而形成了一个“三头马车式”的体制。1971年，他又让出了董事长的职务。20世纪60年代后杜邦公司的成功，不能说与新体制无关，因为企业组织机构的设置适应了企业在不同时期各方面的需要。科普兰说：“‘三头马车式’的集团体制，是今后经营世界性大规模企业不得不采取的安全设施”。

五、网络性组织结构

鉴于经济全球化、知识经济网络化、数字化的特点，杜邦公司从“模块”的角度对企业重新审视。模块组合强调各模块相对独立地运作于各自的市场，根据各自市场来自竞争者、顾客等方面的变化进行调整，而企业其他各部分可以无需调整。近年来，杜邦公司大力进行营销机制的改革，完成了“模块组合”改组，将原有的五个业务部门外加石油和天然气营销业务部门，划分为直接运作于市场的20个规模较小的业务部门。组织结构变革的结果是管理组织结构正在变“扁”变“瘦”，综合性管理部门的地位和作用更加突出，形成了网络性的组织结构。

案例思考题：

1. 杜邦公司组织结构变革的历史说明了什么问题？
2. 什么是网络化结构？它的特点是什么？

3. 你认为未来组织结构的发展趋势是什么？为什么？

【推荐阅读书目】

1. 德鲁克．管理的实践［M］. 齐若兰，译. 北京：机械工业出版社，2006.
2. 斯蒂芬·P. 罗宾斯. 组织行为学［M］. 孙健敏，黄卫伟，等，译. 北京：中国人民大学出版社，2008.

【参考文献】

［1］德鲁克．管理的实践［M］. 齐若兰，译. 北京：机械工业出版社，2006：160.

［2］斯蒂芬·P. 罗宾斯. 组织行为学［M］. 孙健敏，黄卫伟，等，译. 北京：中国人民大学出版社，2008：437－438，307－308.

［3］伍晋明．从海尔组织变革看组织架构的选择［J］. 人力资源开发与管理，2007（12）.

［4］张辉．扁平化组织的弊端［J］. 企业管理，2005（11）：23－24.

［5］胡君辰，杨永康．组织行为学［M］. 上海：复旦大学出版社，2004.

［6］时巨涛，马新建，孙虹．组织行为学［M］. 北京：北京师范大学出版社，2008.

［7］张德，吴志明．组织行为学［M］. 大连：东北财经大学出版社，2006.

［8］陈春花等．组织行为学［M］. 北京：机械工业出版社，2009.

［9］关培兰．组织行为学［M］. 北京：中国人民大学出版社，2002.

［10］叶龙，史振磊．组织行为学教程［M］. 北京：清华大学出版社，2006.

［11］徐仁辉，杨永年，张昕．公共组织行为［M］. 北京：北京大学出版社，2006.

第 9 章　组织文化

【本章结构图】

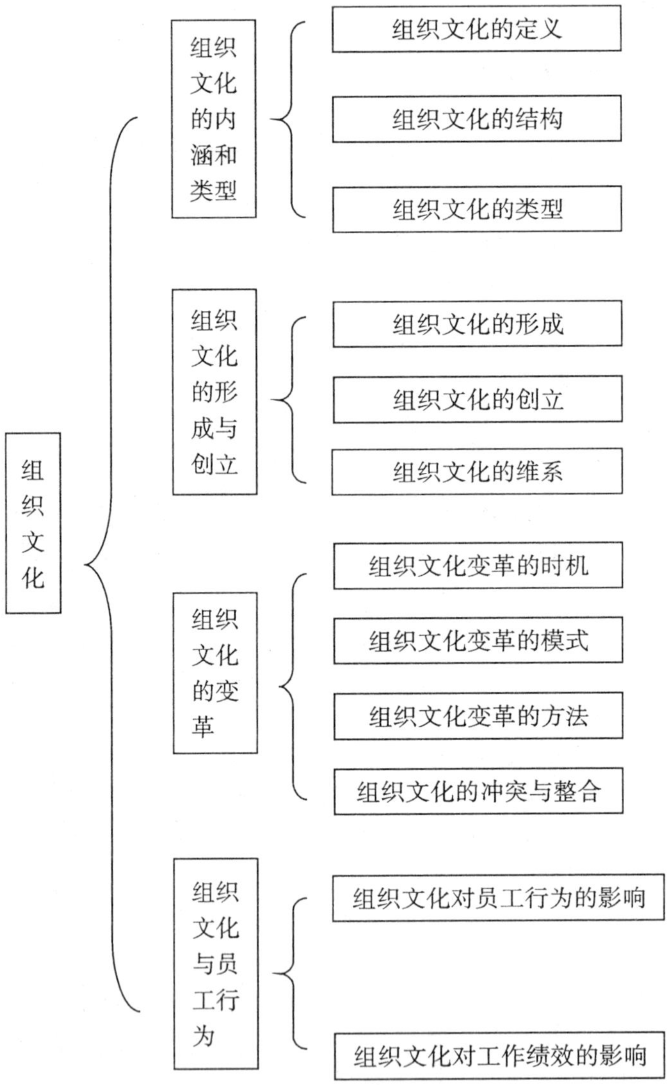

【本章学习目标】

通过本章学习，掌握组织文化的基本概念和类型，了解组织文化的类型及各自特点，明白组织文化形成的原因、创立的方法以及维系的过程，掌握组织文化变革的原因及变革的方法，并且理解组织文化与员工行为之间的关系。

【引导案例】

企业文化挽救了电视机厂

美国得克萨斯州一家电视机厂因为经营管理不善而濒临倒闭，老板决定请一名日本人来接管。七年后，在这位日本人的管理下，产品数量和质量都达到了历史最高水平，令美国人赞叹。日本人靠的是尊重人。这种优秀的文化表现在其所采用的三项措施之中。第一，接管之初，新任经理把职工召集在一起，不是指责、嘲笑他们的失败，而是请他们喝咖啡、聚会，向每一个职工赠送一台半导体收音机，同时也诚恳地向他们提出一些合理的要求。第二，日本经理不像美国人那样与工会闹对立，而是主动地选择拜会工会负责人，希望多多关照，力图使美国工人解除心理戒备，在感情上与美国人靠拢。第三，工厂生产有了起色之后，需要增加劳动力，日本经理不是去招收年轻力壮的新人，而是把以前被该厂解雇的老职工全部召集回来重新任用，以培育工人们的报恩之心。

这家企业正是靠优秀的企业文化起死回生的。企业文化在一个组织中所起到的作用是无可比拟的，如何在组织中正确运用文化，使之影响员工行为，从而实现组织目标，这是组织行为学一个十分重要的问题。

9.1 组织文化内涵与类型

组织中的文化现象很早就有，但是在20世纪80年代开始才受到关注，并逐渐被认识到其在组织管理与发展中所起到的重要作用。第二次世界大战结束时，日本从一片废墟上开始发展经济，经过短短20年的发展，日本开始在汽车、钢铁、电子、造船等一系列领域冲击美国的霸主地位。到20世纪70年代末、80年代初，日本企业强大的经济实力已经对欧美企业构成了威胁和挑战。于是越来越多的学者开始研究为什么美日企业在竞争中美国企业总是处于不利地位。1979年，美国学者沃尔格出版的《日本名列第一》一书开创了研究组织文化的先河，随后众多的研究者以及企业管理者认为：美日企业在组织绩效上的差距主要来源于组织文化。他们注意到双方管理模式及组织文化的不同对企业经营业绩的影响，并发现组织也像人一样具有个性，有的组织充满活力，有的组织却很消极和呆板。在这样的认知背景下，组织文化的研究得到日益重视并取得快速发展，并对管理理论的丰富和管理实践的发展产生着越来越重要的影响。

9.1.1 组织文化的定义

对于组织文化的研究兴起之后，其内容越来越丰富，与其研究相关的学科有很多，例如人类学、社会学、管理学、心理学等，不同的学者从不同的角度对于组织文化的理解各不相同，以下是一些具有代表性的定义：

"组织文化是心灵的集体行动方案。"（霍夫斯泰德，1980）

"组织文化是一些强有力的、广泛分享的核心价值观。"（奥雷利，1983）

"组织文化是一个具体群体在学习应付外部适应和内部承认的问题中已创造、已发现、或已发展的一个基本假设模型。"（斯凯恩，1985）

"组织文化是一套帮助组织内的员工理解什么行为是可被接受的、什么行为是不可被接受的价值观。"（墨赫特，1995）

结合以上几类定义，本书采用的组织文化的定义是：组织在形成和发展变化的过程中，通过对外界的适应与对内部整合而学习和获取的知识和经验，它最终体现为一整套相互交织和模式化的基本假设，包括组织对人性、人际关系、时间、空间、现实和真理的判断，也包括业已形成的精神、观念、习惯、行为和制度。①

9.1.2 组织文化的结构

为了准确地识别和解释组织文化的内容，我们需要进一步通过对组织文化要素分析来进行推断。组织文化由无形的和有形的部分共同构成，无形的部分通过有形部分来进行体现和强化，同时又是有形部分的提炼和升华。

组织文化的结构，是指组织文化各种内容和形式之间的层次关系。组织文化可以看作是由4个不同层次的文化内容组合而成的整体结构，由图9.1可知，一个完整的组织文化由核心层次的精神层、中层次的制度层、浅层次的行为层以及表层的物质层所组成。

1. 物质层

组织文化的物质层，也称组织的物质文化。它是以物质形态表现出的组织精神，是作为精神文化载体的物质，如企业名称、标志、产品、厂房、设施、服务、厂容厂貌等看得见摸得着的有形的物质文化，是组织文化的表层部分，它能折射出其他层次的文化，且是形成其他层次文化的条件。如海尔的名称与商标、其领袖人物张瑞敏、海尔对外的一系列宣传、海尔电器、完善周到的售后服务等所表现出来的海尔文化的特征，都是海尔组织文化物质层的组成部分。组织文化的物质层是组织内部员工以及外部人员对组织文化最先感受和注意到的部分。

---

① 王今舜，庄菁．组织文化．长沙：湖南师范大学出版社，2007.

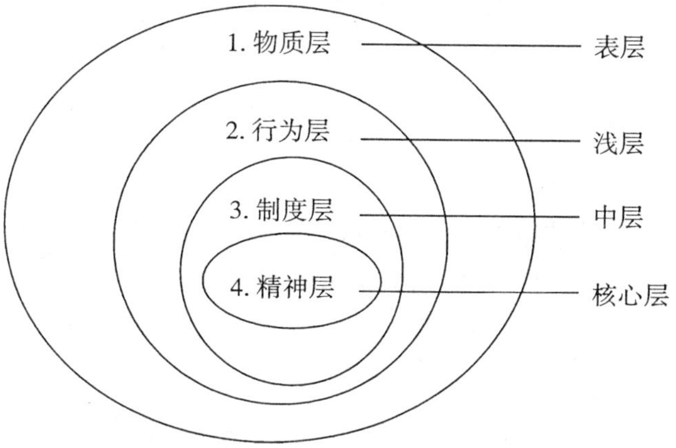

图 9.1 组织文化的层次结构

2. 行为层

组织文化的行为层，也称组织行为文化。它是浅层的组织文化，是组织全体员工的行为活动所表现出来的组织精神。它是由组织员工在生产经营、工作学习、人员选拔评价活动、宣传教育、人际关系、文体娱乐等活动中所产生的文化现象。它既是组织精神面貌、作风与传统、人际关系的体现，又是组织价值观和经营哲学的折射。其中，最受大众与组织员工关注的是组织领导者和组织模范人物的行为。组织领导是组织运营中的主角，他们的行为对组织员工有示范作用，其思想言行和做事风格引导着组织文化的方向。组织中的模范人物是组织的中坚力量，他们的模范行为和事迹往往集中体现了组织的价值观，且经常被组织员工所仿效。最能反映组织文化的是组织员工的群体行为，比如组织员工自觉遵守规章制度、工作认真负责等群体行为都体现和决定了组织的文明程度和精神面貌。组织文化的物质层和行为层都较易被观察到，是组织文化的外显特征。

3. 制度层

组织文化的制度层，也称组织的制度文化。它处于组织文化的中层，是指组织为了达到特定目的所制定的各种规范制度，包括组织的规章制度、公约、纪律等制度形态的东西，是一种人为制定的程序化、标准化的行为模式和运行方式，集中体现了组织文化其他层次对员工和组织行为的要求。制度文化应该是精神文化的产物，必须要体现精神文化的本质才能够被有效实施。在现实中，我们可以看到即使两家组织书面规定的制度规范相同，但实施的结果却有很大差异，这就证明了制度文化是由精神文化决定的。

4. 精神层

组织文化的精神层，也称组织的精神文化。它是一种深层次的文化现象，处于组织文化系统中的核心地位，决定着制度文化、行为文化和物质文化的内容、表现和结果。组织的精神文化包括组织精神、组织道德、价值观念、经营哲学、管理思维方式、组织风貌等，是组织意识形态的总和。它源于组织长期的生产经营活动和文化学习，是组织积累的一种群体意识，并深深地根植于员工的心底。相较于其他层次的内容来说，精神层的内容较为稳定，它受社会、政治、文化传统、组织经营实践的影响较大，一旦形成就难以改变。

9.1.3 组织文化的类型

1. 从组织文化内在特征的角度

美国学者杰弗里·桑南菲尔德（Jeffrey Sonnenfeld，1989）通过对不同组织结构的研究，提出了一套标签理论，将组织文化分成四种类型：学院型、俱乐部型、棒球队型和堡垒型，帮助人们认识不同组织文化间的差异以及人与文化合理匹配的重要性。如图 9.2。

组织的开放程度

竞争的激烈程度	低	高
高	学院型文化 大学、可口可乐	棒球队型文化 咨询公司、投资银行
低	俱乐部型文化 航空公司、政府机构	堡垒型文化 零售商店、纺织品公司

图 9.2 组织文化的类型

（1）学院型文化：这种组织喜欢雇用刚刚毕业的大学生，组织为他们提供大量的专门培训，强调把员工培养成特定职能领域内从事专业化工作的专才，使之掌握专业技术知识和制度方面的学问，从而胜任组织所看重的连续性服务。许多成功的、有长久历史的组织（如大学、可口可乐公司、福特、IBM 等）都采用了强有力的学院型文化。但由于此类文化所强调的专业化发展，可能限制个人广泛发展以及跨部门间的协作能力。

（2）棒球队型文化：具有这种文化的组织从各种年龄和有经验的人群中寻求合适的人选，组织根据员工的产出状况来支付报酬，重视发明创造，给予工作出色的员工以巨额报酬和较大的自由度。由于这种激励机制的作用，员工往往具有较高的工作积极性，其才干、创造性和绩效都能得到重视和奖励。但是，在该类组织中的工作风险也较高，工作变动率较高，实际上没有长期保障。棒球队型文化通常体现在咨询公司、律师事务所、软件开发商以及投资银行等此类组织之中。

（3）俱乐部型文化：具有此类文化的组织非常重视员工的忠诚度和承诺，组织内部资历是关键因素，年龄和经验也非常重要。组织一般能为员工提供稳定而有保障的工作，并把管理者培养成通才，按资历逐渐晋升。俱乐部型文化的组织有政府机构、航空公司以及日本的许多大企业等。

（4）堡垒型文化：具有这种文化的组织主要着眼于公司的生存，几乎不提供工作保障和职业发展机会。这类组织对于喜欢挑战的人具有吸引力，而对于追求稳定工作机会和专业成长的人不具有吸引力。许多这类组织以前可能是学院型、俱乐部型的或棒球队型的，但在困难时期衰落了，现在出现在“求生存”的局面中。例如，传统的零售业和纺织品公司，可能需为生存而奋斗。

2. 从组织对待风险与接受变革的角度

Ansof（1979）从组织对待风险与接受变革的角度区分，把组织文化分为 5 种类型：

（1）稳定型文化（stable culture）：逃避风险，不接受任何改变。

（2）被动型文化（reactive culture）：允许最小的风险，几乎不接受任何改变。

（3）参与型文化（anticipating culture）：允许接受相当的风险，接受额外的改变。

（4）探索型文化（exploring culture）：考虑到风险与利益间的转换关系，接受许多改变。

（5）创造型文化（creative culture）：接受并乐于承担不熟悉的风险，不停追求新奇的改变。

3. 从组织任务和经营方式不同的角度

迪尔和肯尼迪（Deal and Kennedy，1982）把组织文化类型分为 4 种类型：

（1）硬汉文化（tough - guy，macho culture）：强调个人主义、喜欢具挑战性的工作、反应快、工作要求尽善尽美，人事流动率高，是一种风险程度高的文化。

（2）努力工作/玩时尽兴的文化（work - hard，play - hard culture）：工作与享受娱乐同时进行的生活，对工作坚持到底；员工喜欢采取低风险、迅速回馈的方式来获得成功，是一种风险程度低的文化。

（3）以公司为赌注的文化（bet - your - company culture）：决策中赌博的成份很高，影响层面广，要经过一段较长的时间才能得知结果，是面临一种风险极高、回馈却很缓慢的环境。

（4）重视过程的文化（process culture）：依照规定办事，工作上采取消极态度，不求创新，所冒风险程度相当低，也称为官僚作风。

4. 从组织内成员互动的角度

Wallach（1983）依据组织内成员互动的情况，把组织文化分为 3 种类型：

（1）官僚型文化（bureaucratic culture）：此类企业文化的组织通常为层级型组织，其组织层级结构与权责划分非常清楚、明确，工作性质大都已经标准化或固定化，建立在控制与权力的基础上。这类企业较为成熟、稳定并且行事谨慎。

（2）创新型文化（innovative culture）：此类企业所面临的竞争环境较为复杂多变，工作充满创造性及风险性，因此，具有企业家精神充满野心的员工比较容易成功。这种类型的文化重视成员的创新性和挑战性，尊重个人的独特性，容许成员冒险。

（3）支持型文化（supportive culture）：此类组织工作环境较为开放和谐，具有家庭温暖。组织具有高度的支持与信任，重视成员的参与、团队精神与人际关系。

5. 从卡梅隆和奎因竞争价值模型的角度

Cameron 和 Quinn（1999）在竞争价值观框架的基础之上将组织文化分为 4 种类型：

（1）宗族型文化（内向/弹性）：组织气氛开放、和谐，有大家庭的感觉，组织中具高度支持与信任，重视参与和团队合作，行事严谨保守，不喜欢接受风险与变革。

（2）创新型文化（外向/弹性）：重视创新，组织具高支持与信任，工作环境较为开放，容许冒险及尝试错误，接纳风险与变革。

（3）层级型文化（内向/控制）：组织层级明确，工作标准化，行事态度谨慎保守，规划风险并拒绝变革。

（4）市场型文化（外向/控制）：组织重视绩效与讲求效率，内部存在相互竞争，能接受大幅度的奉贤与变革。

6. 依据安定和控制力/弹性和个性，内在集中/外在集中的角度

Petrock（1990）依据安定和控制力/弹性和个性，内在集中/外在集中，把组织文化分为4种类型：

（1）家族文化：此类组织工作环境非常开放、和谐，组织中具有高度的支持和信任，重视员工参与和团队精神，员工行事态度谨慎、保守，且不愿意接受变革和冒险。

（2）阶级文化：此类文化较为正式、结构化，按照固定的程序来管理员工，一般较为稳定和成熟，且形式非常谨慎、保守。

（3）活泼文化：此类组织工作环境非常开放，重视员工的创新性与挑战性，尊重员工个性，容许冒险与尝试错误，且愿意接受组织的重大变革。

（4）市场文化：此类组织为成果导向，非常重视成本收益，讲求工作效率，组织中个人之间，部门之间的竞争非常激烈，经常冒险并能够接受组织的重大变革。

7. 从外部环境需要和公司战略重点的角度

Richard L. Daft 和 Dorothy Marcic（2003）基于两个维度来划分文化的类型：外部环境要求组织具有灵活性或者稳足性的程度；公司的战略重点表现为内向性或者外向性的程度。与这些差异性相联系的4种文化类型分别是适应性文化、成就性文化、宗族性文化和官僚性文化。

（1）适应性文化（adaptability culture）：员工享有自主决策权和行动的自由，对顾客的反应能力受到高度重视；管理者通过对创造力、实验和冒险的鼓励与奖励来积极地创造变革。通常出现在需要对环境做出快速反应、决策风险较大的环境里。

（2）成就性文化（achievement culture）：这是一种结果导向型的文化，重视为了取得某种结果而需要的竞争力、进攻性、个人的首创精神以及长期刻苦工作的意愿。高度重视竞争中取胜和实现特定的宏伟目标，是把组织成员凝聚在一起的黏合剂。

（3）宗族性文化（clan culture）：是指组织内部的战略重点在于员工的参与和介入，以快速满足来自于环境的不断变化的需要。宗族性文化高度关注满足员工的需要，组织的特点表现为互相关心的、家庭式的氛围。管理者推崇的价值观包括合作、替员工和顾客着想以及避免地位悬殊等。

（4）官僚型文化有着内部的战略重点，持续地定向与稳定的环境。公司推崇的是遵守规章制度和勤俭节约，企业文化支持和奖励讲究方法的、理性的、依次做事情的工作方式。在当今快速变化的环境里，很少有公司是在一成不变的环境里从事经营活动，大多数管理者都因为需要有更大的灵活性而走出了官僚性文化氛围。

任何一个组织都不是纯粹地属于某一种类型，大多是混合型组织文化。

9.2　组织文化的形成与创立[①]

9.2.1　组织文化的形成

组织文化不是凭空产生的，它的形成是一个历史过程，一旦形成便很难消失。一般情况下，组织当前的文化是由组织的创始人所创建，其对组织的早期文化影响最大，他们规划了组织的发展路程，把特定的想法与价值观表达出来并转化为组织发展战略。在这时候，组织的创立者只挑选和保留与他们具有相同理念与价值观的员工，并在工作中就这些想法与理念进行交流与灌输。在这个过程中，组织的领袖逐渐就成为了组织的榜样，员工会在自己的工作行为中通过观察、模仿和思考，以使自己的行为与组织的理念保持一致。当组织在这些理念与价值观的引导下获得成功后，它们就会被制度化，这时组织缔造者或关键人物的经营思想与战略眼光就会被认为是组织成功的决定因素，而反映领导者的个性、愿景与战略思想的组织文化则随之出现。如松下幸之助对松下组织文化的影响，杰克·韦尔奇对通用电器组织文化的影响，张瑞敏对海尔文化的影响等均证实了这一点。

组织文化产生的一般模式如图 9.3 所示。

组织文化形成以后，就会在组织的各项工作中体现出来，如组织招聘、业绩考核、培训和职业规划等，员工在各种规定和工作中会感受到什么是符合组织文化要求的行为。除此而外，组织文化的形成和形式也会受到组织所处的社会文化的影响，如组织所在的国家或地区的民族文化、风俗习惯、社会规范、道德标准等，都会强烈地影响到组织文化的形成。

9.2.2　组织文化的创立

组织文化的创立是指一个组织在对本组织认识与评价的基础上，组织高层领导者正式提出并在组织中倡导与实施的，以共同价值观、行为规范、经营哲学等为中心的组织文化，以使该组织文化更有益于组织目标的实现。创立或改造组织文化时，要有正确与明确的指导思想和组织文化目标，强调组织文化的个性特色与组织成员的参与性，结合组织的有关改革，同步地进行组织文化的创立与改革。组织文化的创立或改革应借鉴以下原则与程序：

---

① 时巨涛，马新建，孙虹．组织行为学（第 2 版）．北京：北京师范大学出版社，2008：357－362.

高层创立

企业创始人或高层管理者在一个新的组织中，制定并推行一种理念、经营思想或经营战略，试图实践或形成一种经营哲学

↓

组织行为

组织员工在许多方面的行为都受到高层管理者哲学和战略思想的指导

↓

经营成果

通过运用各种措施，组织取得成就，而且这种成功将持续相当一段时间

↓

组织文化

反映管理者理念、思想和战略以及组织员工在执行过程中的经历和体会的组织文化的产生

图 9.3　组织文化形成的一般模式

1. 组织文化创立的原则

（1）继承、借鉴与创新相结合的原则。应继承与吸收本组织所沉淀下来的现实文化的积极部分，并借鉴其他组织文化的长处，在此基础上创新与发展本组织文化。

（2）促进组织文化与组织战略的统一的原则。组织文化应为组织的目标服务，不应追求大而全的抽象化空洞化的文化。

（3）可行性、现实性与发展性相结合的原则。在创立或改造组织文化时，不仅要考虑目标组织文化的现实性与可行性，还要考虑目标组织文化对组织发展前景的影响以及内部组织环境的适应性。

（4）适应组织的外部环境。外部的政治、经济、文化等因素可能对组织员工的思想与行为产生影响，因此目标组织文化应对外部环境具有很好的适应性。

（5）重视组织的民主建设。组织文化是建立在民主价值观与信念之上的，没有民主就会只是领导层的文化，整个组织层面的文化就难以建立起来。

（6）重视树立典型和英雄榜样。典型和英雄榜样是组织文化的人格化。

（7）重视对员工的激励。不仅有物质激励，还应有精神激励。

2. 组织文化创立的程序

组织文化的创立一般要经历 6 个阶段，如图 9.4 所示。

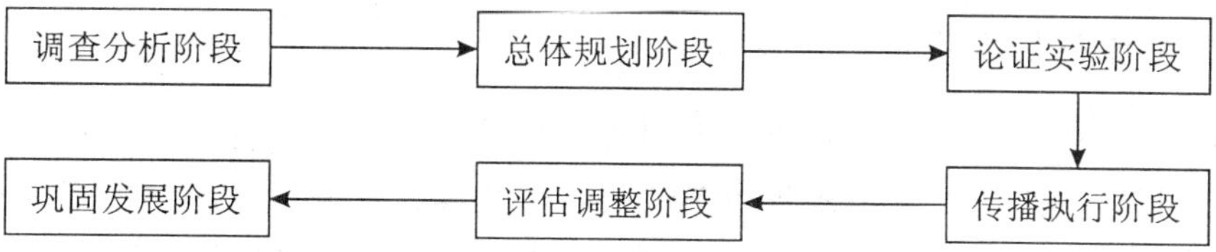

图9.4 组织文化创立的6个阶段

（1）调查分析阶段。该阶段旨在客观、全面、准确地了解现有组织文化的基础、组织员工心态以及组织的外部环境状况等，为创立组织文化提供依据。调查的内容主要有：组织文化发展史的调查；组织文化发展的内在机制的调查分析，包括“硬件”部分（厂房、设备、生产方式、工艺流程、产品性质、用户评价、市场占有率等）和“软件”部分（当前文化、员工满意度、组织机构、民主化程度、领导者素养、组织价值观等）。

（2）总体规划阶段。该阶段旨在增强创立组织文化工作的计划性、目的性与有效性。需要在尊重客观事实的基础上，综合平衡全面性与重要性、计划性与灵活性、独创性与连续性等关系。总体规划的基本内容包括：对组织文化进行目标及宗旨方面的定位；提出准确的文化价值观；提出以组织价值观为中心的组织精神、哲学、理念等；依据战略目标来明确组织的物质文化目标；提出切实可行的行为文化方案；对现有文化进行评价，提出要继承的部分。

（3）论证实验阶段。总体规划制定后，需进行论证，并在选择的区域内进行验证，了解各方对规划方案的意见，及时发现方案中不合理的部分。此阶段应多走群众路线，并完成以下内容：通过宣传，使总体规划接受基层的检验；确定试验区域，实地调查并记录数据；分析数据，总结出文化中有意义的部分，并修正总体规划中不合理的部分；再次论证实验修正后的规划，直到大多数组织成员认可为止。

（4）传播执行阶段。该阶段是创立组织文化的中心环节，是将规划变为现实，解决旧问题、创立新文化的关键阶段，该阶段也是最为复杂多变、最为漫长和影响性最广泛的。该阶段的主要工作内容有：利用各种媒介加强宣传，将总体规划传达到每一名员工；及时收集反馈信息，加以整理，开展教育解释并重新传播规划；建立文化倡导者和文化执行者间的信息通道，让信息双向沟通；引导舆论与行为，及时克服传播障碍与执行障碍。

（5）评估调查阶段。该阶段旨在对组织文化的总体规划及实施效果进行测量与评估，并及时找出问题所在。该阶段主要内容为：建立评估指标体系和参照系；收集有关信息，把握真实状况；比较规划与现实的差异，分析原因，确定调整对象；有针对性地撰写调查措施并付诸实施。

（6）巩固发展阶段。在初步建立了组织文化的基础上，采取切实有效的措施，从精神层面、制度层面、行为层面和物质层面等多层面进行贯彻与渗透组织文化，稳定并巩固既得成果，进一步突出文化个性，使组织文化走向成熟，并以此推动组织的发展。

9.2.3 组织文化的维系

组织文化形成创立后，就需要一系列有效的管理措施与方法来维系组织文化。例如，组织通过许多人力资源实践活动来进一步强化组织文化，为组织员工提供一系列相似的经历来维系组织文化，从而保持组织文化的活力。组织文化维系过程如图9.5所示。

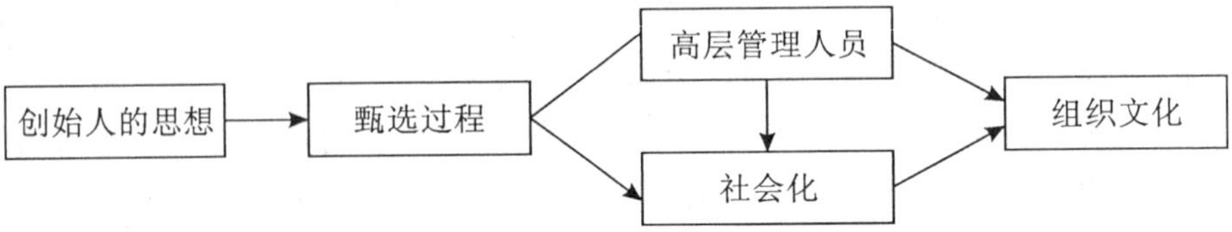

图9.5 组织文化的维系过程

首先，最初的组织文化源于创始人的经营理念，这种理念会强烈地影响到组织对其他成员的甄选录用过程所使用的标准。

其次，组织的甄选过程有着明确的目标，组织会在众多求职者中按照规定的甄选标准挑选和聘用适合在本组织工作的人员，以期受聘员工的价值观与组织的价值观基本一致。好的甄选过程是一种文化价值观双向选择过程，一方面招聘人员会认真判断应聘者的价值观是否与组织的价值观相匹配；另一方面，应聘者也可以在此过程中得到一些消息，若发现自己的价值观与组织的价值观相冲突，便可以自行退出候选人之列。这两方面均可以起到维系组织文化的作用。

再次，高层管理者的行为也对组织文化有着重要的影响，他们通过自己的行为建立起规范，通过完成自己的职责向员工转达组织文化，把活的行为准则渗透进组织。如领导者可以通过自己的言行举止建立起规范并将其渗透到组织中，也可以大力弘扬组织中好的组织文化而抑制不好的组织文化，还可以采用适当的方式来推广某种组织文化。

最后，组织员工的社会化，就是帮助组织员工特别是新员工适应和奉行组织文化的过程，在维系组织文化的过程中起着很重要的作用。新的组织员工都需要对组织文化有一个熟悉和适应的过程，他们可能会干扰组织已有的理念与行为习惯；一些老的组织员工，也可能因为某种原因而难以完全适应组织文化的要求。因此，组织文化的一项重要工作，便是组织员工特别是新员工完成社会化过程，适应和奉行组织文化。通过社会适应过程，个体学习到了与组织文化相关的态度与价值观。在社会化过程中，最关键的阶段是要把新员工塑造成一个合格的员工，当新员工觉得在工作中如鱼得水时，就可以说，社会化过程完成了。

9.3 组织文化的变革

组织文化不仅需要创立和维系，而且也需要变革与创新。组织在社会环境中生存的首要条件是适应环境，假如外部环境发生了激烈的变化，组织不适应这个新的情况，它就无法生存，此时，组织就必须变革它的文化。组织文化变革是指由组织文化特质改变所引起的组织文化整体结构的变化。组织文化是组织变革的观念基础，是指导组织变革的核心理念。

9.3.1 组织文化变革的时机

在以下五种情况下，组织文化需要进行变革：

1. 组织价值观受环境冲击之际

组织外部环境的变化，势必会对组织传统的价值观产生强烈的冲击。若此时不主动实行组织文化变革，将直接影响组织的经营策略，并制约组织的发展。因此当外部环境发生变化的时候，从组织文化价值观入手进行组织文化的变革或重塑将是非常有利的时机。

2. 顾客需求变化之际

在激烈竞争的市场条件下，一个组织要想获得成功，其必须具备的条件之一就是能建立一种密切关注顾客和适应变革的信念。当顾客的需求变化时就能够及时进行变革，这是一种专门应对环境变化的文化。当组织在市场或技术领域中面临变化时，都应该首先考虑自身的文化的适用性。一般情况下，组织的主文化是相对稳定的，因为它的形成过程是渐进和漫长的。但是，在主文化之下的亚文化却需要有一定的灵活性。例如，组织的销售文化在顾客的需求发生变化之时应适时进行调整。

3. 组织业绩每况愈下之际

当组织的业绩呈现每况愈下的状况，如经营困难、销售不畅、财务吃紧等，就预示着组织的危机即将到来。此时，组织员工会对组织的经营管理产生不满，进而对组织文化产生怀疑。组织出现危机，表面现象是组织的经营战略出现失误，但更深层的原因是组织的价值观出现了错误的定位。在这个时候，组织文化再造和重塑就成为重中之重。

4. 组织生命周期转折之际

在组织发展的不同时期，对于文化变革的要求是不同的。在组织发展初期，由于制度尚不完善，此时管理者往往都是凭着高渗透、高强度的理念带领组织向前发展，这一时期组织文化建设的重点在精神层面。随着组织的初步成功以及不断发展壮大，创业之初的团队精神很难继续维持下去，此时组织中可能会产生骄傲自满和争权夺利的不良现象，这时组织就应该考虑组织制度的建设与完善了。在组织的调整发展时期，组织的发展壮大需要引入大量的新员工。这些员工对组织文化不太了解，因而需要对他们进行组织文化的灌输与培训。随着组织规模的扩大，原来属于小而精的创业团队的创业文化已经时过境迁。因此在这个时期，组织文化的变革与重塑必然成为组织发展过程中很重要的一部分。在组织进入成熟期，组织更强调稳定与创新，原先快速扩张时期所形成的价值观在此时又变得不太适应，面对组织新的发展要求，就需要变革组织文化。

5. 组织领导更迭之际

组织高层领导在更迭后都会带来新的价值观与经营理念，或在原有组织文化的基础上进行创新与再造，这必然对现有的组织文化产生影响与冲击，此时也是变革组织文化的时机。

9.3.2 组织文化变革的模式

组织文化变革的模式并非一成不变，杰克琳·谢瑞顿和詹姆·L. 斯特恩合著的《企业文化：排除企业成功的潜在障碍》一书中所提出的“组织文化变革模式”，被组织大量成功地运用到组织文化的变革之中，改变了人们进行组织变革的艺术，值得我们学习与借鉴。

杰克琳·谢瑞顿和詹姆·L. 斯特恩提出的组织文化的变革模式由6个必不可少的部分组成，如图9.6所示。

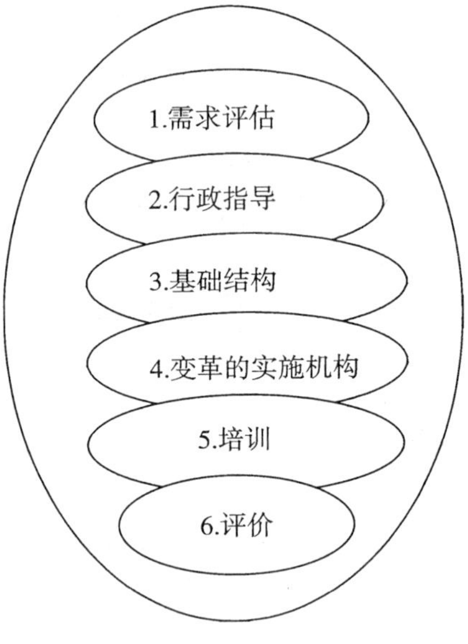

图9.6 组织文化变革的模式

（1）需求评估。需求评估是指要搞清组织现存文化和目标文化的状况。有时组织管理层认为组织文化很好，而员工的感觉恰恰相反。因而必须收集数据、分析测定文化的现状和向往状态之间的差距，评估鉴定组织文化变革的需求和目标。

（2）行政指导。大部分组织需要加大指挥力度，指导组织员工在新的文化条件下走向何方以及为何要做此选择，并向员工指明努力方向。当管理者和员工对这一新方向表现一致时，就会成为组织文化变革原动力。

（3）基础结构。基础结构是由使组织工作运转正常的动作过程和制度构成的，如选拔制度、工作管理制度、工作成果认定制度等。所有这一切制度都必须为了新的组织文化而加以改变和调整。一个有利的基础结构对文化变革的成功至关重要，而大多数组织忽略了这点。所以应当把组织的各项制度向着有利于确立新的组织文化的方向而加以调整。

（4）变革的实施机构。组织文化变革需要建立变革过渡时期的临时性组织结构，即变革的实施机构，以处理那些需要特别关注的基础结构部分中的问题。帮助实施组织文化变革，该实施机构内的员工还担负着组织文化变革使者的基本职责。

（5）培训。培训是组织文化变革的基础之一，通过培训教育，组织员工才能较好地认识和否定旧文化弊端，认同和拥护新文化。

（6）评价。组织文化变革需要测定和评估变革的预期成果，反映出对组织文化实施变革的内在原因和成效。评价既是衡量组织文化变革成果的一种手段，又是对其进行干预的一种手段。

9.3.3　组织文化变革的方法

组织文化的变革是个艰难的过程，破旧立新并非易事。组织中已经确立的技能、员工、关系、角色和结构等因素一起强化了传统的文化模式。尽管如此，组织文化还是可以通过一些方法在时间的推移下而改变的。

根据美国学者唐·荷尔瑞格（Don Hellriegel）的理论，改变组织文化可以通过以下6种方式：改变领导者和团队所注意的事务；改变应对危机的方法；改变甄选的标准；改变组织内要求的标准；改变分配酬劳的标准；改变公司礼仪和庆祝形式。此外，变革组织文化时还应注意：首先要了解旧文化，在对旧文化的分析基础上来确定创造新文化的起点和目标；在变革组织文化过程中，要及时发现并支持员工或团队中较好的文化思想和变革的愿望；同时，发掘组织中最有效的次级文化，并把其树立为样板；需要注意的是，不要把抨击文化放在首位，而是要重点找出恰当的方法帮助员工和团队更有效地做好工作；组织文化变革要有耐心，重大的组织文化变革可能需要5~10年的时间才能最终完成；最后，把新的文化观点作为文化变革的指导原则，并坚持不懈地实践与巩固变革后的新文化。

9.3.4　组织文化的冲突与整合

1. 组织文化冲突的表现

所谓冲突是指不同事物、不同因素之间的相互对立和相互排斥。文化冲突作为冲突的一种具体形式，它既有冲突的普通性，又有其独特性。文化冲突是指不同形态的文化或者其文化因素之间相互对立、相互排斥的过程。组织文化冲突是由处于不同形态文化中人群之间的心理和行为的对抗。一般来说，跨国企业中的文化冲突比较具有代表性。组织文化冲突一般表现在四个方面：价值观冲突、组织哲学冲突、行为冲突和制度冲突。

（1）价值观冲突。价值观是组织成员用来评价行为、事物以及从各种可能的目标中选择自己合意目标的准则。组织的文化差异和文化冲突最集中地反映在个人价值观上。例如，对于中国的管理者来说，受中国传统意识的影响，中国企业的“官”“权”意识浓厚，“关系”是一种不可或缺的资源，而国外管理者的经理意识、市场意识和风险意识则更为强烈，因而中国的企业管理者与国外的企业管理者进行交流与合作时，就可能产生价值观上的冲突。

（2）组织哲学的冲突。组织哲学是由组织创始人的文化为主导的，是组织核心群体对于如何在外部生存以及内部如何共同生活的哲学，这种哲学思考决定了组织对于各种事物的偏好。在跨国经营的企业中，中西方的管理方法和经营理念存在明显差异。从管理方法来看，西方人普遍具有强烈的法律意识，因此在他们的企业中比较强调规范化、程序化的管理。而中国企业的管理者比较注重人伦，习惯以领导的意图和上级文件为开展工作的依据和指南，易造成管理工作中的不协调和冲突；从经营理念来看，西方企业侧重创新，积极开发新产品，不断开拓新市场，并且重视人力资本投资，重视对员工的技术培训。而中国的企业比较重视平均分配，创新动力与人力资本投入不足。

（3）行为冲突。行为冲突即来自行为者双方的象征符号系统之间的冲突，也就是通常所说的表达方式所含的意义不同而引起的冲突。这些表达方式通常通过人的行为举止表现出来。来自不同文化背景的人，相同的文化符号所象征的意义很有可能是不同的。中外合资企业中最常见和最公开的文化冲突就是行为冲突，即来自于行为者双方象征符号系统之间的冲突。

（4）制度冲突。企业制度是一系列规则，包括正式的、成文的规章制度，也包括非正式的、不成文的习惯、道德、意识形态等。西方国家一般都有完善严格的法律和制度，在西方企业中也能看到十分详细的制度或规则，企业一般是在严格遵守法律和制度的基础上开展经营和管理；中国企业在长期的计划经济的影响下一般还是以经常变动的条文、指令、文件作为企业成员的办事章程和决策依据。由于双方的行为标准和依据不同，冲突也就在所难免。

2. 组织文化冲突的原因

一般来讲，一个组织要求统一的思想和统一的行动，在价值观和行为模式上追求一致。然而，不同的价值观和行为模式往往会导致组织员工之间思想和行为的不一致。组织文化冲突的产生通常是因为在一个组织中存在多种形态的组织文化。具体而言，导致组织文化冲突的原因主要有以下七种：

（1）组织经营危机。企业陷入重大危机，多数有深层的组织文化的原因，危机的根源与企业的旧文化往往有紧密的关联。

（2）组织主文化与亚文化的冲突。如果组织目前的主文化是落后的、病态的，则适应内外部环境的亚文化在发展的过程中就会受到主文化的打压和限制，这种冲突最终会带来组织文化的变革。

（3）群体文化与个体文化的冲突。组织文化作为群体文化并不是个体文化的简单叠加，个体文化与群体文化的冲突是普遍存在的。

（4）战略变革。企业在日益激烈的环境下会主动地进行战略调整，从行业调整到规模调整，而伴随这些调整往往都有组织文化的转变、冲突和整合问题。

(5) 组织变革。组织在成长过程中会面临不同的危机，解决这些危机需要进行组织结构的调整。另外，企业高层管理者的调整也会带来组织结构的变化。组织文化与组织高层管理者有着密切的联系，因此高层管理人员的更迭也可能引发组织文化的冲突。

(6) 企业的兼并或战略合作。企业兼并过程中往往涉及兼并企业与被兼并企业的文化冲突与整合问题。

(7) 跨国经营。在跨国经营过程中，子公司所在的国家与母公司所在国家之间的文化差异是最突出的问题。

3. 组织文化冲突的后果

美国学者布朗（Brown）在对冲突水平与组织绩效之间的关系研究中发现，冲突水平与组织绩效之间存在着一定的关系，如图 9.7，表 9.1 所示。

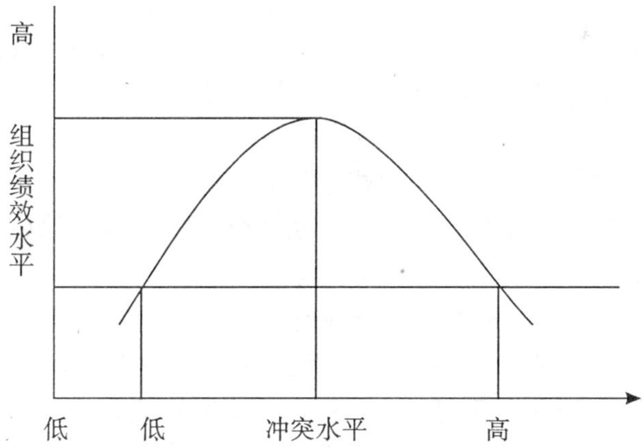

图 9.7 冲突水平与组织绩效的关系

表 9.1 冲突水平与组织绩效的关系

冲突水平	冲突类型	冲突特征	组织绩效
低	功能失调	冷漠、迟钝，对文化反应慢，缺乏新观念	低
适度	功能正常	生命力强，自我批评，不断革新	高
高	功能失调	分裂、混乱、不合作、无秩序	低

组织文化冲突可以给组织带来好的影响。实际上，适度的组织文化冲突可以产生组织文化多样化的优势，例如：可提高组织对环境的适应能力和应变能力；可以激发组织的多种思维方式，避免思维模式的僵化；可以引起不同组织文化的碰撞，从而激发新思想、新观点和新方法的产生，促进组织的不断革新；组织文化的多样性可促进组织对自身组织文化的反思，促进内部的相互学习，从而促进组织文化的创新和变革，提高组织的绩效。

过于激烈的文化冲突会使组织文化多样性的劣势完全表现出来，突出的表现为使组织的管理更复杂，导致组织内部不同形式的文化冲突不断、决策效率低下、组织涣散、沟通中断、非理性反应等情况，这样将会使组织陷入文化冲突与文化困惑的恶性循环之中，最终造成组织的衰败甚至灭亡。把握适度的组织文化冲突，能够在冲突的过程中达成共识，寻找到有利于提高组织效率、有效沟通和协作的思维方式和行为方式，这是充分发挥文化多样化优势的必由之路。文化差异在可能造成文化冲突的同时，也创造了机会，这一点正是组织要在世界范围内扩大经营的主要动机，因此我们要利用适度的文化冲突发挥组织文化多样性的优势。

4. 组织文化的整合

组织文化整合是指有意识的对组织内不同的文化倾向或文化因素通过有效整理与衔接，使之相互渗透与交互，并将其结合为一个有机整体的过程。组织文化要实现从无序到有序，必须经过有意识的整合。

组织文化整合的过程，是组织的共同意识和共同价值观调整、再造的过程。组织文化的整合既是一个文化变迁的过程，也是文化再造和文化创新的过程，一般要经历以下四个过程：文化共存、文化沟通、文化借鉴整合及文化再造。

（1）文化共存。一般情况下，属于不同文化归属的员工群体，他们有自己长期以来所信仰的文化，并且希望自己的文化能够得到其他文化群体的承认与尊重，因此不同群体之间的相互尊重与共存是一些具有复杂文化的群体（如跨国公司）内部经营的基础，也是解决不同文化冲突的基础。除此之外，由于每一种组织文化都适应于特定的经营环境，都有其存在的合理性，在多文化组织中不同的文化需要相互学习，并发现不同文化的合理性，取长补短，以形成最利于组织发展的独特的组织文化。

（2）文化沟通。美国学者菲利浦·哈瑞斯认为，沟通是组织员工相互影响不断循环的过程，这个过程包括信息发出者、接受者和信息本身。当发出者来自一种文化背景，而接受者来自另一种文化背景时，人与人之间的相互影响就是一个跨文化沟通过程。来自不同文化的双方的行为方式、价值观、语言、生活背景都存在着很大的差异，这些都给沟通造成很大的困难。要想克服这些困难，并进行有效地沟通，可以从以下五个方面来入手：

① 体验不同文化背景。如日本富士通公司为了开拓国际市场，1975 年在美国檀香山设立培训中心，开设跨文化沟通课程，培训国际人才。

② 适应性学习。如韩国三星公司每年派出有潜力的年轻经理到其他国家学习，除了提高语言能力外，还要求深入了解所在国家的文化和风土人情。

③ 发展共感。首先要承认个人之间、不同的文化之间存在着许多差异；其次要正确地认识自己，消除优越感和种族中心主义的偏见；最后要站在他人的立场与角度来看待问题。

④ 设立全球服务项目。建立全球服务项目的目的是建设一个具有国际头脑、跨文化管理能力和管理经验的高层经理团队，为公司的全球发展做贡献。如可口可乐公司设立的“全球服务项目”由 500 位中高级管理人员组成，每年约有 200 人在世界范围内轮换工作岗位。公司的高层管理人员将从这些人中进行选拔。

⑤ 设立企业学院。许多跨国公司都自己设立企业学院，培训国际人才，如摩托罗拉大学、西门子大学、通用电气公司的 Crotonville 管理学院等。

(3) 文化融合。文化融合是指不同形态的文化或文化因素之间的相互融通和相互吸收的过程。在相互融合的过程中，各种文化彼此影响、相互渗透、相互结合，最终融为一体。处于冲突和融合之中的文化，既可能是文化的整体，也可能只是整个文化构架中的一部分或者一些因素。而且，即使是文化整体之间的冲突与融合，也是通过其文化的各个部分和个别因素之间的冲突和融合来实现的。组织文化融合的基本过程，如图 9. 8 所示。

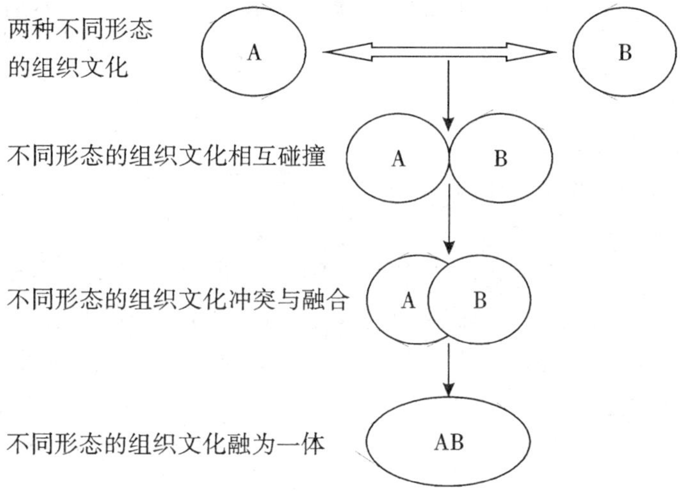

图 9. 8　组织文化融合过程图

9. 4　组织文化与员工行为

9. 4. 1　组织文化对员工行为的影响

组织一旦形成强有力的组织文化，就会对组织行为与组织中员工行为产生方方面面的影响。组织文化在一个组织中所发挥的重要作用主要体现在以下七个方面：

1. 组织文化的导向作用

导向作用即把组织成员的行为动机引导到组织目标上来。由于组织文化是组织成员共同的价值观，其对组织成员的行为有着深刻的影响力与感召力，这种力量能把个人的价值取向和行为取向引导到组织目标和共同的价值取向上来。组织文化通过人格化的价值观（如英雄人物）、奋斗目标、动力机制、群体意识的培育，昭示了组织提倡什么，抑制什么，潜移默化地使组织内员工的行为与组织的目标要求保持一致，引导员工朝着组织的目标而努力，使得整个组织与员工形成一个有机整体。

2. 组织文化的激励作用

组织文化能使组织成员正确理解自己工作的意义和奋斗目标，创造一种以人为本、尊重人才的组织氛围。组织成员在这种激励环境中，会产生强烈的主人翁意识和组织的荣誉感与自豪感，自觉地按照组织价值观和行为规范塑造自己的言行，激发起工作的积极性、主动性和创造性，为实现组织目标和自我价值而不断进取。

3. 组织文化的凝聚作用

组织文化是一种“软性”的协调力和粘合剂，能形成巨大的向心力和凝聚力。它通过一定的价值观、信仰和态度影响组织成员的处世哲学、世界观和思维方式，产生对组织目标、行为准则、经营观念等的认同感，使组织成员乐于参与组织的事务，发挥各自的潜能，为组织目标做出贡献。组织文化能像黏合剂一样把组织成员的思想感情、工作学习、利益需求与组织的命运联结在一起，使组织成员对组织产生认同感与归属感。良好的组织文化能把组织成员团结在组织核心的周围，这种凝聚作用有助于增强组织系统的稳定性。

4. 组织文化的规范作用

在一个特定的组织文化氛围中，员工由于合乎特定准则的行为而受到组织管理层的承认和赞扬从而获得心理上的平衡与满足。组织文化的规范功能是通过员工自身感受而产生的认同心理过程而实现的，它不同于外部的强制机制，它是通过员工的内省，产生一种自律意识，从而自我遵守组织管理的各种规定，例如厂规、厂纪等。因此，组织文化在组织中可以弥补正式权责关系与规章制度的不足，规范和制约组织成员的行为，对于整个组织的行为，它也起着“软规范”的作用。通过思想意识上的规范力量，协调和自我控制人们的行为意向，诱导人们认同和自觉遵守组织的行为规则。自律意识相比于强制机制的优点在于员工是心甘情愿地接受无形的、非正式的和不成文的行为准则，自觉地接受组织文化的规范和约束，并按照价值观念的指导进行自我管理和控制。

5. 组织文化的创新作用

优秀的组织文化是以人为本的文化，强调富有创造性的员工是组织发展的关键。若能较多地考虑如何使工作本身具有内存意义和更多的挑战，给员工一种自我实现感，创造和提供一切机会让员工参与管理是调动他们积极性和创造性的有效办法。员工的创新精神直接影响着组织的对外竞争力，甚至决定组织的未来。随着知识经济的到来，知识与技术的更新速度与更新频率在不断提高，在这种环境下，有着较强创新能力的组织将直接获得巨大的创新收益。

6. 组织文化的辐射作用。

组织文化综合反映了一个组织的性质、内容和形象，它展示与传播的形式十分丰富、方便快捷。组织文化除了对组织内部具有重要影响外，还可以在产品销售、提供服务、广告宣传、对外交往等活动过程中对外传播，对组织外的顾客、公众、国内甚至国外产生一定的影响。因此，组织文化具有强大的辐射作用，这种作用不仅能够提高组织的知名度，还能够充分地展现组织的形象、特点以及内涵，是组织软实力的一种体现。组织文化的这种辐射作用也能够焕发起组织成员对组织的责任感、自豪感、荣誉感，并使本组织文化成为社会文化的一部分。

7. 组织文化的整合作用

任何组织都具有许多资源，如人力资源、物力资源、财力资源、知识资源、社会资源等。要想最大限度地发挥这些资源的作用以形成竞争优势，就必须将这些资源进行有效地整合，以形成强大的合力。利用共同的核心价值、经营理念、管理理念去整合组织的有限资源，往往可以获得最大的综合效果。美国通用电气公司通过一系列的资产重组，不断优化组织的资产，并且成功地由制造业转型为服务业，就是一个很好的证明。

组织文化并非只给组织带来积极作用，有时候它也会以给组织带来消极作用。当组织环境动荡变化时，根深蒂固的组织文化如果和组织行为保持一致性，就可能束缚组织的手脚。如果组织的共同价值观与组织进一步提高效率的目标不相符时，组织文化就可能束缚组织的发展。对于一些具有强文化的组织，当其过去成功经验措施与环境变化的要求不一致时，就可能导致失败。在一个具有多元化背景的组织中，组织文化通常代表组织中的强文化，由于员工具有不同种族、性别、价值观的员工群体就会产生不同的组织文化，由于组织文化强调观念、行为规范的一致性，这样一来，强文化就会对弱文化进行同化与覆盖，这在一定程度上束缚了文化的多样性的发展。

9.4.2 组织文化对工作绩效的影响

组织文化对组织业绩的影响是显著的，图9.9表现了组织文化对员工工作绩效和工作满意度的影响。组织成员对组织总体的主观认知是建立在下列因素基础上的：重视革新与冒险的程度、重视团队的程度（团队取向）、员工支持的程度（人的取向）等。而员工对组织的总体认知实际上变成了组织的文化或个性。肯定或否定的认知又影响着员工的工作绩效和工作满意度。并且，组织的文化力度越强，影响就越大。

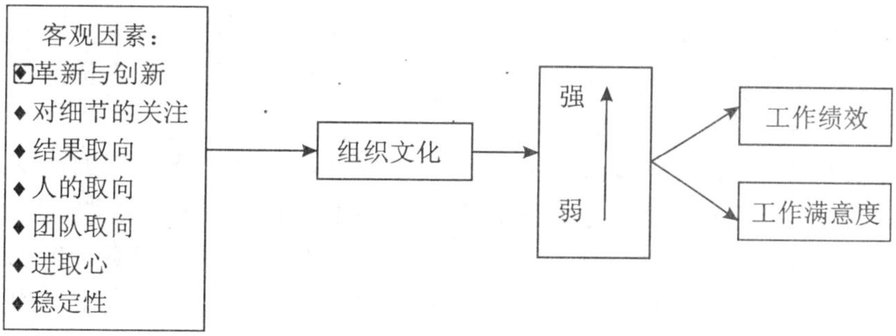

图9.9 组织文化对工作绩效和工作满意度的影响

由于强文化的历史沉淀性及稳定性，管理人员对其变革十分困难。管理人员改变组织文化将是一个长期而艰难的过程，所以至少应该在短期内把组织文化看作是相对不变的。组织文化对于管理人员的重要意义在于：它与组织成员的甄选过程相关。如果所聘用的员工的价值观与组织的价值观不一致，则这些员工就会缺少工作的动力和激情，其对组织的忠诚度以及对工作和组织的满意度亦难以提升。在此情况下，员工的流失率会很高。

组织成员通过对组织的一些客观因素的认知来了解组织整体，进而形成了对组织文化的个人认知度。而员工对于组织文化认知又会影响其工作绩效和工作满意度。一般情况下，组织文化的力度与员工工作绩效和工作满意度成正比关系。有专家认为，尽管组织文化与组织业绩关系的准确性质尚属模糊，但组织文化的确可以帮助提升组织业绩。组织文化在决定一个组织长期的绩效和成败方面，是一个重要的因素。

【本章小结】

组织文化又称之为组织文化或组织精神，它是现代企业管理的一项重要内容。组织文化是组织在形成和发展变化的过程中，通过对外界的适应与对内部整合而学习和获取的知识和经验，它最终体现为一整套相互交织和模式化的基本假设，包括组织对人性、人际关系、时间、空间、现实和真理的判断，也包括业已形成的精神、观念、习惯、行为和制度。

组织文化的结构，是指组织文化各种内容和形式之间的层次关系。它是由物质层、行为层、制度层以及精神层四个不同的层次的文化内容组合而成的整体结构。

美国学者杰弗里·桑南菲尔德通过对不同组织结构的研究，提出一套标签理论，将组织文化分成四种类型：学院型、俱乐部型、棒球队型和堡垒型，帮助人们认识不同组织文化间的差异以及人与文化合理匹配的重要性。

组织文化的形成是一个历史过程，一旦形成便很难消失。组织文化形成的一般模式可分为高层创立、管理者的指导、取得经营成果、文化形成4个步骤。

组织文化的创立是指一个组织在对本组织认识与评价的基础上，组织高层领导者正式提出并在组织中倡导与实施的，以共同价值观、行为规范、经营哲学等为中心的组织文化，以使组织文化更有益于本组织目标的实现。

组织文化形成后，需要一系列有效的管理措施与方法来进行维系。以人力资源管理为主的组织文化维系过程有创始人的思想、甄选过程、高层管理人员的行为、组织员工的社会化，以此维系组织文化。

组织文化不仅需要创立和维系，而且也需要变革与创新。当组织的内部或外部环境发生了变化，而组织并不适应这个新的情况，此时组织文化就需要进行调整或变革。组织变革的时机有：组织价值观受环境冲击之际、顾客需求变化之际、组织业绩每况愈下之际、组织生命周期转折之际和组织领导更迭之际。组织文化变革的模式主要依据杰克琳·谢瑞顿和詹姆·L. 斯特恩提出的组织文化变革模式，它由6个部分组成：需求评估、行政指导、基础结构、变革的实施机构、培训和评价。

组织中不同形态的组织文化间可能会产生冲突。组织文化冲突也可以给组织带来好的影响，但过激的组织文化冲突则会适得其反。组织文化冲突一般表现在四个方面：价值观冲突、组织哲学冲突、行为冲突和制度冲突。导致组织文化冲突的原因主要有：组织经营危机、组织主文化与亚文化的冲突、群体文化与个体文化的冲突、战略变革、企业的兼并或战略合作、跨国经营等。

组织文化整合则是对组织内不同的文化倾向或文化因素通过有效整理与衔接，使其结合为一个有机整体的过程。组织文化的整合既是一个文化变迁的过程，也是文化再造和文化创新的过程，一般要经历四个过程：文化共存、文化沟通、文化借鉴整合及文化再造。

组织文化对员工行为的影响主要体现在以下 7 个方面：组织文化的导向作用、激励作用、凝聚作用、规范作用、创新作用、辐射作用和资源整合作用。

组织文化对工作绩效的影响显著。员工对组织的总体认知逐渐转变为组织的文化。肯定或否定的认知又影响着员工的工作绩效和工作满意度。

【复习思考题】

1. 什么是组织文化？如何理解组织文化的结构？
2. 列举组织文化的类型？
3. 组织文化是如何形成的？
4. 什么是组织文化变革？组织文化变革的方法有哪些？
5. 组织文化冲突产生的原因是什么？
6. 什么是组织文化整合？组织文化的整合过程有哪些？
7. 组织文化在组织中有哪些重要的作用？

【参考答案】

1. 组织文化是组织在形成和发展变化的过程中，通过对外界的适应与对内部整合而学习和获取的知识和经验，它最终体现为一整套相互交织和模式化的基本假设，包括组织对人性、人际关系、时间、空间、现实和真理的判断，也包括业已形成的精神、观念、习惯、行为和制度。组织文化的结构，是指组织文化各种内容和形式之间的层次关系。组织文化可以看作是由 4 个不同层次：核心层次的精神层、中层次的制度层、浅层次的行为层以及表层的物质层的文化内容组合而成的整体结构。

2. 美国学者杰弗里·桑南菲尔德通过对不同组织结构的研究，提出了一套标签理论，将组织文化分成学院型、俱乐部型、棒球队型和堡垒型四种。

3. 组织文化不是凭空产生的，它的形成是一个历史过程，一旦形成便很难消失。一般情况下，组织当前的文化是由组织的创始人所创建，其对组织的早期文化影响最大，他们规划了组织的发展路程，把特定的想法与价值观表达出来并转化为组织发展战略。在这时候，组织的创立者只挑选和保留和他们具有相同理念与价值观的员工，并在工作中就这些想法与理念进行交流与灌输。在这些交流与灌输中，组织的领袖逐渐就成为了组织的榜样，员工会在自己的工作行为中通过观察、模仿和思考，以期使自己的行为与组织的理念保持一致。当组织在这些理念与价值观的引导下获得成功后，它们就会被制度化，这时组织缔造者或关键人物的经营思想与战略眼光就会被认为是组织成功的决定因素，而反映领导者的个性、愿景和战略思想的组织文化则随之出现。

4. 组织文化变革是指由组织文化特质改变所引起的组织文化整体结构的变化。根据美国学者唐·荷尔瑞格的理论，改变组织文化可以通过以下6种方式：改变领导者和团队所注意的事务；改变应对危机的方法；改变甄选的标准；改变组织内要求的标准；改变分配酬劳的标准；改变公司礼仪和庆祝形式。

5. 组织文化冲突是因为在一个组织中存在多种形态的组织文化。而作为一个组织，在通常情况下，需要统一思想、统一行动，这在价值观和行为模式上要求一致。不同的价值观和行为模式往往会导致组织员工之间思想和行为的不一致，从而产生冲突。

6. 组织文化整合是指有意识的对组织内不同的文化倾向或文化因素通过有效整理与衔接，使之相互渗透与交互，并将其结合为一个有机整体的过程。组织文化整合的过程，是组织的共同意识和共同价值观调整、再造的过程。组织文化的整合既是一个文化变迁的过程，也是文化再造和文化创新的过程，一般要经历以下四个过程：文化共存、文化沟通、文化借鉴整合及文化再造。

7. 组织文化在一个组织中所发挥的重要作用主要体现在：组织文化具有组织灵魂的导向作用、组织文化具有实现组织振兴的激励作用、组织文化具有团队精神建设的凝聚作用、组织文化具有行为规范内在的约束作用、组织文化具有组织创造新活力的推动作用、组织文化具有组织形象美化的辐射作用等。

【案例分析】

赫勃·凯乐尔与西南航空公司

西南航空公司的赫勃·凯乐尔把西南航空公司的成功归属于一个简单的公司理念：“我们尊重顾客”。这句话听起来好奇怪，来自这样一个航空公司总裁之口，没有一等舱座位，不指定坐席，不向其他航空公司转运行李。除了花生、炸土豆片和小饼干，在飞机上不给乘客提供其他食品。但是，西南航空公司一定是事情做得对头。因为，在航空公司作为整体一直在亏本的情况下，西南航空公司年收入增加15%，而且公司每月增加200名新员工。

开始，西南航空公司的票价只是竞争对手票价的1/3。但是，他们所做的并不只是票价便宜。西南航空公司对他们的以顾客为中心的文化十分认真。例如，其中一个副总裁的工作是监督接触公众业务的各个方面，确保它尽可能使公众心情愉悦。顾客这个词在公司的广告和出版物中总是使用大写。乘他们公司的飞机飞行的常客过生日时可以接到公司的生日贺卡。在典型的一周里，有1000个顾客给公司写信，在一个月内这些人都可以收到个人回信，而不是现成的格式信。当5名每周必须通勤到州外的医学院上课的学生抱怨乘坐正点飞行的班机总要迟到15分钟时，西南航空公司把他们的飞机起飞时间提前了15分针。

对于凯乐尔来说，要正确对待顾客，首先要正确对待员工。“如果你不能善待自己的人，他们就不会对他人好”。他这样说过。凯乐尔认为工作应该很有趣，这种想法渗透于公司的文化之中。例如，每个周五中午，在达拉斯办事处就在停车场集中野餐。整个公司在万圣节、情人节及其他特殊的场合都穿上特定场合适合穿的服装，在周五穿上“嬉戏制服”。上层经理强调一种人人平等的文化，他们每个季度都要做一次行李搬运员、售票员和班机上的服务员。

像许多拥有强文化和适应组织生活过程的公司那样，西南航空公司非常重视雇佣新人的做法。凯乐尔强烈地认为，工作必须是令人愉快的，太多的严肃是低效的，幽默感实际是雇用信任的标准之一。凯乐尔寻找那些对人生具有某种态度和做法的人——幽默、大度，并能容忍个人差异。为了遵循以顾客为中心的宗旨，西南航空用常来他们飞机的乘客来帮助挑选新班机的服务员。

案例思考题：

1. 西南航空的组织文化是如何形成和建立起来的？
2. 西南航空的组织文化和组织绩效之间有什么样的关系？
3. 强文化对组织文化的建立有何影响？

【推荐阅读书目】

麦克沙恩，格里诺．麦克沙恩组织行为学［M］．汤超颖，译．北京：中国人民大学出版社，2008.

克莱德．组织文化案例［M］．李恩，吕彦儒，译．上海：上海人民出版社，2008.

【参考文献】

［1］时巨涛，马新建，孙虹．组织行为学［M］．北京：北京师范大学出版社，2008.

［2］肖余春．组织行为学［M］．北京：中国发展出版社，2005.

［3］王今舜，庄菁．组织文化［M］．长沙：湖南师范大学出版社，2007.

［4］麦克沙恩，格里诺．麦克沙恩组织行为学［M］．汤超颖，译．北京：中国人民大学出版社，2008.

［5］张贯一，任慧军．组织行为学［M］．北京：科学出版社，2007.

［6］张新国，陈敏．组织行为学［M］．武汉：武汉大学出版社，2008

［7］陈国权．组织行为学［M］．北京：清华大学出版社，2006.

［8］张德．组织行为学［M］．北京：高等教育出版社，2008.

［9］程立茹．组织行为学教程［M］．北京：对外经济贸易出版社，2007.

［10］胡玮玮．知识管理战略对组织文化的适应性研究［D］．浙江大学，2009.

第 10 章　组织变革与组织发展

【本章结构图】

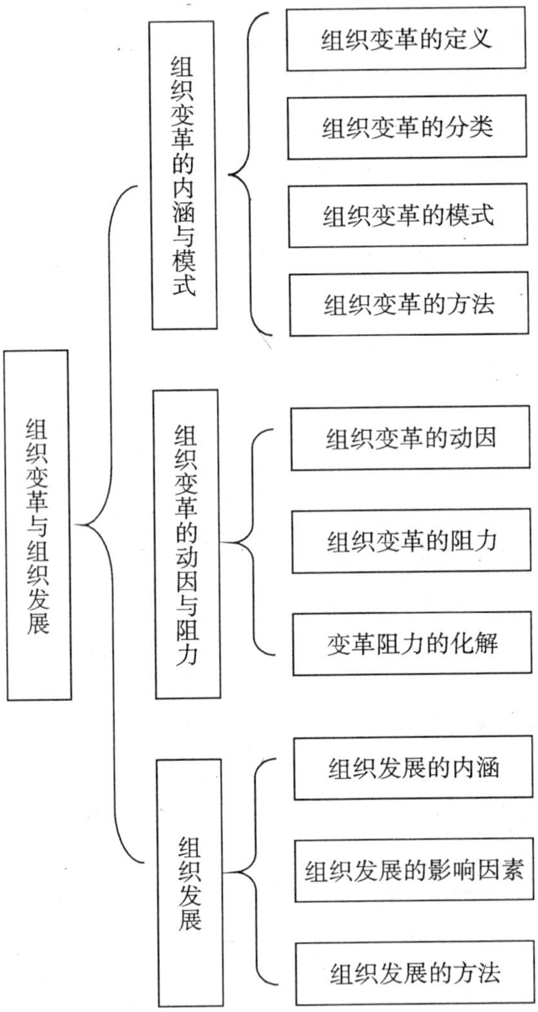

【本章学习目标】

本章主要介绍组织发展与组织变革的相关内容，通过本章的学习，要清楚组织变革的定义、分类与方法，掌握组织变革的动因、阻力及化解，了解组织发展的影响因素、组织发展的方法等，并重点掌握组织变革的方法。

【引导案例】

一根小小的柱子，一截细细的链子，拴得住一头千斤重的大象，这不荒谬吗？可这荒谬的场景在印度和泰国随处可见。那些驯象人，在大象还是小象的时候，就用一条铁链将它绑在水泥柱或钢柱上，无论小象怎么挣扎都无法挣脱。小象渐渐地习惯了不挣扎，直到长成了大象，可以轻而易举地挣脱链子时，也不挣扎。

驯虎人本来也像驯象人一样成功，他让小虎从小吃素，直到小虎长大。老虎不知肉味，自然不会伤人。驯虎人的致命错误在于他摔了跤之后让老虎舔净他流在地上的血，老虎一舔不可收，终于将驯虎人吃了。

小象是被链子绑住，而大象则是被习惯绑住。虎曾经被习惯绑住，而驯虎人则死于习惯（他已经习惯于他的老虎不吃人）。习惯几乎可以绑住一切，只是不能绑住偶然，比如那只偶然尝了鲜血的老虎。

组织也一样，有时候习惯能帮助提高效率，有时候习惯却会阻碍组织进一步的发展和变革，如何能有效的进行组织发展与变革，本章就将对组织变革与组织发展的主要内容作系统介绍。

10.1 组织变革的内涵与模式

现代组织面临着动荡的环境，技术快速进步、竞争加剧、管理信息化、顾客和员工期望不断变化等一系列挑战和威胁，如果组织过于保守或者不思进取，则很难适应社会的变化，容易被社会所淘汰。提高组织对环境的适应能力就要采取有效的方法和技术促使组织对于不断变化的市场、资源、劳动力供给、顾客需求等环境因素的变化做出及时正确的反应，即进行组织变革。尽管组织变革的代价昂贵，然而这是组织必须要做的事情。如今，组织变革已经成为全世界范围内追求灵活，增强自身适应能力的组织所关注的中心问题。总之，组织要想维持和继续发展，就必须不断调整并完善自身的结构和功能，改变组织员工的态度、行为等，从而提高适应能力，使自身发展与所处的环境相适应和匹配。

10.1.1 组织变革的定义

企业的发展离不开组织变革，内外部环境的变化，企业资源的不断整合与变动，都给企业带来了机遇与挑战，这就要求企业关注组织变革。有效的组织必须根据自身功能和环境特点等保持适当的变动性，组织有目的的变动就是组织的变革。有了组织变革，组织才能更好地适应周围的环境，保持自身活力。

在成思危（2006）担任主任编写的MBA教材《组织行为学》中，明确指出：组织变革是组织用系统的思想方法措施去指导和作用本体后，自身所发生的一些变化，是组织通过革新，实现动态平衡的发展阶段和活动过程。实践角度来看，是指：组织根据内外部情况变化，有目的、有计划地改变组织活动的方式和形态，适时地改变本组织的内在结构、行为和技术等，促成某种新的平衡状态的形成，从而适应客观发展的需要，更好地实现组织目标的组织活动过程。

清华大学的窦胜功（2009）等认为，组织变革是指组织为了适应客观环境的变化，通过长期的努力来自我完善和自我更新的活动过程，目的在于增强活力，提高效益。

浙江工商大学工商管理系教授肖余春（2009）在其主编的《组织行为学》中指出，组织变革是对组织功能方式的转换或调整。

根据以上学者们对组织变革定义的看法，可以看出组织变革是指运用行为科学和相关管理方法，对组织的结构、规模、沟通渠道、组织与其他组织之间的关系，以及对组织成员的观念、态度和行为等进行有目的的和系统的调整和革新，来适应组织所处的内外环境等客观情况的需要，提高组织效能。

10.1.2 组织变革的分类

由于组织变革中管理者控制程度不同，变革范围和程度不同，而且变革内容也有区别，因此组织变革有以下分类：

表 10.1 组织变革的分类

分类标准	分类类型
变革范围和程度	渐进式变革
	剧烈式变革
管理者控制程度	被动性变革
	主动性变革
变革内容	人员
	技术
	结构

1. 渐进式变革和剧烈式变革

渐进式变革是在组织现有整体功能基本不变的基础上对组织部分进行改进，变革过程比较缓慢，而且通常只是影响组织的部分功能，整体的状态并没有被改变。比如在日常生产和营销过程中，改进产品、革新技术等变革就属于渐进式变革。这样的变革范围小，变革程度也不激烈，组织及其员工抵制程度小，因此变革较为容易。

剧烈式变革则与之相反，甚至可能打破组织原有的框架，重建新的组织结构，创建新的组织平衡来适应内外部变化的环境。这是一种根本性的变革，变革范围广，影响大，往往会遇到顽强的抵制。在 2008 年的金融海啸中，众多企业遭遇困难，有的改变经营战略，进行组织结构方面的深度改革，裁员无数。这样的变革就是剧烈式变革。

2. 被动性变革和主动性变革

被动性变革是指管理者在组织面临环境变化或难以避免的变动压力的情况下，不得不被动地做出变革的决定。又称为无计划的组织变革，这种变革通常是仓促的。在经济危机中，企业因生产缩减而裁员就是一种被动性变革。

主动性变革则与之相反，是指组织所进行的变革是事前计划好的，它是一种有目的的变革。组织管理者提前预计到未来可能出现的各种情况并做好了应对措施，因此这种变革是按照计划主动实施的。

3. 人员、技术和结构变革

（1）以人员为中心的变革。这种变革主要是以组织内员工的工作能力和行为改善等的提高为重点而进行的，主要是按照组织发展要求来改变组织员工的观念、态度、行为、技能等。组织要加强教育培训，运用一些心理技术，改进员工对组织文化的认知，使其支持组织变革，并把个人发展目标与组织目标结合起来，为组织做出贡献。

（2）以技术为中心的变革。技术变革与生产工艺有关，其目的是提高生产效率。广义上来看，一般包括组织的生产或工作技术、管理技术、运作技术等多方面技术的变革。狭义则主要是指新的生产技术、设备、流程等的变革。技术变革有利于企业在激烈的市场竞争中取得有利地位，扩大市场份额等。

（3）以结构为中心的变革。它主要是以组织结构为主要变革对象，涉及到组织权利分散程度、组织复杂度和规范度的变革。组织权利分散程度是指组织集权与分权程度，组织层级等方面的变革；复杂度则是组织管理幅度、部门化、组织结构类型等方面的变革；规范度方面的变革是组织管理制度、报酬制度和考评制度等工作行为准则的变革。结构变革是为了更合理地组织管理人员的工作，提高管理劳动的效率。

组织变革是一项复杂的系统工程，所以在进行组织变革的时候不能孤立地、简单地、片面地看待组织变革，需要有系统的理论指导，并应系统地开展这项工作。

10.1.3　组织变革的模式

组织变革的模式是指组织变革的运行程序、变更方式方法等的总体思维框架，用来指导不同类型的变革任务。关于变革的基本模式，国内外学者从不同的角度进行研究，提出了各种模型，经典的有以下几种：

1. 勒温（Lewin）三阶段变革模型

组织变革模型中最具影响的是 Lewin 变革模型。Lewin（1951）提出一个包含解冻、变革、再冻结等三个步骤的有计划组织变革模型。他特别重视变革过程中人的心理机制。下面三个步骤就是他针对职工的态度和行为提出的，用以解释和指导如何发动、管理和稳定变革过程。如图 10.1 所示。

图 10.1　勒温的三阶段组织变革模型

（1）解冻。这一步骤的焦点在于激发变革的动机。鼓励员工改变原有的行为模式和工作态度，要采取新的行为与态度来适应组织的战略发展。为了做到这一点，一方面，需要对旧的行为与态度加以否定；另一方面，要使员工认识到变革的紧迫性。此外，要营造一种开放的氛围并给予员工心理上的安全感，减少变革的心理障碍，提高变革成功的信心。

（2）变革。向员工指明变革方向及方法，实施变革，进而形成新的行为和态度。这一步骤中，应该注意为新的工作态度和行为树立榜样，实现行为转化。Lewin 认为，变革是个认知的过程，它由获得新的概念和信息得以完成。

（3）再冻结。这是变革后的行为强化阶段，这个阶段，要使用必要的强化手段使新的态度与行为固定下来，使组织变革处于稳定状态。为了确保组织变革的稳定性，应该为员工提供尝试和检验新的态度与行为的机会，并及时给予正面的强化。

2. 系统变革模型

系统变革模型是在更大的范围内解释组织变革过程中各种变量之间的相互联系和相互影响关系。这个模型包括输入、变革元素和输出三个部分。如图 10.2 所示：

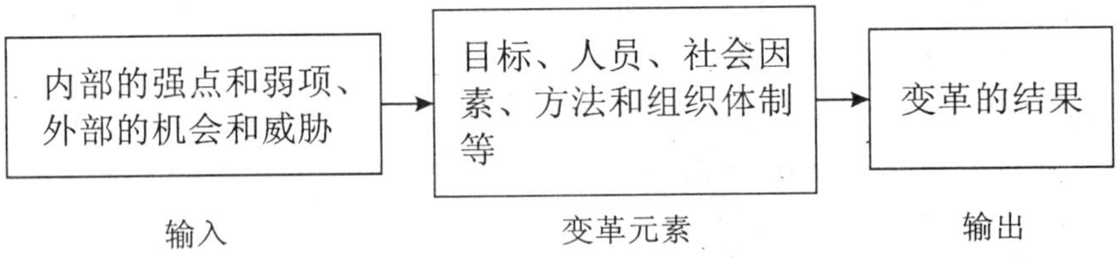

图 10.2　系统变革模型

（1）输入。输入部分包括内部的强点和弱项、外部的机会和威胁。其基本构架则是组织的使命、愿景和相应的战略规划。企业组织用使命句表示其存在的理由；愿景是描述组织所追求的长远目标；战略规划则是为实现长远目标而制订的有计划变革的行动方案。

（2）变革元素。变革元素包括目标、人员、社会因素、方法和组织体制等元素。这些元素相互制约和相互影响，组织需要根据战略规划，组合相应的变革元素，实现变革的目标。

（3）输出。输出部分包括变革的结果。根据组织战略规划，从组织、部门群体、个体等三个层面，增强组织整体效能。

3. 科特（Kotter）组织变革模型

领导研究与变革管理专家科特（John P. Kotter，1995）认为，组织变革失败往往是由于高层管理部门犯了以下错误：没有能建立变革需求的急迫感；没有创设负责变革过程管理的有力指导小组；没有确立指导变革过程的愿景，并开展有效的沟通；没能系统计划，获取短期利益；没有能对组织文化变革加以明确定位等。科特为此提出了指导组织变革规范发展的八个步骤：建立急迫感；创设指导联盟、开发愿景与战略；沟通变革愿景；实施授权行动、巩固短期得益、推动组织变革、定位文化途径等。Kotter 的研究表明，成功的组织变革有 70% ~90% 是由于变革领导成效，还有 10% ~30% 是由于管理部门的努力。

4. 卡斯特（Kast）的组织变革过程模型

弗里蒙特·卡斯特（Fremont E. Kast，1973）提出了组织变革过程的六个步骤，如图 10.3 所示：

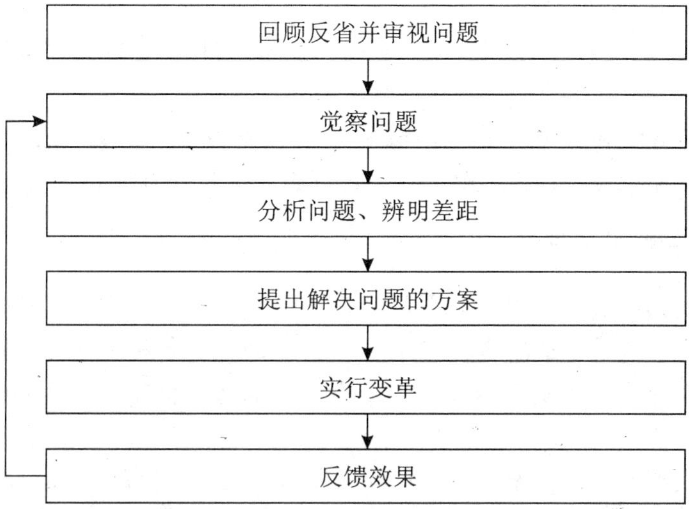

图 10.3　卡斯特组织变革模型

（1）审视状态：对组织内外环境现状进行回顾、反省、评价、研究。

（2）觉察问题：识别组织中存在问题，确定组织变革需要。

（3）辨明差距：找出现状与所希望状态之间的差距，分析所存在问题。

（4）设计方法：提出和评定多种选择方法，经过讨论和绩效测量，做出选择。

（5）实行变革：根据所选方法及行动方案，实施变革行动。

（6）反馈效果：评价效果，实行反馈。若有问题，再次循环此过程。

5. 施恩（Schein）的适应循环模型

艾德加·施恩（Edgar Schein）认为组织变革是一个适应循环的过程，一般分为六个步骤，如图 10.4 所示：

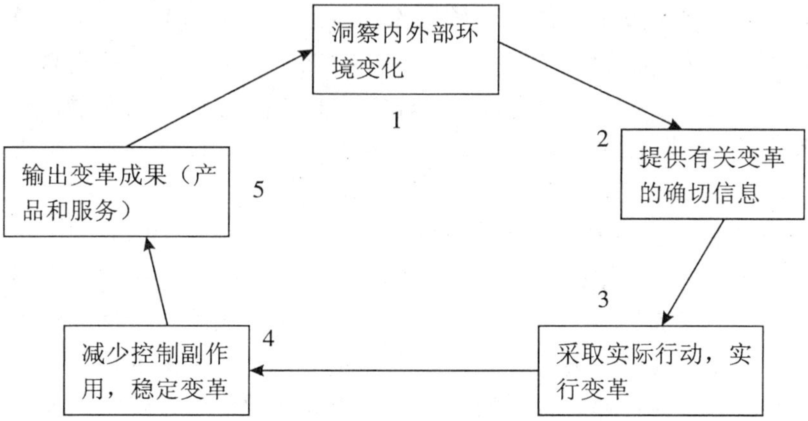

图 10.4　施恩的适应循环模型

（1）洞察内部环境及外部环境中产生的变化；

（2）向组织中有关部门提供有关变革的确切信息；

（3）根据输入的情报资料改变组织内部的生产过程；

（4）减少或控制因变革而产生的负面作用；

（5）输出变革形成的新产品及新成果等；

（6）经过反馈，进一步观察外部环境状态与内部环境的一致程度，评定变革的结果。

上述步骤与方法和 Kast 主张的步骤和方法比较相似，所不同的是，Schein 比较重视管理信息的传递过程，并指出解决每个过程出现困难的方法。

10.1.4 组织变革的方法

有了以上知识的铺垫，明白了变革的重要性及其模式，那么管理者要想组织变革成功，就必须掌握组织变革的各种技术方法，准确把握各种变革方法的应用条件和可能出现的结果，并恰当地使用相应的变革方法。那么如何来进行组织变革呢？主要有哪些措施方法呢？

美国组织变革与发展专家弗伦奇和贝尔提出了组织变革的十二种措施：分析活动；小组建设；群体之间的活动；调查反馈；教育与训练；技术结构活动；过程咨询；格道式组织发展活动；第三者调解；辅导与咨询；终生性规划和事业计划活动；计划和制定目标活动。以上措施都能够较为有效的对组织进行变革，下面将具体介绍一些常用的方法：

（1）调整组织结构。根据组织目前的处境，分析整个组织的情况，找出组织结构方面存在的不足或缺陷，提出相关的改进措施或者新的组织结构方案，分配更加合理的责权利关系，制定新的规章制度，并实施新方案。在实施新方案的时候，要对其实施情况进行监督和控制，根据实际情况不断完善修正方案并定期进行评估。

（2）工作再设计。作为一种变革方法，工作再设计是指对完成工作所采用方式有计划地重新塑造，来提高激励程度、员工参与度和效率，最终是提高组织绩效和效能。工作再设计主要可以从以下几个方面着手。将工作技术等应用到工作过程中；通过工作扩大化，让一个员工承担几种不同的工作，增加工作多样性，减少对单一工作的单调感；工作丰富化纵向扩大员工工作范围，让员工参与他们工作的规划、组织和控制等，并评估工作过程及效果，提高员工工作自主权、责任感和成就感；通过工作轮换来提高工作挑战性；借助工作再设计，管理者可以再重新设计和改进员工工作的过程中，提高员工工作积极性和创造性，提高组织效能。

（3）技术创新。正如第 8 章所述，技术是组织结构一个十分重要的影响因素，创新的技术要求不同的组织结构与其相适应，因此组织变革要与变革技术配套进行。

（4）提高工作质量。一般来讲，这方面的改革可以采取质量圈和全面质量管理的方法来进行。质量圈最早发端于日本的质量控制实践。质量圈的成员都是接受过处理问题、质量控制和群体过程等方面的训练，为管理者提供可以实施的质量方面问题的解决方案，以控制和解决与工作相关的质量和生产问题。全面质量管理重点侧重于使组织的工作结果，即产品和服务的质量满足或超出顾客的预期。任何组织及其产品质量水平都是由顾客来评定的，当组织实现全面质量管理时，其采取的行动及过程都达到了顾客的要求，同时也缩短了生产时间，降低了成本。重视质量的连续改进对于企业进行有效竞争非常关键，因此，改进工作质量也成为组织变革中必须关注的一个问题。

（5）加强团队建设。团队建设主要是通过群体成员的参与和信息共享，创造平等互助的氛围，改善群体内部联系和解决问题的能力，促进成员的心理成熟和人际关系技能增强，进而提高组织的工作效率和效能。

10.2　组织变革的动因和阻力

10.2.1　组织变革的动因

组织时常面临着各种竞争与压力，这种压力不仅要求它们进行变革，而且要求它们能够灵活地应对环境的变化，从而能实现持续性的变革。已有的组织力图使管理结构变得更为扁平化、网络化，并使其组织结构变得多样化与全球化，新成立的企业组织则面临扩张的压力以及不可预测的外部冲击，从而会选择构建稳定的组织机构和业务流程。此外，供应商与顾客之间以及各种商业伙伴之间的联系愈加紧密起来，这些联系与互动迫使组织进行灵活的变革以相互适应。组织变革的动因来自多方面，不仅有来自于组织的外部环境的因素，也有来自于组织内部的因素，如图 10.5 所示。

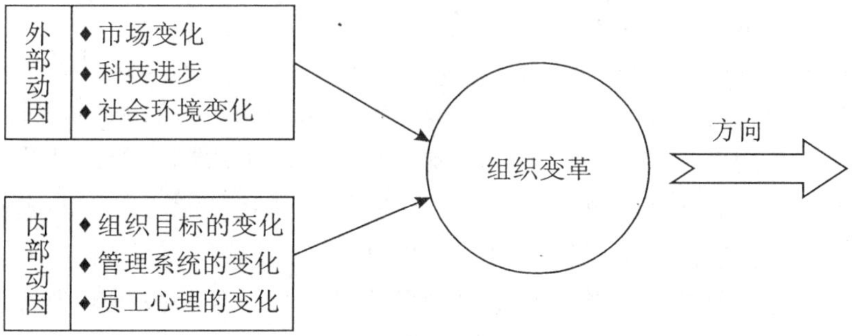

图 10.5　组织变革的动因

1. 外部动因

任何一个组织要想生存与发展，就必须与外界环境进行信息、人员、物质、资源、成果等方面的交流，以求自身的需要与供给保持平衡，并不断地适应外部环境的变化。外部环境对组织变革的动力因素主要有市场、资源、技术以及各种环境的变化等。

（1）市场变化的影响。市场是推动组织变革的重要力量之一。市场是企业组织有效性与可行性的唯一评价标准，只有适应市场的组织结构才能满足持续发展的需要。市场对组织变革的影响主要表现在：第一，市场竞争机制要求各企业生产并销售具有竞争力和创新性的产品，并加强媒体宣传、降低成本、改善服务等，这就要求组织结构及组织功能能够随着市场需求的变化而及时进行适当的调整与变革。第二，原材料及其他能源供应的变化要求企业的产品和生产过程进行必要的调整，因而也需要组织进行相应的改革。第三，人力资源市场的人才数量和结构的变化直接影响到企业的用工状况，这也直接影响到组织结构的变化，例如劳动力短缺可能促使企业采取自动化流程。第四，作为产品和服务需求方的顾客，其收入、偏好、价值观的变化，会直接影响到市场对某种商品的需求，进而影响到企业生产结构的变革；第五，金融、信息等市场的变化和发展也会影响到企业的变革与发展。

（2）科学技术的影响。科学技术的变化是促进组织变革的强大动因。新的科学技术，如新材料、新工艺、新设备的出现，会带来产品、组织管理、专业分工、人际交往等一系列的变化，科学技术的迅速发展正以空前的广度和深度影响和改变着社会生产方式、组织方式和生活方式的各个方面。例如，计算机的应用使高速数据处理和解决复杂的生产问题成为可能，使组织活动信息化、程序化、网络化、精确化；同时也使得组织结构变得扁平化，管理者的管理跨度更为扩大，中层管理部门和人员可以减少，组织活动反应更为迅速、敏捷。科学技术对于人类社会的进步与发展的作用早已深入人心，人类将会不断地推动科学技术的进步，进而将对组织的产品结构、生产与工艺技术以及公众的消费偏好产生重要的影响；科学技术的不断进步也将不断改变着人力资源的知识结构，质量与流动性将不断提高，其价值观也将不断发生变化，因此各种组织只有进行变革才能适应科学技术不断变化的潮流与发展趋势。

（3）社会环境变化的影响。社会环境即组织所处的外部环境，社会环境变化主要是指社会价值观念、政治制度因素、经济因素等因素的变化，这些变化均可能成为组织变革的推动力。第一，价值观念的变化。随着社会的不断发展，人们的工作、生活都会变化，社会的价值观念也会随之而变。而价值观念的变化又会引起社会对于产品与服务的需求结构产生变化，进而诱发组织变革。第二，社会政治、制度因素的影响。其影响力量包括政治力量的更迭、政治体制的改革、民主法制完善，以及国家的经济政策、改革政策、发展战略和创新思路等，这些因素都有可能对组织形成强大的变革推动力。第三，社会经济的发展的影响。生产力水平的提高、劳动生产条件与物质条件的改善、社会经济结构的发展、产业结构的变化，以及经济发展对教育、文化、科技和人们思想观念的影响，都可能产生组织变革的需求。这些社会环境因素的变化都对组织与原有外部环境形成的平衡造成压力，组织又无力控制外部因素的变化，因此只有进行组织变革，才能形成组织与外部环境的动态平衡，推动组织不断向前发展。

2. 内部动因

组织变革的内部推动力包括组织目标的变化、组织管理系统的变化、组织成员心理的变化等因素。

（1）组织目标的变化。组织目标是指一个组织在未来一段时间所期望达到的目的，它指明了一个组织的行动方向，对组织成员具有引导和激励作用。若组织目标发生变化，组织的任务，各项工作的基础，组织稳定、组织决策、组织活动的依据和标准等都会发生变化，自然会引发组织内大大小小的变革。著名学者钱德勒对美国 70 多家大公司，特别是通用电气公司、杜邦公司、新泽西标准石油公司等的经营发展历史进行研究后认为，企业的组织结构要服从于其战略目标。

（2）组织管理系统的变化。组织管理的改进是组织变革的经常性和关键性的动因之一。一方面，组织变革应属于“管理改革”的一部分；另一方面，组织管理的改进是指一个组织所采用的管理思想理论、管理制度、管理方式方法、管理技术手段等方面的改变和进步。组织在管理上的重大改进或变化往往会导致组织变革的发生。

（3）组织成员心理的变化。组织变革的动力经常来源于组织成员的心理系统，组织变革及其目标的实现在很大程度上依赖于人的因素。组织内部的人际关系、信息交流和意见沟通、团体的凝聚力，以及每个成员的士气、态度、行为、意见和要求等，都会对整个组织变革产生重要的影响。另外，如果组织成员的价值观念、工作期望、工作态度、工作行为等方面发生变化，与组织目标、组织结构、组织关系、权责利系统相互矛盾或不相适应时，往往需要对组织或组织的一部分进行相应的变革，从而调动人的积极性，充分地发挥人力资源的效用。例如，为了满足组织成员对于尊重、友谊、信任等情感的需要，就需要革除组织中只强调完成任务、不关心人的情感的制度和做法；又比如，为了满足组织成员希望彼此平等、待遇公平，以及注重工作内在乐趣的心理需要，就需要改革那些造成等级分明、地位差别大和强烈不公平感的组织等级制度、结构层次和分配制度，进行新的工作设计和组织结构设计。

上述因素都会对组织施加压力，导致组织系统失衡，从而产生改革现状、追求新的平衡的推动力量。影响组织变革的因素还有很多，比如组织中新结构形式的创建、非正式组织的变化、组织内部结构的其他变化（如任务小组、特别委员会等），也会成为整个组织变革的推动力。另外，一般情况下，导致组织变革的并非单一因素，时常会发生几方面因素交织在一起促进组织变革的情形。

10.2.2　组织变革的阻力

任何改革，一般都会存在驱动力和遏制力两类影响因素。同样地，组织变革也会遇到很多来自个人和组织的抑制。组织变革的出发点通常是为了实现组织的目标和促进组织的发展，因此员工一般是比较欢迎和支持变革的。但是由于变革必然会伴随着不同思想观念的交锋，而且会触犯一部分既得利益者的权益，所以必然会遇到不少阻力。变革阻力的表现形式可以是公开的或潜在的、直接的或间接的、即时的或延后的等多种形式。变革阻力的形成原因也是十分复杂的，可能来自于个人、群体或组织，可能来自于他们的心理、个性、习惯或利益，也可能来自于组织的结构、文化、资源、惯性或既得利益格局等。变革阻力的来源可分为个体阻力、组织阻力和群体阻力等几个方面，如图 10.6 所示，图中展示了组织变革阻力的几个基本来源。

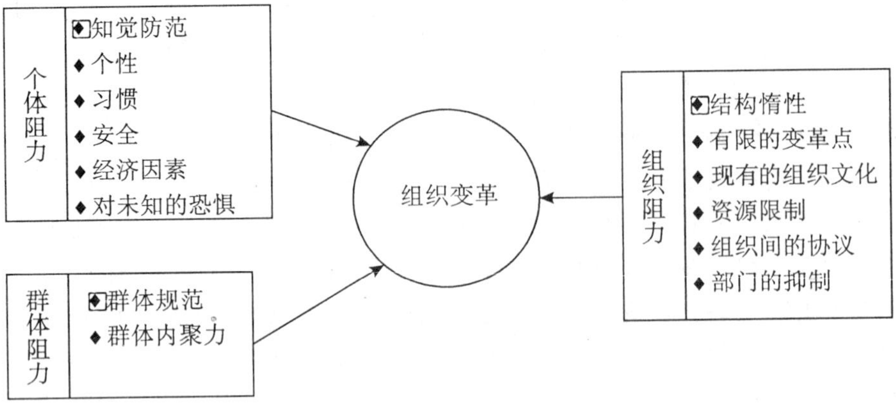

图 10.6　组织变革的基本阻力

1. 个体阻力

个体阻力是指组织成员个人对组织变革的抑制状况。个体对变革的阻力源自于基本的人性特征，如图 10.6 所示，个体阻力有 6 个重要的阻力源：

（1）知觉防范。知觉防范又称为认知防卫或有选择的信息加工，是人们为了保护自我，防御有威胁的思想、目标或形势，对于环境中令人讨厌的东西，在心理上视而不见、听而不闻的状况。个体通过知觉塑造自己的认知世界，这个世界一旦形成就很难改变，并会下意识选择自己的注意力和保持力，对信息进行选择性加工。他们只听自己想听的，而忽视那些对自己已经建构起来的世界形成挑战的信息。如果新生事物与自己原有知觉和观点相左时，便容易对变革产生抑制。

（2）个性。人们个性上的某些特点，比如教条主义和依赖性特点，可能使一些人预先就有抑制变革的倾向。教条主义是一种信息的僵化，容易导致人们思想封闭、认识狭隘，具有教条主义个性的人比其他更可能抑制变革。依赖性是指一个人没有培养起自我评价、自我尊重的能力，自己行为的选择往往依赖于其他人所作的决定。具有依赖性的人，如果他们所依赖的人反对变革，则他们也将跟随着产生反对的心理。

（3）习惯。习惯对于个人来说可能是一种满足的源泉，因为习惯允许当事人以自己熟悉的方式去适应所处的环境，可以为人们提供舒适感和安全感。习惯是否成为抑制变革的源泉在某种程度上取决于个人是否可以看到改变习惯的好处，一旦组织变革冲击到个人习惯和价值观，抑制变革的阻力将随之产生。

（4）安全。变革意味着打破原有的平衡状态，意味着权力利益的再分配，意味着人们所熟悉和习惯的制度和活动方式可能会发生变化，这些往往会使成员处于暂时的不稳定状态中，一些人还会感觉到其权力、利益等受到了威胁，从而会产生某种程度的不安全感。当西尔斯公司宣布要解雇 5 万名员工时，或福特公司引进新的机器人设备时，公司内的许多员工感到自己的工作受到了威胁。

（5）经济因素。金钱在人们的思想和生活中占据很重的分量，因此员工会竭力抑制那些可能降低他们收入的变革，也会抑制使自身对组织的投资和价值收益降低的变革。

(6) 对未知的恐惧。变革用模糊和不确定性代替已知的东西，而不确定性往往是为人所厌恶的。人们一旦处在不确定的环境中，就会对未来产生不安全感和恐惧感，进而产生抑制变革的情绪和行为。单就为了避免对未知的恐惧和避免做出困难的决定而言，许多人宁愿维持现状而抑制使自己忧心忡忡的变革。例如，一个员工调转到新的部门工作，他可能会考虑到他是否能和新同事相处得好，调动能给他带来什么好处，他是否有能力胜任这份工作等。这些不确定性不仅来自于变化本身，也来自于这种变化可能会带来的潜在后果。

2. 组织阻力

如图 10.6 所示，抑制变革的组织阻力主要有 6 个方面的原因：

(1) 结构惰性。组织即意味着一定的任务结构、层级部门结构和权责结构，意味着个人、团体、部门处于被分配角色，意味着建立正式的工作关系、信息沟通关系、规章制度和行为规范，从而使组织保持稳定性和连续性，以便进行有效的运转。但是，当组织面临改革时，组织现有的机构、机制、关系、规范等仍然会惯性地发挥作用，此时越是机械性的组织，就越容易导致结构惰性，变革越有可能遭到抑制。

(2) 有限的变革点。组织是由一系列相互依赖、相互作用的子系统组成，对任何一个子系统的变革都会对其他的子系统造成影响。例如，如果只改变技术工艺而不同时改变组织结构来与之配套，技术变革就不大可能被接受。所以某个子系统的有限变革很可能因为更大的系统问题而变得无效。

(3) 现有的组织文化。组织文化支撑着组织的长远发展，其一旦形成，就会在整个组织中造成深刻的影响。在正常的经营活动中，人们可能感觉不到它的存在，而一旦变革发生，文化就会在深层次左右人们的行为。现有落后的组织文化会束缚组织前进的脚步，所以组织变革的同时会涉及文化的变革，而组织文化的变革是一个艰难又缓慢的过程。如果在组织变革中，落后的组织文化还得以保持，将对组织变革的效果造成很大的影响。

(4) 资源限制。组织变革是有成本的，需要一定的人力、物力及时间等资源的投入。通常，经济基础薄弱、资源条件较差的组织对变革的承受力也较弱。所以，一个理性的组织在进行组织变革前都会考虑到变革的成本，有时会因为资源限制只得放弃或延迟一些想推行的变革。

(5) 组织间的协议。组织间的协议通常规定了组织和组织管理者在法律上和道义上的责任，对组织具有一定的约束力。这类协议所附着的责任和义务可能对组织管理者施加一定的约束，并限制组织的一些变革。

(6) 部门抑制。大多数组织中个别部门的高效率是以牺牲整体效率为代价的，而变革是利益的调整过程，涉及各个部门的职权、权利和责任的重新分配，从而会受到原来的利益主体不同形式、不同程度的抵抗，进而使组织的变革趋于失败。

3. 群体阻力

组织变革的阻力还会来自群体方面。对组织变革形成阻力的群体因素主要有群体规范和群体内聚力等。群体规范具有层次性，边缘规范比较容易改变，而核心规范由于包含着群体的认同而难以变化。同样，内聚力很高的群体也往往不容易接受组织变革。

10.2.3 变革阻力的化解

要想实现有效变革，就必须采用科学的思维和方法克服变革的阻力。

1. 力量领域分析

勒温的力量领域分析法的要点是将支持改革和反对改革的所有因素排列，比较其强弱，然后采取措施，增加支持因素，削弱反对因素，避免采用高压手段。该方法指出任何形势都可以被认为是不断相互冲撞的力量的平衡所导致的均衡状态。在这种形势中的某些力量对变革的各种不同抵制趋向于保持现状。与此同时，要求变革的各种压力起着与这些力量相反的作用，在推动变革。这两种力量的结合导致了图 10.7 所表示的形势。它展示了对群体业绩的潜在变化可能会有的冲击力量。

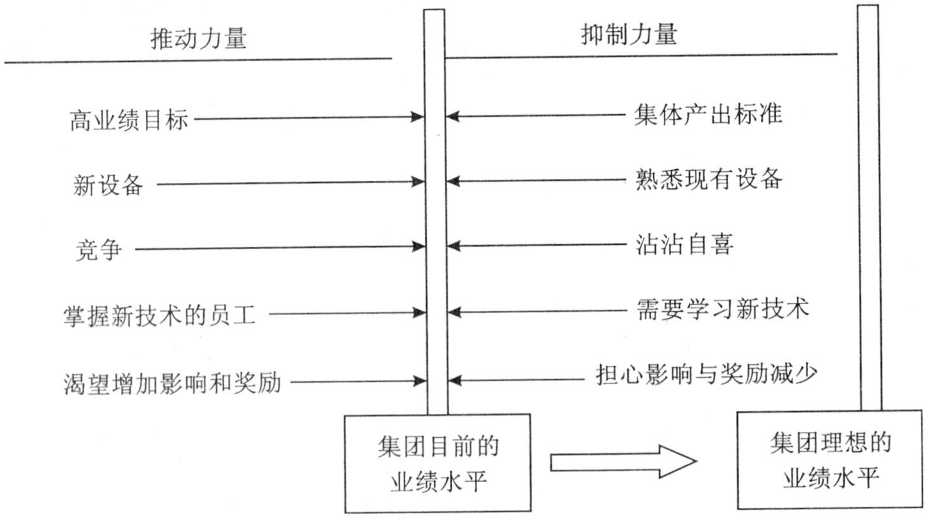

图 10.7 力量领域分析

采用力量领域分析方法来理解变革过程的主要好处有：第一，它要求经理和员工分析当前的形势。通过培养善于判断推进变革和抑制变革的力量的技巧，个人应该能够更好地理解任何变革形势的相关方面；第二，力量领域分析方法概括了那些能够改变和不能改变的因素。人们经常浪费很多时间考虑那些与他们难以控制的力量有关的行为。当人们真正集中他们可以控制的力量的时候，他们就增加了有效选择改变形势的抉择的可能性。

2. 化解变革阻力的对策

基于勒温的力量领域分析法，克服变革阻力的对策有如下 5 种。

（1）加强教育和沟通。当人们对变革不理解或对变革后果拿不准时，往往可能阻碍变革。因此可以通过有效的教育与沟通，帮助员工理解变革的原因和性质，减少没有根据的恐惧，增加员工对变革决策的认同。

（2）参与决策。让受到变革影响的员工直接参与到变革的决策过程中，使其了解变革的必要性，增加其对变革的理解与支持。

（3）理解和支持。了解员工在变革中的想法及其担忧的原因。当员工感受到领导变革者在倾听他们的忧虑、理解他们的困难时，就会比较愿意提供真实的信息。同时可以对相关员工提供训练与支持，降低其心理的不安，以化解抑制。

（4）谈判和奖励。管理者可以通过谈判和奖励，以某些有价值的东西来换取员工的合作以减小阻力。

（5）操纵和拉拢。操纵是指隐含的影响力，如封锁不利消息、歪曲事实、制造流言使员工接受变革等。操纵的一种表现形式就是拉拢。

（6）强制执行。使用直接的胁迫性力量加诸在抗拒者身上，来迫使其减弱或放弃对变革的抑制。

表 10.2 对以上六种方法的适用时机和优缺点进行了比较。

表 10.2 化解变革阻力的策略

方法	适用时机	优点	缺点
教育和沟通	抑制源于信息缺乏	澄清误解	如果涉及人多，就很费时间
参与决策	变革发起者所需的资料不完整或反对者的力量很强大	增加参与、获得支持	如果参与者设计了一项不合适的变革方案，就很浪费时间
理解和支持	抑制者害怕和忧虑时	可以促成必要的调整	可能耗费时间和金钱，并有可能无效
谈判和奖励	有些人或团体将在变革中遭受明显的损失，且他们的反对力量很强大	这可能是一条避免强烈抵触的简便途径	可能提醒了其他人，使得谈判面扩大，这将付出高昂代价
操纵和拉拢	当其他方法都无效或代价太高时	相对迅速、节约	为未来埋下隐患
强制执行	有权力保障时	迅速并能解决任何反抗	有损名誉，容易造成潜在的危险

10.3 组织发展

10.3.1 组织发展的内涵

组织发展（Organization Development，OD）是有计划的变革和干预措施的总和。它的出现标志着散乱的变革活动向系统性、战略性的方向发展，并且变革的理论指导和方法途径开始得到重视。对于组织发展的定义，几乎每个研究组织发展的学者都给出了自己的定义，以下为具有代表性的几种：

组织发展是一种应用行为科学知识，旨在提高组织效率和组织健康的、从组织内高级管理层开始实施的、有计划的努力。（贝克哈德，1969）

组织发展是对变革的回应，是一种旨在改变组织的信仰、态度、价值观和结构，以使它能更好地面对新的技术、市场、挑战和日新月异的变化的培训策略。（贝尼斯，1969）

组织发展领域中的许多人都认为组织发展需要咨询顾问参与。他们应用心理学、社会学、文化人类学和其他一些相关理论帮助客户改善组织的状况。很多人还认为组织发展意指变革，如果我们认为改善组织运营意味着发生了变革，那么，广义地说，组织发展即指组织变革。（布鲁克，1982）

组织发展集中于确保部门之间和部门内部的关系健康发展，协助团队创新和控制变革，强调个人和团体之间的关系与联系。它的主要作用是影响个人和团体之间的关系，以及对作为一个系统的组织产生一定的冲击。（迈克拉甘，1989）

组织发展是由高层管理部门支持的、具有长期性的努力。它在顾问的帮助下，应用行为科学专门致力于正式工作小组、临时工作小组和小组间的协调，通过一种更为有效和合作的调查分析再加上组织管理文化来改进组织解决问题和变革的过程。（弗伦奇与贝尔，1990）

综合上述学者的观点，组织发展是为了使组织适应客观环境的不断变化，运用行为科学的理论和技术有计划地对组织进行干预，通过长期努力来自我完善和自我更新，来维持组织健康和促进组织绩效的活动过程。组织发展是为了应对外界环境变化而出现的，它把来自外部环境的压力转变成为组织内部的适应力和对问题的处理能力，进而改善组织的效能。组织发展的目标就是要建立可以重复改变和能进行自我再创造的适应性组织。组织发展存在广义和狭义上的两种理解。从广义上来讲，组织发展包括组织的结构变革、技术变革和组织成员行为变革。而狭义上来说，就只包括了组织成员的行为变革。

组织发展是建立在人本主义价值观和原则基础上的有计划变革干预措施的技术集合，它并不是一项单一的技术。与其他组织变革方法相比，组织发展十分重视组织和其内部员工之间的成长、合作以及参与过程的。由此可知，组织发展包含着独特的观念和特定对象：

（1）权力平等。一个有效的组织不应当强调层级之间的控制和等级权威。

（2）尊重人。这里指的是对于员工的尊重。认为员工是有自己的尊严的，他们是明理、智慧、有责任心和关心他人的，员工应该受到充分的尊重。

（3）支持和信任。组织发展倡导建立健康高效的组织，为组织内部营造充满支持、公开、真诚和信任的氛围。

（4）鼓励参与。充分发挥员工的主观能动性和积极性，鼓励他们参与决策，为组织改革献计献策。

（5）正视问题。对组织内部存在的问题给予正视，不遮掩不隐藏，公开面对，认真倾听员工对其发表的意见和建议。

10.3.2　组织发展的影响因素

影响组织发展的因素多种多样，一般来讲，可以将其归纳为两大类：外部因素和内部因素。

1. 外部因素

（1）外部环境的不确定性加剧。一个组织的环境是由组织外部所有可能影响组织的多重机构和因素构成的。随着知识经济时代的到来，由于竞争全球化，企业组织调整、人员精简、组织变革等都受到了全球大环境的影响。这样使得那些高度集权专制的组织难以适应社会发展的需要，必须对组织的结构以及管理方式进行改变才能适应不断变化的外部环境。于是我们看到，越来越多的组织开始实行战略联盟、业务外包以及组织扁平化。

（2）科学技术的高速发展。随着现代科技的高效快速的发展，新的生产工艺，新的研发技术和新的管理方法层出不穷。组织的结构、管理层次和管理幅度以及运行要素等方面都受到了不小的冲击，对组织发展的要求更是日新月异。比如网络技术的快速普及和大量运用、都使得组织内部的管理流程和管理方式产生了重大变化，组织也随着这些变化不断向前发展。

2. 内部因素

（1）组织目标的选择和修订。组织的目标决定了一个组织发展的方向和范围。但是，组织目标并不是一旦确定下来就不再改变。随着各种因素的变化，组织的目标会有不同的选择和修订，而这也使得组织变革和调整有了指向。通常来说，存在三种基本情况：一是组织的目标无法完全适应当前的组织环境，那么就要在实施过程中对原定目标进行相应的修订；二是组织原有目标根本就没有实现的可能，这个时候就要及时的转换目标，寻求突破；三是组织的目标即将或者已经实现，那么就需要寻找新的目标。以上三种情况都可能在组织发展中出现，而一旦出现就要求组织进行相应的变革和调整。

（2）组织结构的改变。组织结构的改变主要指的是组织内部的权责体系、控制跨度等的调整。这种组织结构的调整必然带来组织各方面的变革。同组织目标一样，组织结构如果设计的不合理或者现有的结构不适应新的环境，都需要进行调整和变革。

（3）组织职能的变化。现代经济社会在不断地向前迈进，组织职能也随之发生着变化，这种变化成为了组织发展的内部因素之一。组织职能从最开始的模糊混淆到如今的逐步细化，组织的权责体系也做着相应的调整，组织的管理幅度与管理层次也逐步趋于合理和明确。比如现代组织越来越重视自身的社会责任，而由此带来的组织职能的转变，使组织也要做出相应的变革和调整，才能发展和生存。

（4）组织员工的内在需求的转变。员工内在需求的转变也是影响组织发展的重要因素。按照马斯洛的观点，需要是分层次的。当员工满足了最低的生存需要之后，就会向更高层次的需要前进。而此时，组织就需要根据员工不同的需求，通过变革和调整激励环境、改善工作条件、丰富工作内容、提高福利水平等手段，以使得到满足的员工能为组织做出所需的贡献。这就是因员工需求的转变而导致的组织的变革和发展。

10.3.3 组织发展的方法

组织发展的方法根据时间演进可以划分为：传统的组织发展方法和现代的组织发展方法。

1. 传统的组织发展方法

传统的组织发展方法又分为两类：结构技术和人文技术。

（1）结构技术。结构技术指的是通过有计划的对组织结构进行调整和变革，从而改变其正规性、复杂性和集权度的技术。结构技术对工作内容和员工的关系有着较大影响。比如改革任务设计和加强工作内容丰富化程度、增加任务的多样性和完整性、使工作变得更富有挑战性，提高工作满意度；通过组织的重新设计，包括合并或细化职能部门、加大授权和提高自主性、调整权责体系；在适应客观环境的同时，主动的调节和有意识的控制环境，从而保证组织目标实现的最大化等。结构技术的组织发展方法涉及了组织的各个层面，对于提高工作绩效、增强竞争力和组织战略发展都起着十分重要的作用。

（2）人文技术。人文技术就是通过一系列专门的组织发展程序，比如沟通、决策制定和问题解决等，来提高组织内员工的态度和行为的技术。主要的理论依据来源是心理学和社会心理学，以及人际关系方面的相关研究。这主要包括：敏感性训练、群体间关系的开发、调查反馈等。

①敏感性训练。敏感性训练，是通过“面对面”的无结构小组的交互作用，使参加者能够更进一步的了解和认识自己以及他人的情感和意见，从而改善其行为的过程，比如增强自我认知能力，提高人际互动的敏感性、提高群体关系意识等。在训练中，参与者处于一个开放、分享、诚实的环境中，由一位相关专家作为顾问，自由的讨论感兴趣的话题、充分表达各自的意见、接受他人反馈等一系列的交互作用。而这个训练注重的是这个交互作用的过程，而非结果。敏感性训练最主要的目的就是让参与者通过参与和观察给自己一个机会了解自己，了解别人眼中的自己以及自己如何看待他人，了解人与人之间的这种交互作用，并能借此机会充分的表达自我。敏感性训练的对象包括一般员工和管理人员。它追求的目标包括：提高倾听的能力；变得更加坦率真诚；提高移情能力；提高接受个体差异；应付人际冲突的能力等。敏感性训练的方法各异，针对具体的问题各有不同，因而评价也不一致。研究证实，如果个体对别人如何看待自己缺乏了解，那么成功的敏感性训练可以使个体的自我知觉更为现实，功能失调的人际冲突减少，群体凝聚力增加。总的来说，对于管理培训和团队建设活动，敏感性训练是有效的。

②群体间关系的开发。也称团际发展，目的是通过化解和改变组织内部工作团体之间的态度、成见和观念，来改善团体之间的相互关系。冲突、摩擦等工作团体经常存在的问题会破坏组织的效能，所以群体间关系的开发也成为了组织发展的重要课题之一。改善工作团体之间的关系方法比较多，最常见的方法是：首先让有冲突的两个团队各自讨论，写出他们对自己的认识，对对方的意见和认识，并提出自己的期望和要求，然后交换彼此的看法和信息，总结出冲突和导致冲突的性质及原因，最后由两

方各自派出代表共同商讨，找到问题、化解分歧，从而达到改善关系的目的。

③调查反馈。作为组织发展的一种基本方法，调查反馈利用专门的调查工具，来评估组织成员的态度、了解成员在认识上的差异。调查反馈所采用的标准工具，是由密执安大学社会研究所开发和设计的。通常来说，调查反馈的一般步骤是：首先由独立的评价机构或者委托相关机构，大多数以问卷的形式，针对个人，亦可针对整个部门或组织，来分析和评估他们的态度及组织气氛；然后组织发展的顾问分析资料、列出结果，系统的识别出可能存在的问题，并且收集解决问题的意见和方法；接着调查结果的从组织的顶层反馈到各个层次的组织成员；最后在反馈会议中讨论和解释所得到的资料、诊断问题所在、制定出解决问题的行动方案。调查的内容可以涉及多个方面，包括沟通有效性、决策的方法、领导行为评价、员工满意度以及部门间的协调等。需要注意的是，在调查反馈的讨论过程中，需遵循对事不对人的原则。

2. 现代的组织发展方法

比较典型的现代的组织发展方法有：团队建设和全面质量管理。

（1）团队建设。团队是由一群不同背景、不同技能、不同知识的人所组成的一种特殊类型的群体。团队不同于矩阵组织中的项目团队或者临时决策小组，它的成员沟通的频率更高，以便协调。团队是长期存在，而非临时性的，它以成员高度的互补性、知识技能的跨职能性和信息的差异性为特征的。团队要保证能有效及时的完成组织任务，就需进行必要的团队建设。

团队是一群人为了同一目标集结在一起工作的，其绩效取决于所在成员的共同的努力及合作。团队建设的目的就是通过团队内部成员的交互作用来协调团队工作的规范和步调，提高工作效率。因而，良好的团队建设能够增加团队成员相互信任和接纳的程度、提高凝聚力和士气、增强组织认同感以及促进团体高绩效的实现。团队成员的全程参与，是团队建设的重要特点。因为团队成员同时是工作对象和参与者，需要他们在人际交往的过程中提高认知力，解决问题，并且推动行动计划的贯彻执行。

团队建设的基本步骤为：首先是收集在团队建设的初期成员相关信息，比如对有关问题的感受，亟待解决的问题和人际关系等，可以通过问卷调查、访谈及团队会议等方式来了解；然后，对所收集的资料和信息进行整理和分析，诊断出工作中存在的问题；接着，从诊断出的问题出发，让团队所有成员一起参与讨论解决问题的办法，制定相关的目标计划并派专门人员去完成它；此后，团队成员定期对计划的实施和完成情况进行评估，并且判断所采取的行动是否已经达到了预期的目标，解决了相关问题。

（2）全面质量管理。作为20世纪90年代初在组织管理上最流行的技术革新之一，全面质量管理（Total Quality Management，TQM）的主要含义是指整个企业通过共同努力，引进新的管理体制和公司文化，大幅度削减因为质量不佳而导致的成本因素，以此来满足顾客的需要，甚至经常超出顾客的期望要求而采取的一系列管理措施。全面质量管理的重点在于是使产品和服务的质量，满足或者超过顾客的预期，其强调的是在一个长期的经营中不断改善质量的过程。

值得注意的是，全面质量管理包含了两个层面，一个是技术层面的，一个是文化层面的。从技术层面来说，要达到全面质量管理所要求的目标，组织需要不断的寻求提高质量、加快速度、不断变革的方法。在技术革新的同时，也要求对现有的各种生产工艺和技术不断进行改进，尽量使得组织中的工序按照或者高于期望的质量水平运行。从文化层面来说，全面质量管理所带来的变革必须根植于组织文化。组织文化必须对全面质量管理进行有效的支持。比如重视质量的价值观，就要求员工有参与管理的主动性和高度的承诺，并且组织要充分的授权给员工去完成所需变革。持续改进的这种观念就是全面质量管理的中心，必须存在于最高管理层的价值体系中，从而逐渐渗透到整个组织。

【本章小结】

组织变革是指运用行为科学和相关管理方法，对组织的结构、规模、沟通渠道、组织与其他组织之间的关系，以及对组织成员的观念、态度和行为等进行有目的的、系统的调整和革新，来适应组织所处的内外环境等客观情况的需要，提高组织效能。组织变革是一个复杂的，动态的过程，需要有系统的理论指导。在组织变革的理论模型中，影响较大的有：勒温（Lewin）三阶段变革模型、系统变革模型和约翰·科特变革模型。

组织变革的动因有：市场变化的影响、科学技术的影响、社会环境变化的影响、组织目标的变化、组织管理系统的变化、组织成员心理的变化等。当然，变革也会遇到一定的阻力，主要有以下几个阻力来源：个体阻力、组织阻力和群体阻力。相应地，克服变革阻力的对策有：加强教育和沟通、参与决策、同情和支持、谈判和奖励、操纵和拉拢、强制执行。并注意各种对策的实施时机。

组织发展为了使组织适应客观环境的不断变化，运用行为科学的理论和技术有计划地对组织进行干预，通过长期努力来自我完善和自我更新，来维持组织健康和促进组织绩效的活动过程。

影响组织发展的因素一般可以将其归纳为两大类：外部因素和内部因素。外部因素有外部环境的不确定性加剧和科学技术的高速发展。内部因素包括组织目标的选择和修订、组织结构的改变、组织职能的变化和组织员工的内在需求的转变。

组织发展的方法根据时间演进可以划分为：传统的组织发展方法和现代的组织发展方法。传统的组织发展方法又分为两类：结构技术和人文技术。比较典型的现代的组织发展方法有：团队建设和全面质量管理。

【复习思考题】

1. 什么是组织变革？
2. 根据不同的划分标准，组织变革有哪些分类？
3. 解释组织变革的理论模型主要有哪些？
4. 如何认识组织变革的动因和阻力？如何化解阻力？

5. 勒温三阶段组织变革模型是怎样的？

6. 组织发展的涵义是什么？简要分析影响组织发展的因素。

7. 组织发展的方法主要包括哪些？

【参考答案】

1. 组织变革是指运用行为科学和相关管理方法，对组织的结构、规模、沟通渠道、组织与其他组织之间的关系，以及对组织成员的观念、态度和行为等进行有目的的、系统的调整和革新，来适应组织所处的内外环境等客观情况的需要，提高组织效能。

2. 根据不同的划分标准，组织变革可以分为不同的类型，针对不同的条件，组织应该采取相应的变革类型。按照变革范围和程度可以分为渐进式变革和剧烈式变革；按照管理者控制程度不同可以分为被动性变革和主动性变革；变革内容不同又可分为人员、技术和结构变革。

3. 主要有Lewin变革模型，这是一个包含解冻、变革、再冻结等三个步骤的有计划组织变革模型；系统变革模型，这是在更大的范围里解释组织变革过程中各种变量之间的相互联系和相互影响关系。这个模型包括输入、变革元素和输出等三个部分；科特（Kotter）组织变革模型，提出了指导组织变革规范发展的八个步骤：建立急迫感；创设指导联盟、开发愿景与战略；沟通变革愿景；实施授权行动、巩固短期得益、推动组织变革、定位文化途径等。

4. 外部动因主要有市场、资源、技术以及各种环境的变化等，而内部动因包括组织目标的变化、组织管理系统的变化、组织成员心理的变化等因素。基于勒温的力量领域分析法，克服变革阻力的对策有5种。加强教育和沟通、参与决策、同情和支持、谈判和奖励、操纵和拉拢和强制执行。

5. 组织发展是有计划的变革和干预措施的总和。影响组织发展的因素多种多样，一般来讲，可以将其归纳为两大类：外部因素和内部因素。外部因素如知识经济时代的到来、经济全球化和科学技术的高速发展等都能影响组织发展，内部因素主要有组织目标的选择和修订、组织结构的改变、组织职能的变化、组织内部人员的内在需求的转变等。

6. 组织发展的方法可以分为传统的组织发展方法和现代的组织发展方法。其中传统的组织发展方法又分为两类：结构技术和人文技术。现代的组织发展方法有：团队建设和全面质量管理。

【案例分析】

耐克的营销组织变革

现在，慢跑作为一种都市健身方式越来越流行，老人、孩子、男士、女士都热衷于此。每当我看到大汗淋漓、兴致勃勃的健身者时，都会想到世界著名的耐克公司。

当年耐克公司正是抓住美国人慢跑健身的热潮实现了大发展，似乎国内的企业还未能感觉到这个巨大的市场空间。

一、创新的耐克

耐克（Nike）公司成立于1964年，由一位会计师菲尔·奈特和一位运动教练比尔·鲍尔曼共同创立，现已成为领导性的世界级品牌。当年奈特先生仅仅化了35美元请一位学生设计了耐克的标志，如今那个著名的弯钩标志价值已超过100亿美元。40年的发展，耐克已成为一个商业传奇，他的成功之道人所共知，就是虚拟生产的商业模式，耐克以优良的产品设计和卓越的营销手法控制市场，而将生产环节外包。

很多企业都在模仿耐克的虚拟生产，可是成功者寥寥无几。为什么？应该说，并不是虚拟生产有什么难解的奥秘，而是因为谁都知道生产环节处在“微笑曲线”的最低端，利润最薄，都想朝曲线的高端发展，而设计和营销本身就是一个非常讲究创意的领域，想一直保持竞争优势，企业就必须保持持续的、出类拔萃的创新能力。耐克的虚拟生产背后，正是两位创始人所推崇的创新精神。

家喻户晓的故事是：比尔·鲍尔曼先生从妻子的蛋奶烘饼烤模获得灵感，并最终设计出一种新的运动鞋鞋底。今天，耐克公司的产品设计室仍被称作“创新厨房”(Innovation Kitchen)。创新厨房对绝大部分来访的客人、甚至是大多数耐克公司的员工来说都是禁区，公司用诙谐的口吻在大门的标示牌上写道：“厨房重地，闲人免进。”在这个以运动鞋为工作中心的智囊团里，设计师们从各个领域寻找创作灵感，从爱尔兰风格的建筑到斯特拉迪瓦里家族制作的小提琴上的圆弧线，无所不包。办公室的一面墙壁上展示着耐克公司曾经制作的每一双乔丹篮球鞋（Air Jordan），而工作间里则堆满了新款运动鞋的设计草图。

更为深刻的创新来自被称为耐克之父的菲尔·奈特，一个公认的营销大师。美国一位运动产业的咨询专家感慨说：奈特先生可以说以一己之力，开创了一个新的产业。是他使体育运动员成为明星、富豪，是他使运动服装成为时尚商品，是他使一个小企业成为国际性的大公司。

耐克是第一个采取名人代言方式打响知名度的厂商，早在1973年，它便聘请长跑健将史蒂夫·普瑞方汀代言其运动鞋。1985年聘请乔丹（Jordan）为代言人，更使耐克名声大噪、业绩长红。而且耐克也是第一个把流行音乐和运动营销相结合的厂商，1987年它首先采取披头士（Beatles）的音乐在耐克运动鞋的广告中，造成轰动。

二、营销组织的变革

在过去的几年里，耐克大力扩张产品线，并增加了新的品牌。耐克的主力商品原来以篮球鞋为主，最近几年则推出高尔夫运动用品系列，并以老虎伍兹为代言人，同时加强足球鞋的推广，以迎合足球运动人口的增加。目前足球运动用品系列的营业额已高达10亿美元，占有全球25%的市场，在欧洲市场更高达35%的市场占有率。耐克先后并购了高级休闲鞋名牌COLEHAAN、曲棍球名牌BAUER、第一运动鞋名牌CONVERSE和滑溜板名牌HURLY，并放手让各名牌独自经营，取得了不俗的成绩。

耐克在体育营销方面的成绩是不容置疑的，但是对耐克营销方面的质疑也从未停止过。有几点意见耐克也不得不认真考虑：一是随着品牌的扩张，耐克品牌已不再

"酷"了；二是耐克在营销上动辄一掷千金的作风，暴露了营销管理上的漏洞；三是耐克在新兴市场上，营销本土化不够，营销效果不理想。

根据近期最新公布的公司财务年报，耐克公司的年营业收入达到 163 亿美元，增长 9%，净收入达 15 亿美元，增长 7%，每股净收益达到 2.93 美元，增长 11%，这又是一个创纪录的结果。但是作为一个股票公开上市的公众公司，增长是永远的压力，华尔街只关注你今后的增长来自哪里。耐克的董事长和首席执行官迈克·帕克（Mark Parker）充满自信：耐克现在正面临着前所未有的发展机遇，我们具有将关于消费者的洞察力转化为优势产品的独特能力，这正是耐克成为全球行业领袖的重要原因。

帕克的自信源于耐克的营销组织变革。耐克品牌总裁 Charlie Denson 宣布耐克将进行营销组织和管理变革，以强化耐克品牌与新兴市场、核心产品以及消费者细分市场的联系。实施这一变革，使耐克从以品牌创新为支撑的产品驱动型商业模式，逐步转变为以消费者为中心的组织形式，通过对关键细分市场的全球品类管理，实现有效益的快速增长。Charlie Denson 认为，这是一个消费者掌握权力的时代，任何一个公司都必须转向以消费者为中心。这种消费者为中心的模式已经开始发挥作用，比如在耐克的专卖店现已经有耐克 + iPod 的销售组合，以满足追求时尚的青年消费者。

耐克为此强化了四个地区运营中心，新设立了五个核心产品运营中心，四个地区运营中心是：美国、欧洲、亚太、中东及非洲，五个核心产品运营中心是：跑步运动、足球、篮球、男士训练、女士健康。这是一个矩阵式的管理，目标是把企业的资源向关键区域、核心产品集中，去抓住企业最大的市场机会。与传统的矩阵管理不同，关键是要实现跨地区、跨部门的协同。实际上，耐克公司已经有成功的经验，正是采用这种协同矩阵的管理方式，耐克公司组建了一支专门的队伍，将公司足球用品市场的经营额从 1994 年的 4000 万美元扩大到今天的 15 亿美元。Charlie Denson 说：通过这种方式，我们可以更好地服务于运动员，更好地加深与消费者的联系，更好地扩大我们的市场份额，实现有效益的增长，增强我们的全球竞争力。比如中国的篮球运动市场，就由亚太区运营中心和全球篮球运营中心协同开拓。

张瑞敏先生曾说过，他最想请教韦尔奇先生的问题是：如何把大公司变小。现在由张瑞敏先生亲自主导，海尔正在进行大规模的组织变革，与耐克的变革颇有相似之处，核心正是协同矩阵。也许正印证了一句老话：英雄所见略同。

案例思考题：

1. 耐克在变革中遇到的阻力和动力有哪些？
2. 耐克成功变革的原因。

【推荐阅读书目】

麦克沙恩，格里诺．麦克沙恩组织行为学［M］．汤超颖，译．北京：中国人民大学出版社，2008.

路易斯·卡特，等．全球著名公司组织变革与领导力开发的最佳案例［M］．李剑锋，等，译．北京：经济管理出版社，2005.

【参考文献】

[1] 时巨涛，马新建，孙虹．组织行为学［M］．北京：北京师范大学出版集团，2008.

[2] 窦胜功等．组织行为学教程［M］．北京：清华大学出版社，2005.

[3] 吴爱明，姜仁良，等．组织行为学［M］．北京：经济科学出版社和中国铁道出版社，2008.

[4] 肖志雄，刘宇璟．组织行为学［M］．武汉：华中科技大学出版社，2008.

[5] 肖余春．组织行为学［M］．北京：中国发展出版社，2006.

[6] 张贯一，任慧军．组织行为学［M］．武汉：武汉理工大学出版社，2006.

[7] 里基·W.格里芬，格利高里·摩海德．刘伟，译．组织行为学［M］．北京：中国市场出版社，2008.

图书在版编目(CIP)数据

组织行为学/唐代盛主编．—成都：西南财经大学出版社，2010.2
(2020.9重印)
ISBN 978-7-81138-658-5

Ⅰ．组…　Ⅱ．①唐…　Ⅲ．组织行为学—成人教育：远距离教育—教材　Ⅳ．①C936

中国版本图书馆CIP数据核字(2010)第020923号

组织行为学

主　编：唐代盛
副主编：钟　慧　蒋　华　胡　洁

责任编辑：张　访
封面设计：杨红鹰
责任印制：朱曼丽

出版发行	西南财经大学出版社(四川省成都市光华村街55号)
网　　址	http://www.bookcj.com
电子邮件	bookcj@foxmail.com
邮政编码	610074
电　　话	028-87353785
印　　刷	郫县犀浦印刷厂
成品尺寸	185mm×260mm
印　　张	16
字　　数	355千字
版　　次	2010年2月第1版
印　　次	2020年9月第6次印刷
印　　数	10001—11000册
书　　号	ISBN 978-7-81138-658-5
定　　价	29.80元